GEBRAUCHSANWEISUNG
GEGEN
ANTISEMITISMUS

Gunda Trepp

GEBRAUCHSANWEISUNG GEGEN ANTISEMITISMUS

LERNEN. WISSEN. HANDELN.

 **Paperback**

Die Deutsche Nationalbibliothek verzeichnet diese Publikation in der Deutschen Nationalbibliografie; detaillierte bibliografische Daten sind im Internet über www.dnb.de abrufbar.

wbg Paperback ist ein Imprint der wbg.
© 2022 by wbg (Wissenschaftliche Buchgesellschaft), Darmstadt
Die Herausgabe des Werkes wurde durch die Vereinsmitglieder der wbg ermöglicht.
Lektorat: Sophie Dahmen, Karlsruhe
Gestaltung und Satz: Arnold & Domnick, Leipzig

Gedruckt auf säurefreiem und alterungsbeständigem Papier
Printed in Europe

Besuchen Sie uns im Internet: www.wbg-wissenverbindet.de
ISBN 978-3-534-27418-5

Elektronisch sind folgende Ausgaben erhältlich:
eBook (PDF): ISBN 978-3-534-27436-9
eBook (epub): ISBN 978-3-534-27437-6

INHALT

Einleitung – »Wähle das Leben!«[1]

Noch ein Buch zum Antisemitismus? Ja. Und nein. Dies ist nicht nur ein Buch über Judenfeindlichkeit. Vor allem ist es eine Streitschrift zur Anerkennung der Realität. Wenn Sie so wollen, ist es ein Handbuch zum Kampf gegen den jahrtausendealten Hass. Eine Gebrauchsanweisung gegen den Antisemitismus. Also geht es natürlich auch um ihn. Doch geht es weniger darum, um wie viel Prozent er zunimmt und aus welchen Ecken er kommt. Natürlich werden wir das thematisieren, doch uns interessiert vor allem das »Warum«. Denn nur dann können wir das »Wie« und »Aus welchen Ecken« verstehen. Dabei wollen wir nicht nur die Stereotype offenlegen, die sich hinter antisemitischen Haltungen verbergen. Wir stellen diesen Stereotypen Fakten gegenüber. Wir gehen davon aus, dass Sie sich des Problems bewusst sind und vielleicht das Gefühl haben, dass man etwas tun sollte. Sonst würden Sie diese Zeilen wahrscheinlich nicht lesen. Sie investieren Zeit, um sich diesem komplexen Thema zu nähern. Und Sie möchten wissen, was Sie persönlich tun können. Trotzdem fehlt Ihnen bei der Fülle der Ereignisse manchmal die Übersicht, und Sie bekommen das Gefühl, das Thema genauer durchdringen zu wollen. Dieses Buch soll Ihnen diese Übersicht geben – so anschaulich wie möglich und mit Hinweisen auf weitere Informationsquellen. So erhalten Sie einen Ausgangspunkt, von dem aus Sie sich weiter orientieren können.

Der Umgang mit jüdischen Männern, Frauen und Kindern hat sich zunehmend enthemmt. Im Internet ohnehin, wo sich der Hass in einem erschreckenden Ausmaß ungefiltert entlädt. Doch sobald sich Juden als Juden outen, können Nichtjuden ihre gute Kinderstube auch im realen Leben schon mal vergessen. Ohne Sinn für Distanz oder Respekt stecken sie alle Juden in eine Schublade und fordern auch noch deren Unterstützung dafür ein. Wenn sie zum Beispiel jüdische Bürger als Nahostexperten befragen, die Antwort aber eigentlich nicht hören wollen, oder wenn sie ungefragt und ohne Interesse jüdische Bräuche beurteilen. Kaum etwas bleibt unkommentiert, wenn man als Jüdin oder Jude agiert.

Kein Wunder, dass nicht wenige Gesprächspartner in Studien angeben, ihre jüdische Identität zu verbergen. Es ist eine Selbstverständlichkeit für die meisten Juden, das zumindest an bestimmten Orten zu tun.

Was aber macht es mit Menschen, wenn sie einen Teil ihres Selbst verleugnen, um unbehelligt durchs Leben zu gehen? Und, weitaus besorgniserregender für die jüdische Gemeinschaft, was macht es mit ihren Kindern, wenn die sich nicht trauen, in ihrer Schule als Juden aufzutreten? Das ist eine Entwicklung, um die sich auch die Mehrheitsgesellschaft kümmern sollte.

Jüdische Bürger würden sich gerne mit anderen Dingen beschäftigen als vorwiegend mit Fragen, die um ihre Sicherheit kreisen. Und sich das klarzumachen, ist wichtig: Juden in Europa fühlen sich nicht mehr sicher. Wie hört sich ein solcher Satz an? Zwei Generationen nach der Schoah? In einer Zeit also, in der es immer noch Überlebende des Vernichtungsfeldzugs gegen die europäischen Juden gibt?

In Frankreich und Belgien sind Bürger in den letzten Jahren bereits ermordet worden, weil sie Juden waren, darunter auch Überlebende. Und nur weil die Tür einer Synagoge stabil genug oder der Täter »zum Glück zu dämlich« war, wie es in einem Post hieß, müssen wir nach dem Anschlag in Halle im Herbst 2019 nicht auch Deutschland auf diese Liste setzen. Das sind unhaltbare Zustände, auch für Nichtjuden! Denn lässt eine Gesellschaft es zu, dass der Anspruch an ein menschliches und respektvolles Miteinander kontinuierlich sinkt und verloren zu gehen droht, wird die zunehmende Verrohung irgendwann jeden betreffen. Für das Überleben einer funktionierenden Zivilgesellschaft muss sich jeder Bürger und jede Bürgerin dem Hass gegen eine einzelne Gruppe entgegenstellen.

Der erste Schritt dazu ist, das Problem zu akzeptieren. Es verschwindet nicht, indem man es kleinredet oder relativiert. Dazu gehört vor allem, dass man die Bedenken der Betroffenen ernstnimmt. Und dazu gehört, dass man antisemitische Beleidigungen und Angriffe auch so benennt. Sie kommen aus rechten, linken und muslimischen Kreisen. Und sie kommen aus der Mitte der Gesellschaft. Es hilft keinem, eine Variante je nach Interessenlage oder eigener politischer Haltung herunterzuspielen. Dieser Band möchte den Lesern helfen, ein Gespür dafür zu bekommen, wann Menschen in ihrer Gegenwart Dinge sagen, die untragbar sind. Und es soll Ihnen helfen, eigene Verhaltensweisen oder Klischees zu hinterfragen. Manche Stereotype haben sich so in der bürgerlichen DNA festgesetzt, dass sie als gegeben und normal angesehen werden. Auch in Akademikerkreisen habe ich Aussagen gehört, die mich zusammenzucken ließen.

Dieses Buch rückt Annahmen zurecht und ermöglicht es, angesprochene Probleme zu verstehen und zu erfassen. Es ist aus der Erkenntnis entstanden, dass Antisemitismus sich nicht allein verhindern lässt, indem man gutwilligen Menschen hilft, ihn zu erkennen und sie darüber informiert, wo und wie sie Rat und Hilfe finden können. Das ist wichtig, aber alleine reicht es nicht aus. Was also muss geschehen, damit der Judenhass nicht in jeder Generation weitergegeben wird? Wie erzieht man eine Generation von Anti-Antisemiten? Mir ist während des Schreibens noch klarer geworden: Deutschland braucht eine systematische Erziehung gegen Antisemitismus. Wir werden das Problem ohne die Einbeziehung der Lehrer und Lehrbeauftragten nicht lösen. Es ist kaum zu verstehen, dass das Land, auf dem der Schatten der Schoah liegt, seine zukünftigen Lehrer nicht per Curriculum verpflichtet, Grundzüge des Judentums und jüdischer Ethik und die Entstehung des Staates Israel zu studieren. Wie wir sehen werden, stehen Lehrer antisemitischen Äußerungen und Taten ihrer Schüler oft hilflos gegenüber, weil sie es selbst nicht besser wissen. Es wird Zeit, dass besonders Schulen und Universitäten an die Wurzeln des Problems gehen. Deutschland sollte das Land der Anti-Antisemiten werden. Das wäre die Lehre aus der Schoah. Ohne Bildung gibt es dafür keine Chance.

Warum habe ausgerechnet ich dieses Buch geschrieben? Als »Jew by choice« – jemand, die das Judentum für sich gewählt hat?

Weil es in ihm in weiten Teilen um jüdisches Leben gehen soll – um jüdische Identität und das Judentum, das seit Jahrtausenden mit Hass konfrontiert ist – und weil mir dieses jüdische Leben wichtig geworden ist. Als junge Frau habe ich angefangen, mich mit dem Judentum zu beschäftigen, mit seiner spirituellen Schönheit und Klarheit des Denkens, seinen Diskursen, der tiefen Ethik, mit dem Gedanken der Gerechtigkeit und Akzeptanz aller Menschen als von Gott geschaffen. Werte, die mich zu einem sozial denkenden Menschen gemacht hatten, bekamen hier eine tiefere Bedeutung, weil sie gegründet waren auf einer wechselseitigen Beziehung zwischen Gott und Mensch, in der beide Seiten Erwartungen aneinander haben. Kurz, ich habe mich verliebt – in die Tora, in das Denken von Talmudisten und Philosophen, in die Gemeinschaft und das Miteinander und Füreinander. Trotzdem blieb Auschwitz. Ich hätte mich nicht für den Übertritt entschieden, wenn ich nicht meinen zweiten Mann, einen Rabbiner und Überlebenden, getroffen hätte, der mich dazu ermutigt hat. Es wäre mir übergriffig vorgekommen, anmaßend. Ich bin Jahrgang 1958, und da kann man nicht mal einfach von der Täter- auf die Opferseite wechseln. Und, ohne es an dieser Stelle vertiefen zu wollen, dies ist nun mal das Bild, das viele jüdische wie auch nichtjüdische Deutsche hatten und oftmals haben.

Doch erst auf der anderen Seite habe ich wirklich erfasst, wie akut der Judenhass immer noch ist. Und damit meine ich: Nicht nur theoretisch zu wissen, dass es Antisemitismus auch ohne die Schoah gegeben und er sie maßgeblich ermöglicht hat, und dass es ihn nach der Schoah immer noch gibt. Sondern es zu fühlen. Auf der deutschen, nichtjüdischen Seite habe ich feindliche Haltungen gegenüber Juden unmittelbar beobachtet. Doch ich war nicht persönlich betroffen. Ich musste nicht sehen, dass der geliebte Mensch sich veränderte, dass seine Augen ins Nichts versanken, wenn Bürger seiner grenzenlosen Menschenliebe mit Zynismus begegneten. Mir zog sich nicht der Magen zusammen, wenn ich ahnte, was kommt. Zum Beispiel, dass Menschen über ihre bemitleidenswerten Eltern in den

Bombennächten klagen und damit die Erfahrungen eines Überlebenden wegwischen würden, die mein Mann gerade mit ihnen geteilt hatte. Oder dass sie beiläufig seufzen würden »Wenn man sieht, was die Israelis jetzt mit den Palästinensern machen«, und den Nahostkonflikt damit in den Zusammenhang mit der Schoah brachten. Kurz – ich war dem Antisemitismus nicht direkt ausgesetzt. Ihn zu erfahren, ist etwas sehr anderes als ihn zu betrachten oder über ihn zu theoretisieren. Das ist eine Binsenweisheit, doch wie wichtig es ist, dass Menschen sie verstehen, zeigen tägliche Beispiele von Missinterpretation, Lächerlichmachen, Ignorieren und Nichtverstehen jüdischer Erfahrungen.

Geleitet haben mich beim Schreiben meine Begegnungen und Erfahrungen der letzten zwanzig Jahre mit Menschen, die ihre Animosität Juden gegenüber unverblümt zeigten und solchen, denen nicht einmal bewusst war, dass ihre Bemerkungen oder Handlungen antisemitisch waren. Daneben die Ergebnisse der neueren Antisemitismusforschung und die Haltung meines verstorbenen Mannes, Rabbiner Leo Trepp, der jahrzehntelang in Deutschland über die jüdische Religion, Kultur und Ethik schrieb, lehrte und sprach, auch, weil er der festen Überzeugung war, dass nur dieses Wissen helfen würde, Menschen gegen den Antisemitismus zu immunisieren. Tatsächlich zeigen zahlreiche Beispiele, dass man dem Antisemitismus nicht wirksam entgegentreten kann, ohne dabei auch das in den Blick zu nehmen, was die Juden aus der Sicht vieler Menschen fremd und anders erscheinen lässt – ihr Judentum.

Immer wieder, in Lesungen, nach Vorträgen, auf Podien zum Thema Antisemitismus und in anderen Diskussionen, bin ich Nichtjuden begegnet, die, zum Teil unbewusst, jüdische Menschen und deren Verhalten genauso wie politische Ereignisse aus einer Haltung heraus bewerteten, die von Unwissen über die jüdische Religion und Ethik geprägt war. Die meisten Schüler, denen ich begegne, haben keine Ahnung vom Judentum und der jüdischen Kultur, wohl aber meinen viele von ihnen, den Nahostkonflikt beurteilen zu können. Ihre Einschätzungen dazu aber sind beeinflusst von all den überlieferten Stereotypen über Juden, die sie im Laufe der Zeit ohne Korrektur gesammelt haben. Diese Haltungen sind Jahrtausende alt und lassen sich nicht konterkarieren, ohne dass man sich ihrer bewusst wird.

Dieses Buch ist keine Anklageschrift, auch wenn es gern verdrängte Wahrheiten anspricht. Es ist eine Aufforderung. Wir wollen gemeinsam nachdenken, wie man Antisemitismus bekämpfen kann. Das können wir nicht, wenn wir allein Auschwitz vor Augen haben. Die Schoah war die Kulmination. Angefangen aber hat der gesellschaftliche Ausschluss der Juden, der zu ihrer Ermordung führte, mit dem kleinen Alltagshass und zunehmenden Akten der Entrechtung. Man muss keine alarmistischen Vergleiche bemühen, um den Experten zuzustimmen: Die Bausteine des Antisemitismus' sind über Jahrhunderte dieselben geblieben. Und Mitglieder aller, wirklich aller gesellschaftlichen Seiten spielen gerade mit ihnen. Mittendrin: 200 000 Juden und Jüdinnen, die beliebig eingesetzt werden, oft ohne ihre Zustimmung.

Das Buch zeigt die Struktur und Dynamik auf, die den Antisemitismus von der Antike bis in die moderne Zeit angetrieben haben. Denn er unterscheidet sich von anderen Formen der Ablehnung oder des Hasses gegen bestimmte Menschengruppen: Wie eine rote Linie zieht er sich durch die Zivilisation und ändert allenfalls seine Erscheinungsform, nicht aber seinen Charakter. Wir werden sehen, warum es für die Auseinandersetzung mit ihm wichtig ist, immer auch die jüdische Perspektive zu berücksichtigen. Und warum man eine unreflektierte Animosität gegen Juden nicht bekämpfen kann, ohne zumindest ein wenig über das jüdische Leben und Denken, die Ethik und Kultur zu wissen. Genauso wichtig ist es, zu verstehen, wie sich Judenfeindlichkeit nach der Schoah nicht nur halten, sondern neu entwickeln konnte. Und natürlich ist dem jüdischen Staat ein Kapitel gewidmet, äußert sich doch heute antisemitisches Denken häufig in sogenannter Israelkritik. Wann kippt die um? Und wie erkennen wir die Grenze?

Wir werden Verbindungen herstellen und Stereotypen sowie Projektionen mit Fakten und Wissen kontern. Es ist also auch ein wenig Geschichtsunterricht und Ethiklehre. Sie erhalten eine Art Crashkurs: Zum einen versuche ich, komplexe Zusammenhänge so einfach wie möglich zu erklären, zum anderen erhalten Sie zahlreiche Verweise, wo und wie Sie sich weiter informieren können. Nicht, dass ich davon ausgehe, überzeugte Antisemiten bekehren zu können. Doch Wissen hilft auch, erst gar keine Vorurteile zu entwickeln. Besonders wünsche ich mir das für junge Menschen, die Deutschlands Zukunft sind, und die einmal alle miteinander für eine gerechtere und menschenfreundliche Gesellschaft arbeiten sollen.

Wir werden auch aktuelle Diskussionen, Geschichtswissen und Befunde wissenschaftlicher Studien in die Darstellung einbeziehen. Zum Abschluss jedes Kapitels bringen wir eine kurze Übersicht und Literaturempfehlungen zum Weiterlesen. Ich strebe damit nicht an, Komplexität und Vielfalt eines Problems, das die Menschheit seit 2000 Jahren beschäftigt, vollständig darzustellen. Doch ich will eine fundierte Basis bieten, auf der Leserinnen und Leser aufbauen können.

Die Nachweise und Literaturangaben werden für manche eine Ergänzung ihres bisherigen Wissens sein, für andere ein Korrektiv zu dem, was sie bisher angenommen haben. Über die Bewertung von Fakten lässt sich streiten. Denn jeder Mensch bringt bei der Einordnung von Sachverhalten eigene Erfahrungen und seine Biographie mit. Auch die Autorin. Dennoch bleiben in seriösen Quellen dokumentierte Geschehnisse Fakten. Manche kommen vielleicht nach dem Lesen einiger Quellen zu anderen Schlüssen als ich. Das sehe ich als gute Grundlage, in ein konstruktives Gespräch einzusteigen.

Ich gehe davon aus, dass die Realität und das Wissen immer noch die belastbarsten Fundamente darstellen, mit denen sich etwas anfangen und auf denen sich etwas aufbauen lässt. Ich hoffe, dass der Leser und die Leserin dieses Fundament nutzen können, um in der Zukunft sicherer aufzutreten, wenn sie gegen antisemitische Behauptungen und Aussagen argumentieren. Und es würde mich freuen, wenn jüngere Leser, die sich mit dem angebotenen Wissen vertraut machen, klischeehafte Bilder von Juden und Judentum entweder erst gar nicht entwickeln oder sie zu hinterfragen beginnen. Am schönsten aber wäre, wenn dieses Buch darüber hinaus der Beginn eines lebendigen Austauschs werden würde.

1 »Das wird man ja wohl sagen dürfen.«

Wo der Hass beginnt.

Über Jahrtausende haben Menschen die Juden als »die Anderen« angesehen. Warum? Und hat das schon mit Antisemitismus zu tun? Im ersten Kapitel beschäftigen wir uns damit, in wie vielen und unterschiedlichen Formen sich dieser ausdrückt. Wir werden sehen, dass es mittlerweile eine feste Definition für den Begriff gibt, warum das so ist, und was das für Ihren Umgang mit dem Phänomen bedeutet. Wir werden uns die Dynamik ansehen, mit der sich Judenfeindlichkeit entwickelt hat. Außerdem fragen wir, wer die Juden eigentlich sind. Ein Volk? Eine Religion? Und warum es wichtig ist, auch diese Fragen einzubeziehen, wenn es um Antisemitismus geht.

»Ich kenne niemanden, der ein Problem mit Juden hat.«

Politiker betonen bei vielen Gelegenheiten, wie froh und stolz die Bundesrepublik sei, dass »jüdisches Leben wieder blüht«. Ist das wirklich so? Kann es gedeihen und wachsen? Können Juden ihr Judentum offen und selbstbewusst leben? Nicht wirklich. Seit dem Ende der Schoah waren jüdische Bürger nie sicher in dem Land, das in verbrecherischer Weise alles für ihre Auslöschung getan hatte. Als der deutsche Bundespräsident anlässlich des 75. Jahrestages der Befreiung des Konzentrationslagers Auschwitz eine Rede in der Gedenkstätte Yad Vashem in Jerusalem hielt, sprach er auch an, was

Juden beinahe täglich spüren. »Antisemitismus ist kein Randphäno-
men«, sagte Frank-Walter Steinmeier, und: »Die bösen Geister zeigen
sich in neuem Gewand.« Es war richtig, dass der höchste Repräsentant der Bundesrepublik diese Wahrheit so offen aussprach. An einem
Ort, der durch Erinnerungen an die Ermordeten, durch Haare, die
man ihnen abschnitt, Nummern, die man ihnen einbrannte, und Kof-
fer, die sie an einen Ort mitnahmen, von dem sie nie zurückkommen
sollten, geprägt ist – an einem Ort also, der anhand unzähliger Ge-
sichter, Orte und Dokumente erzählt, wie es enden kann, wenn ein
Staat seine Aufgabe, alle Bürger zu schützen, nicht mehr wahrnimmt,
und wenn Menschen ihre Mitmenschen nicht mehr zu schützen bereit sind. Und es wird Zeit, dass Bürger der Zusage Form und Inhalt
geben, die der Präsident ebenfalls in Yad Vashem gab, nämlich jüdisches Leben zu schützen und Antisemitismus zu bekämpfen.[1] Sie
muss von den Bürgern getragen werden, denn der Staat, das sind die
Menschen. Sie müssen die Versprechen, die Staatsvertreter in ihrem
Namen geben, einlösen. Und damit sich jüdische Bürger in diesem
Land sicher fühlen, müssen sie viel verändern. Die erste Voraussetzung ist: Die nichtjüdischen Bürger müssen bereit sein, das Problem zu erkennen und klar zu benennen.

Fakten anerkennen

Die Anzahl antisemitischer Straftaten in Deutschland ist in den letzten Jahren gestiegen. Über die letzten zehn Jahre hinweg haben Studien, die von verschiedenen Organisationen oder Regierungsstellen
in Auftrag gegeben oder als Forschungsprojekte an Universitäten
durchgeführt worden sind, immer wieder bestätigt, dass zahlreiche
Bürger Juden gegenüber Animositäten haben. Die neueste von ihnen,
vom World Jewish Congress (WJC – der Jüdische Weltkongress) im
Sommer 2019 in Auftrag gegeben, legt folgende Zahlen vor: Insgesamt stimmten 27 Prozent der Befragten judenfeindlichen Äußerungen zu. So meint mehr als ein Fünftel, dass Juden wegen ihres
Verhaltens gehasst würden. Und 41 Prozent denken, dass die Juden
zu viel über den Holocaust sprechen; dieselbe Anzahl geht davon aus,

dass sie dem Land Israel gegenüber loyaler sind als Deutschland.[2] Und mehr als 20 Prozent der 1000 Interviewten stimmten jeweils den Aussagen zu, dass die Juden zu viel Macht in Wirtschaft, Medien sowie auf den internationalen Finanzmärkten hätten.[3] Studien wie die Leipziger Autoritarismusstudien, die auch das stillschweigende Einverständnis der Befragten zu bestimmten Vorfällen oder Aussagen miteinbeziehen, kommen zu teils wesentlich höheren Werten.[4] Diese eher unauffällige Judenfeindlichkeit könne zwar durch fehlende eindeutige Festlegung an soziale Normen angepasst, aber jederzeit aktiviert werden, schreiben die Forscher.[5]

Die Reaktionen auf Studien wie diese könnten unterschiedlicher nicht sein. Nirgends klaffen Lebenswelten von Juden und Nichtjuden deutlicher auseinander als in der Wahrnehmung des Antisemitismus. Unterhält man sich mit Nichtjuden in Deutschland oder liest Kommentare zu Berichten, die sich mit dem Thema auseinandersetzen, bekommt man immer wieder den Eindruck, wir beschäftigten uns mit einem Phantom-Problem.

Kaum waren die vorläufigen Ergebnisse der WJC-Studie veröffentlicht, fanden sich in Leserkommentaren aller seriösen Zeitungen Proteste. In zahlreichen Schreiben bezweifelten Leser die Zahlen oder nahmen an, dass sie nur so hoch sein könnten, weil man Vorgänge fälschlich als antisemitisch betrachtet und somit in eine Kategorie eingeordnet habe, in die sie nicht gehörten. Unter Kommentaren zu Berichten, in denen es um eine steigende Anzahl von antisemitischen Vorfällen oder die zunehmende Brutalität des Judenhasses geht, fanden sich im Laufe der Jahre immer wieder Aussagen mit folgendem Tenor: »Ich weiß nicht, wie Sie auf diese Zahlen kommen. In meinem privaten Leben bin ich noch keinem einzigen Antisemiten begegnet.« Glück gehabt, möchte man antworten. Nachdem diese Einschätzung allerdings relativ häufig vorzukommen scheint, fragt man sich irgendwann: Wo stecken sie dann – die Antisemiten? Vielen Bundesbürgern fällt es schwer, Antisemitismus überhaupt zu erkennen. Und selbst, wenn Menschen bereit sind zu akzeptieren, dass es Judenfeindlichkeit in der Gesellschaft gibt, und selbst wenn sie deren Ausmaß sehen – wahrgenommen wird sie meist bei anderen. Das mag verständlich sein: Naturgemäß behauptet kaum jemand von sich selbst, antisemitisch zu denken. Doch wenn auch Freunde, Bekannte, Mitglieder der eigenen Partei oder derselben ideologischen Ausrichtung grundsätzlich nicht in diese Kategorie fallen, man also den Antisemitismus sieht, aber keine Antisemiten, klingt es entweder nach Verdrängung oder nach einer mangelnden Beschäftigung mit dem Phänomen. Natürlicherweise erkennen Angehörige einer Minderheit das feindselige Verhalten von Teilen der Mehrheit im Umgang mit ihnen schneller und leichter, ganz einfach, weil sie unmittelbar betroffen sind. Doch sollte dann die Mehrheit die Erfahrungen dieser Gruppe nicht anerkennen und sich mit ihnen auseinandersetzen?

Wie will eine Demokratie einen Angriff abwehren, wenn sich die Demokraten nicht einmal einig darin sind, was sie bekämpfen? Denn nichts anderes als eine Bedrohung der Demokratie stellt der Antisemitismus dar. Zum einen war er über die Jahrhunderte stets ein Indikator dafür, dass etwas aus den Fugen gerät und gesellschaftliche Standards zu erodieren beginnen. Oder wie Deborah Lipstadt es ausdrückt: »Antisemitismus fängt mit den Juden an, doch er endet nie mit ihnen.« Genauso schwer aber wiegt, dass eine Demokratie, die keine Diversität mehr verträgt, eine Gesellschaft, in der Bürger nicht mehr anders als die Mehrheit sein können – mit anderem Glauben und anderen Gebräuchen –, dass eine solche Demokratie einen Teil der Bürger von der praktischen Ausübung der Volksherrschaft ausschließt. Diese Minderheit darf sich zwar noch in Wahlen äußern, wird aber oftmals konkret daran gehindert, ihre Rechte in der Gesellschaft wahrzunehmen. Das trifft für Juden in vielen Bereichen zu. Wenn sie keine Kippa mehr tragen, um sich zu schützen. Wenn sie ihre Gemeindezeitungen in Umschlägen geschickt bekommen. Wenn sie an der Universität verschweigen, dass sie Zionisten sind. Wenn sie lieber nicht in die Synagoge gehen, weil es an dem Tag keinen Polizeischutz gibt.

Antisemitismus ist ein Teil des jüdischen Alltags, wie alle wichtigen Studien der vergangenen Jahre zeigen. Sein Ausmaß lässt sich erahnen, wenn jüdische Bürger selbst in Bundesländern wie Baden-Württemberg, in denen sie sich nach eigenen Aussagen im Allgemeinen gut und sicher fühlen, den Hass gegen sie als Realität beschreiben, mit der sie eben leben.[6]

Anlässlich des jüdischen Gemeindetages in Berlin im Dezember 2019 sagte Bundespräsident Steinmeier: »Diese Republik ist nur vollkommen bei sich, wenn Juden hier vollkommen sicher sind.« Demnach kann man davon ausgehen, dass das Land nicht vollkommen bei sich ist. Denn Juden sind nicht sicher. Zumindest nicht so, wie es andere Bürger sind. In Deutschland müssen jüdische Einrichtungen geschützt werden. Ist das wirklich normal? Darf es normal sein? Soll es das sein? Diese Fragen muss sich die Mehrheitsgesellschaft stellen. Und sie muss ihren Blick schärfen, wenn es um Antisemitismus geht. Dringend!

Denn insgesamt bestätigen Antisemitismusforscher in verschiedenen Untersuchungen und Interviews bundesweit immer wieder ähnliche Zahlen wie die WJC-Studie.[7] Antisemitismus ist in der Bundesrepublik ein gravierendes Problem. Und wir gehen in diesem Werk davon aus, dass man es nur wirksam bekämpfen kann, wenn man ihn als gesellschaftliches Phänomen ernst nimmt, auch wenn man meint, Feindseligkeit gegen Juden noch nie beobachtet zu haben. Hinter dieser Wahrnehmung steckt oft ohnehin lediglich eine frappierende Gleichgültigkeit.

Erschreckende Ignoranz

Oder wie sollen wir es nennen, wenn selbst Pädagogen offensichtlich judenfeindliche Darstellungen nicht erkennen? Jahrelang benutzten Oberstufen-Klassen das Schulbuch *Anstöße 2* des Klett Verlages, das im Fach Gesellschaftskunde Diskussionen anregen sollte. Das Werk behandelte unter anderem die Finanzkrise der Europäischen Union. In diesem Kontext findet sich auch eine Grafik, die den Beitrag »Europas Zahltag« illustriert. Sie zeigt die EU-Staaten, die von einem gelben Kopf attackiert werden, der aussieht wie die Spiele-Figur Pac-Man, hier aber mit bedrohlich aufgerissenem Maul und scharfen Zähnen auf sie zurast. Offenbar will er sie verschlingen. Sein Schweif lässt erkennen, was ihn antreibt: »Rothschildbank« steht auf allen

Strahlen. Diese jüdischen Banker also bedrohen das Überleben der europäischen Staaten. Es ist ein uraltes antisemitisches Stereotyp.

Ganze vier Jahre bemerkten das weder Lehrer noch Schüler, davon abgesehen, dass auch verantwortliche Mitarbeiter eines deutschen Schulbuchverlags keinen Anlass sahen, die Illustration zu beanstanden. Erst der damalige Sprecher für Innen- und Religionspolitik der Grünen, Volker Beck, machte auf sie aufmerksam.[8] In dem Zusammenhang wies der Abgeordnete auf einen weiteren Fall hin, in dem an einer Hildesheimer Hochschule für eine Lehrveranstaltung jahrelang antisemitische Unterrichtsmaterialien verwendet wurden, ohne dass Lehrkräfte oder Studierende dies beanstandeten.

Im Fernsehsender ARD-alpha in der Mediathek und auf Netflix läuft die Trickfilmreihe *Es war einmal ... das Leben*. Die Serie ist seit 1986 ein Klassiker, an den sich viele heute Erwachsene erinnern und den Kinder immer noch gern schauen. In einem Beitrag über das Immunsystem werden Bakterien mit Gas vernichtet und röcheln vor ihrem Ende »Oy vey Gevalt«. Niemandem fiel das auf, bis der Blog Übermedien diese Sendung thematisierte.[9] Juden als Bakterien? Mittlerweile werden die Serien laut Übermedien von der NDR-Tochter Studio Hamburg Enterprises vertrieben. Die Programmverantwortlichen meinten wahrscheinlich, etwas Gutes zu tun mit dieser Hinzufügung in der deutschen Synchronisation, die es im französischen Original nicht gibt, denn auf ihrer Website erklärten sie zu dieser Folge über das Immunsystem, dass die Staphylokokken durch den »blauen Wüstrich« vergast würden. Weiter heißt es: »Kurz vor seinem Tod ruft in der deutschen Version ein Staphylokokkus den jiddischen Ausdruck ›Oy vey gevalt‹ – eine Anspielung an die Verbrechen im Dritten Reich. In der französischen Version war das nicht der Fall.« Wie sie darauf kamen, dass Kinder das alles auch nur annähernd einordnen können und wie man in dieser Szene irgendetwas anderes als Judenhass sehen kann, bleibt ihr Geheimnis.

2014 druckte die *Süddeutsche Zeitung* die Zeichnung eines Kraken, dessen Arme Laptops und Computer umfangen. Sie hat ein Gesicht, das von gekräuselten Haaren umgeben ist, mit riesiger Nase und wulstigen Lippen, und mit einem Facebook-F über der Stirn. Die Geschichte handelt von dem wachsenden Einfluss sozialer Medien, und offensichtlich soll die Zeichnung den Facebook-Gründer Mark Zuckerberg darstellen. Vor allem aber ähnelt sie den Karikaturen älterer Juden im nationalsozialistischen *Der Stürmer* aus den dreißiger Jahren. Facebook hatte zu dieser Zeit gerade die Kommunikationsplattform WhatsApp übernommen. Der Zeichner, Burkhard Mohr, sagt, ihm sei nicht aufgefallen, dass die Grafik »wie eine jüdische Hetz-Zeichnung« aussehe. Beschwerden über die Karikatur aus der jüdischen Gemeinschaft kommentieren Leser im *Tagesspiegel* mit Sätzen wie »Statt, dass deutsche Journalisten den Antisemitismusvorwurf gegenüber einem Kollegen als fernliegend bezeichnen, wird ellenlang zitiert, was paranoide Juden als antisemitisch definieren … Mein Vorschlag: Vor jeder Veröffentlichung alles an eine jüdische Zensurabteilung, um es dort freigeben zu lassen.« Ein anderer fragt: »Ist Kritik an Juden per se eigentlich schon antisemitisch?«[10] Offensichtlich hat keiner von ihnen jemals in Abhandlungen geschaut, die sich mit antisemitischen Stereotypen auseinandersetzen, denn dann hätten sie erfahren, dass eine überbetonte Nase, krause Haare und wulstige Lippen zum Standardrepertoire der antijüdischen Karikatur gehören – also all das, was die Zeichnung beinhaltete.[11] Zudem sind beide Bemerkungen selbst judenfeindlich. Doch wen kümmert das? Wo doch Antisemitismus mit der Realität ohnehin nichts zu tun hat und es die Norm zu sein scheint, dass Leser in Kommentaren zu antisemitischen Vorfällen die Annahme äußern, Juden seien übermächtig und hielten die Fäden in der Hand, vor allem, wenn es um die »Antisemitismuskeule« geht – ein in Foren immer noch gern benutzter Begriff.

Selbst und gerade in Akademikerkreisen ist dieser beiläufige Antisemitismus häufig anzutreffen. Das fängt mit studierten Professorengattinnen an, die beim Abendessen fragen, warum Juden eigentlich schon wieder alles kontrollieren, und hört mit Studierenden auf. Leo Trepp erzählte von einer Dissertation in den 1990er-Jahren, die sich mit »Woody Allen in der Jüdischen Tradition« befasste und die er als Mitglied des Prüfungsausschusses an der Universität Mainz begutachtete. Der Doktorand, immerhin ein Student, der auch Judaistik belegt hatte, charakterisierte in seiner Arbeit die Juden als heimatlose Wanderer, die sich mit der Sprache und der Identität ihrer »Gast-länder« tarnten. Er behauptete, dass sie keine wahrhaften Werte hät-ten, da der Talmud alles relativiere. Ihre Waffe liege in einem zyni-schen Humor, der wiederum alle Werte ihrer Bedeutung beraube. Insgesamt durchzogen antisemitische Stereotype die Arbeit. Trepp sagte über den Vorfall: »Hier traten die Auswirkungen von jahr-hundertelanger Indoktrinierung zutage, die auch durch die Lektio-nen des Holocaust nicht abgemildert worden waren.«[12] Dass ein hoher Bildungsabschluss und Geld vor Vorurteilen und dem Verwen-den von Stereotypen schützen, war immer schon eine von Wissen-schaftlern längst widerlegte Mär.

Nicht sehen, was man nicht sehen will

Und die »vierte Gewalt«, die Medien, die allen auf die Finger schauen sollen? Wie wir gesehen haben, sind auch deutsche Zeitungen nicht vor Antisemitismus gefeit und viele Journalisten ignorieren die ver-schiedenen Formen des Antisemitismus' nicht nur, sondern ändern ihre Perspektive auch nur ungern. Zu Beginn der Regierungszeit von US-Präsident Donald Trump nahmen die antisemitischen Angriffe in den Vereinigten Staaten stark zu. Auch jüdische Journalisten wur-den skrupellos belästigt, vor allem im Internet. Benutzer kopierten ihre Köpfe auf die Leichen von in Konzentrationslagern ermordeten Menschen, wünschten ihnen den Tod im Gas und beschimpften sie auf übelste Weise. Das traf insbesondere Redakteure, die den Repub-likanern nahestanden und sich aus einer fiskalisch konservativen, aber sozial liberalen Haltung gegen Trump stellten und auch seine laxe Reaktion auf Antisemitismus und Rassismus angriffen. Ich schrieb damals ab und an für deutsche Medien und unterhielt mich mit dem Ressortleiter eines Nachrichtenmagazins über dieses Phäno-men, das ich in einem Essay reflektieren sollte. »Ich möchte ebenfalls erwähnen, wie sehr man es anerkennen muss, dass diese Kollegen für ihre Werte einstehen«, sagte ich, »auch einem Präsidenten gegenüber, der ihrer Partei angehört. Ich wünschte mir das so klar auch von linksliberalen Journalisten, die leider den Antisemitismus von links oft nicht wahrnehmen.« Wieso, fragte er, wo es denn Judenfeindlichkeit auf dieser Seite gebe. »Hallo? Noch nie von BDS gehört? Hier bei uns in Berkeley wird jeder Jude, sofern er aus Israel kommt, wie ein Aussätziger behandelt. Und selbst wenn amerikanische Juden eingeladen werden, die als Zionisten bekannt sind, werden sie niedergebrüllt.« Und nur in wenigen Fällen verurteilt ein Gericht die Störenfriede, wie es 2011 passierte, nachdem der Historiker und damalige israelische Botschafter Michael Oren auf einer Veranstaltung an der Universität Irvine wegen der Agitationen eine Stunde lang gar nicht und dann nur sehr verkürzt sprechen konnte.[13] Und wenn jüdische Studenten an einer der Universitäten in Kalifornien und anderswo einigermaßen friedlich leben wollen, distanzieren sie sich besser von Israel.[14] Ich nannte einige Beispiele. Doch er wollte sie partout nicht als Judenfeindlichkeit erkennen: »Aber das hat doch nichts mit Antisemitismus zu tun. Da geht es doch um Kritik an Israel.« Ich habe den Essay nicht geschrieben.

Die Haltung des Ressortleiters ist typisch. Je nachdem, welcher Gruppe Antisemitismus zugeschrieben wird, kann man davon ausgehen, dass Menschen, die ideologisch ähnlich denken, jede Anfälligkeit für Judenfeindlichkeit in dieser Ideologie völlig verneinen oder zumindest den antisemitischen Charakter eines konkreten Vorfalls anzweifeln, ihn herunterspielen oder rechtfertigen. So findet man in manchen Medien erst seit Halle zumindest ansatzweise den Versuch, Kritik an der israelischen Regierung von antisemitischen Tönen freizuhalten. Und immer noch ist es für einige Redaktionen schwierig, muslimischen Antisemitismus zu thematisieren, genauso wie den Judenhass, der aus der linken Ecke kommt. Und den Antijudaismus bemühen ohnehin selbst Bürger, die zu Atheisten geworden sind, wenn sie beiläufig erwähnen, man sehe doch, wohin das Prinzip ›Auge um Auge‹ führe, oder erklären, warum die Juden längst hätten aufhören sollen, ihre Söhne zu beschneiden. Doch wenn selbst Menschen der schreibenden Zunft die Augen verschließen, Redakteure, denen man nicht nur Bildung und selbstständiges Denken, sondern auch Professionalität im Umgang mit

Fakten unterstellen kann – was soll man dann erst von der breiten Öffentlichkeit erwarten? Tatsächlich haben sich Journalisten in den vergangenen Jahren als besonders unbelehrbar erwiesen, wenn es um die Urteilskraft in Bezug auf judenfeindliche Stereotype ging.

Sofern Juden den Antisemitismus aus ihrer Warte beschreiben, müssen sie befürchten, als Spinner abgetan zu werden, wie in dem Fall des New Yorker Autors Tuvia Tenenbom, der für den Rowohlt Verlag durch Deutschland fuhr, um die Stimmung zu erkunden. Die daraus entstandene Publikation über latente Judenfeindlichkeit im Land passte dem Verlag nicht. Um seine ablehnende Haltung zu untermauern, gab er ein Gutachten in Auftrag. Dessen ungenannte Verfasserin äußerte unter anderem, Tenenbom sei »offensichtlich ein jüdischer Hysteriker, wie ihrer aller Schutzheiliger Woody Allen«. Das sei als Kompliment gemeint gewesen, hieß es später. Im Verlauf der Auseinandersetzung hatten weder Verlag noch die Redaktion der *Süddeutschen Zeitung*[15] oder Durchschnittsdeutsche Probleme damit, den amerikanischen Autor auch mit antisemitischen Untertönen anzugreifen.

In einem Bericht über den Streit schrieb der Journalist Malte Herwig in der *Süddeutschen*, der »Jude Tenenbom« habe sich für sein Manuskript mit so ziemlich allem getroffen, »was Deutschland an schrägem Personal zu bieten hat«.[16] Man muss den flapsigen Stil von Tenenbom nicht mögen, doch mit einer solchen Aussage diskreditiert der Redakteur ein Buch über den Antisemitismus in Deutschland von Anfang an als etwas, das man nicht ernst nehmen muss. Und weder ihm noch seinem Ressortleiter fällt auf, dass die Einführung einer jüdischen Person als »der Jude« extrem »beladen« ist, wie der ehemalige Priester und Autor James Carroll in seinem Werk *Constantine's Sword* über die Entwicklung des Antisemitismus schon im Zusammenhang mit der Verwendung des Wortes im Johannesevangelium anmerkt.[17] Nicht umsonst benutzten auch die Nazis oft ›Jude‹ anstatt ›Herr‹ in der Ansprache, um einen Juden herabzusetzen. Einem deutschen Journalisten stünde die Bereitschaft zum Lernen in dieser Hinsicht gut an. Davon weit entfernt, sagte Herwig in einem Gespräch mit dem Spiegel, er sehe absolut nichts Falsches darin, den Sohn eines Rabbiners als ›Juden‹ zu bezeichnen.

Diskussionen wie diese entspinnen sich immer wieder. Häufiger entwickelt sich eher eine Debatte darüber, ob ein konkreter Vorfall als antisemitisch anzusehen ist, als dass man mit dem Problem an sich ringen würde. Darin liegt eines der größten Probleme bei der Bekämpfung des Judenhasses. Wir werden dieses Phänomen in den nächsten Kapiteln an verschiedenen Beispielen wie antisemitischer Israelkritik oder christlichem Antijudaismus näher betrachten. Schon an dieser Stelle aber wollen wir vermerken, dass die Grenze zwischen denen, die einen antisemitischen Vorgang als solchen erkennen, und solchen, die das nicht tun, auffällig häufig zwischen Juden und Nichtjuden verläuft. Offensichtlich ist die Mehrheit nicht bereit, Antisemitismus klar zu benennen, egal, in welcher Form er sich zeigt. Warum?

Halbherzige Reaktionen

Manchmal hat man den Eindruck, dass, wenn es um Antisemitismus geht, sich die Juden am besten heraushalten sollten. Sie erfahren ihn zwar. Aber was besagt das schon? So schien 2015 selbst das deutsche Innenministerium noch zu denken, als es in die neue Expertenkommission zum Thema keinen einzigen Juden berief. Das ist so, als spräche man über den Missbrauch in der katholischen Kirche, ohne Missbrauchsopfer zu hören. Darüber hinaus, so kritisierte der damalige Antisemitismusbeauftragte des American Jewish Committee (AJC), seien viele der Handlungsanleitungen, die von der vorherigen Kommission 2011 erarbeitet worden waren, noch gar nicht umgesetzt. Warum man auf die jüdische Perspektive auf das Problem verzichtet habe, erklärte eine Sprecherin des Ministeriums so: Bei der Zusammensetzung des Expertenkreises habe man allein auf fachliche Erwägungen gesetzt, »die Frage der Religionszugehörigkeit einzelner Expertinnen und Experten war kein fachliches Kriterium.«

Nicht nur diskreditiert eine solche Aussage die Qualifikation jüdischer Antisemitismusexperten in Deutschland, sie trägt zudem das Bild nach außen, dass Juden nicht wirklich mit wissenschaftlichem Blick und fachbezogen über den Hass gegen sie nachdenken können.

Mit dieser Haltung würde man auch denjenigen Afroamerikanern, die gerade die Rassismusdebatte in den Vereinigten Staaten dominieren, nicht zuhören müssen. Offensichtlich ist das absurd. Davon abgesehen, dass es in der jüdischen Gemeinschaft in Deutschland weltweit renommierte Forscher zur Judenfeindlichkeit gibt, sind auch andere Juden im Laufe der Jahre durch eigene Betroffenheit und die dadurch angeregte intensive Beschäftigung mit dem Thema zu Experten geworden. Als Reaktion auf die massive Kritik berief das Ministerium einige Monate später auch zwei Juden in das Gremium.

Wenn selbst staatliche Institutionen keinen sicheren Blick mehr zu haben scheinen, wird es schwierig. Das gilt nicht nur für die Exekutive, sondern auch für Gerichte, die mit Urteilen nicht nur strafen, sondern daneben Zeichen setzen, wie mit bestimmten Haltungen und Handlungen umzugehen und was im wahrsten Sinne des Wortes zu verurteilen ist. Eines der prominentesten und unter Juden berüchtigtsten Beispiele war der Brandanschlag auf das Wuppertaler Gotteshaus der jüdischen Gemeinde. Synagogen und andere Gebäude jüdischer Gemeinden sind nirgends in Deutschland vor Übergriffen sicher. Die meisten von ihnen werden von der Polizei bewacht. Manche rund um die Uhr, andere zumindest an bestimmten Tagen oder zu bestimmten Tageszeiten. Dennoch gelingt es Tätern immer wieder, Wände oder Außenanlagen zu beschmieren oder die Gebäude auf andere Art zu beschädigen. Die Aufklärungsrate ist gering. Von den 21 Attacken im Jahr 2018 konnte die Polizei in nur fünf Fällen die Täter fassen. Immerhin sollte sich hier aber der antisemitische Beweggrund leicht nachweisen lassen.

Nicht so für das Amtsgericht Wuppertal. Nachdem drei junge Erwachsene palästinensischer Herkunft 2014 einen Brandsatz auf die Synagoge in Wuppertal geworfen hatten, verurteilten die Richter die Männer zwar wegen schwerer Brandstiftung zu Bewährungsstrafen. Sie erkannten aber kein antisemitisches Motiv. Dazu hieß es in der Urteilsbegründung:

»Das Gericht hat auch das Motiv der Angeklagten hinterfragt. Für die Angaben der Angeklagten F und B, dass sie durch ihre Tat die Aufmerksamkeit auf den israelisch-palästinensischen Konflikt zur Tatzeit lenken wollten, spricht zunächst die Tatsache, dass alle drei Angeklagte aus Palästina stammen und nicht wiederlegbar [sic!] zum Zeitpunkt der Tat aufgrund des andauernden Konflikts keinen Kontakt mehr zu ihren Angehörigen in Palästina hatten. Zudem zeigen auch Aufnahmen aus dem Facebook-Profil des Angeklagten F, dass dieser für einen palästinensischen Staat eintritt. Als Motiv der Tat kam allerdings auch Antisemitismus in Betracht. Dafür sprach der Umstand, dass die Angeklagten als Palästinenser und Angehörige muslimischen Glaubens eine jüdische Synagoge mit Brandsätzen beworfen haben. Diese zugegebenermaßen schwerwiegenden Indizien ließen für das Gericht allein jedoch nicht den hinreichend sicheren Schluss zu, dass die Tat in jedem Falle antisemitisch motiviert war. Denn das Ergebnis der Ermittlungen ergab ansonsten keinerlei Anhaltspunkte dafür, dass die Angeklagten antisemitisch eingestellt sind. Die Polizei hat die Wohnungen der Angeklagten durchsucht und Zeugen aus ihrem Umfeld befragt. Es ergaben sich daraus keine Umstände, die den Rückschluss zulassen könnten, dass die Angeklagten eine grundsätzlich judenfeindliche Einstellung haben.«

Soweit ein Teil des Urteils.

Dass die Täter in einer Wohnung »in arbeitsteiligem Zusammenwirken Brandsätze herstellten, sogenannte ›Molotowcocktails‹«, wie es in dem Urteil heißt, um sich dann »zu der in der Nähe fußläufig gelegenen Synagoge der jüdischen Gemeinde« zu begeben, mit der »Vorstellung, mit den Brandsätzen gegebenenfalls die Synagoge in Brand zu setzen«, wie es weiter heißt, all das reichte den Wuppertaler Amtsrichtern nicht, um eine antisemitische Einstellung festzustellen. Und was haben deutsche Juden überhaupt mit dem Nahostkonflikt zu tun? Liegt da nicht Judenfeindlichkeit näher? Nein, sagt das Gericht, immerhin haben die Angeklagten beteuert, nichts gegen Juden zu haben. Und schreibt weiter in dem Urteil: »Sicherlich ist dabei klarzustellen, dass die in Deutschland lebende jüdische Bevölkerung, insbesondere die jüdische Gemeinde in X [Was meinen die Richter? Die anderen vielleicht doch ein bisschen?], nichts mit der Politik der israelischen Regierung und ihrer Auseinandersetzung mit den im Gaza-Streifen lebenden Palästinensern zu tun hat. Andererseits ist aber bei Würdigung aller Umstände und der Persönlichkeit der Angeklagten auch zu berücksichtigen, dass es keineswegs fernliegend ist, dass sie gerade diesen Schluss nicht gezogen haben, sondern – auch mangels eines anderen dem Staat Israel in der Tatnacht eindeutig zuzuordnenden Tatobjekts – eine Synagoge als Zeichen jüdischen Lebens zum Tatobjekt gewählt haben, um daran ihr Anliegen, Aufmerksamkeit auf den zwischen Israel und den Palästinensern lodernden Konflikt zu lenken, deutlich zu machen.« Als Juristin kann ich mir nicht helfen zu denken: »Echt jetzt?«

Das Landgericht Wuppertal erhöhte die Bewährungsstrafen zwar von jeweils einem Jahr und drei Monaten auf Freiheitsstrafen von zwei Jahren beziehungsweise einem Jahr und elf Monaten. Bei der Einschätzung, ob man Antisemitismus als Motivation strafverschärfend werten könne, war die Kammer aber an die Einschätzungen der Vorinstanz gebunden. Hierzu hieß es im Urteil: »Demgegenüber war strafschärfend zu berücksichtigen, dass die Angeklagten durch die Tat eine Vielzahl von Personen, namentlich die Angehörigen der jüdischen Gemeinde, in Angst und Schrecken versetzt haben, wenn auch – an die insoweit von dem Amtsgericht getroffenen Feststellungen ist die Kammer gebunden – die Tat selbst nicht antisemitisch motiviert war. Zu ihren Lasten ging auch, dass sie bei der zwar dilettantisch ausgeführten Tat eine nicht unerhebliche kriminelle Energie (arbeitsteiliges Zusammenwirken, gemeinsames Vorbereiten und Herstellen verschiedener als Brandsatz dienender Molotowcocktails, Werfen von gleich fünf dieser Brandsätze) an den Tag legten.« Doch weil es auch strafmindernde Umstände gegeben habe, bleibe man bei der Aussetzung der Vollstreckung auf Bewährung, so das Gericht. Diese Entscheidung, gegen die einer der Angeklagten Revision einlegte, wurde abschließend vom Oberlandesgericht Düsseldorf bestätigt und damit rechtskräftig.[18]

Auch Anklagebehörden scheint Antisemitismus in seinen verschiedenen Ausprägungen nicht geläufig zu sein. So wies die Staatsanwaltschaft Braunschweig bereits mehrere Strafanzeigen ab, zum Beispiel eine gegen die Partei »Die Rechte«, die in der Zeit von 19.33 bis 19.45 Uhr mit einer Mahnwache unweit der Synagoge den »Zionismus stoppen« wollte.[19] Einen Symbolismus und/oder Hinweis auf die Nazizeit wollten die Juristen darin partout nicht sehen.

Wenn fast nur Juden für die Juden eintreten

Die Unsicherheit, was als antisemitisch zu werten ist, scheint in allen Gesellschaftsschichten groß zu sein, aber die Mehrheit ist sich offensichtlich darüber im Klaren, dass es Antisemitismus gibt. Laut einer Eurobarometer-Umfrage aus dem Jahr 2018 halten zwei Drittel der Bundesbürger ihn für ein Problem. 61 Prozent glauben, dass Anfeindungen gegenüber Juden in den vergangenen Jahren zugenommen haben. Damit liegen die Werte für Deutschland höher als in anderen Ländern Europas. Denn EU-weit bemerkt lediglich jeder Dritte einen Anstieg.[20] Wie entsteht diese Diskrepanz zwischen Alltagsverhalten, Empfindung und Einschätzung? Schaut man sich die vergangenen Jahre an, werden in den Medien vor allem körperliche Übergriffe gegen Juden und Angriffe aus dem rechten Lager wahrgenommen, während auf der anderen Seite viele Bürger auch den Antisemitismus aus der muslimischen Ecke thematisieren. Nehmen Menschen diese Formen des Judenhasses also eher wahr? Können sie seine Existenz eher akzeptieren, wenn die Wahrnehmung ist, dass er nicht auch aus der Mitte der Gesellschaft kommt? Wie sieht also ein antisemitischer Angriff in Deutschland aus, den die überwiegende Mehrheit der Deutschen ohne jeden Zweifel als judenfeindlich einordnet?

Am 9. Oktober 2019, an Jom Kippur, dem höchsten jüdischen Feiertag, versuchte der Rechtsextremist Stephan Balliet in die Synagoge in Halle einzudringen. Er kam mit Waffen und Sprengsätzen, mit dem festen Vorsatz, Juden zu töten – und zwar möglichst viele, deshalb habe er den Jom Kippur gewählt, sagt er in einem vorab hergestellten Video, an dem Tag gingen nämlich auch eher säkulare Juden zum Gottesdienst. »Der Jude«, meint er, sei für alle Probleme verantwortlich. Den Holocaust habe es nie gegeben. Der 27-jährige arbeitslose Mann versuchte auf verschiedenen Wegen, in die Synagoge zu gelangen, zuletzt wollte er eine Gebäudetür aufschießen und sprengen. Doch die Tür hielt stand. Balliet filmte die gesamte Tat. Auch innen im Gebäude konnten die Menschen seine Versuche, sich Zugang zu verschaffen, über eine Kamera verfolgen. Zu hören waren die Schüsse ohnehin. Das Leben der 51 Gottesdienstbesucher wird wohl für lange Zeit nicht mehr dasselbe sein.

Der Täter betonte später auch in den polizeilichen Verhören, dass er Juden habe töten wollen und dass er die Erschießung zweier unbeteiligter Bürger bedaure. Die meisten Deutschen verurteilten es daraufhin scharf, als Abgeordnete der AfD dennoch kritisierten, dass der jüdischen Gemeinde Anteilnahme gezeigt werde, wo doch »Deutsche« getötet worden seien. Und Bürger widersprachen genauso vehement, als Abgeordnete den Angriff auf die Synagoge wegen der kaputten Tür lediglich als ‚Sachbeschädigung‘ darstellten. Nehmen Nichtjuden Antisemitismus als Hass gegen Juden also eher zur Kenntnis und verurteilen ihn, wenn er gewalttätig ist und sich gegen lebende Menschen richtet? Doch auch diesen gewalttätigen Antisemitismus hat es immer gegeben, wenn auch vielleicht nicht mit Tötungsabsichten. Schon 2004 wurden Juden, die als solche zu erkennen waren, regelmäßig körperlich angegriffen. Damals und in den folgenden Jahren sahen die meisten diesen Übergriffen tatenlos zu. Das war selbst im Sommer 2018 noch so, als ein syrischer Jugendlicher im Berliner Prenzlauer Berg einen Mann mit Kippa mit einem Gürtel verprügelte. Jemand filmte das Ganze zwar, doch nur eine einzige Frau kam dem Opfer zur Hilfe, obgleich die Cafés an der Straße vollbesetzt waren.

Die Gelassenheit, mit der die Mehrheit aggressiven Antisemitismus hinzunehmen bereit ist, zeigte sich am besten im Sommer 2014, als die radikalislamistische Terrororganisation Hamas, die seit 2007 den im Jahr 2005 von Israel geräumten Gazastreifen regiert, pausenlos Raketen auf israelische Städte abfeuerte und Israel daraufhin Ziele in Gaza bombardierte und dabei auch palästinensische Zivilisten ums Leben kamen. Mitte Juli, als die Zahl der Toten unter den Palästinensern bei 375 lag und die der Israelis bei 20, riefen europaweit diverse Gruppen zu Protesten gegen den jüdischen Staat auf. Wenige berücksichtigten, dass die Hamas bewusst aus Schulen und anderen öffentlichen Gebäuden schießt und so Zivilisten als menschliche Schutzschilde einsetzt und das israelische Militär deshalb selbst bei den größten Vorsichtsmaßnahmen, um Zivilisten nicht zu gefährden, Tote unter ihnen nicht immer verhindern kann. Das Ganze wiederholte sich in vielen Städten in weitaus aggressiverer Form während des Gazakonflikts 2021. Darüber wird in anderem Zusammenhang noch zu sprechen sein. Wie auch über die Demonstrationen gegen die Corona-Auflagen, wo wir beobachten konnten, wie schnell und einfach sich jahrhundertealte Stereotype wieder zum Leben erwecken ließen.

Auch 2014 gingen in Deutschland pro-palästinensische Gruppen auf die Straße. Doch statt gewaltloser Proteste gab es vielerorts Übergriffe auf Juden, Angriffe auf jüdische Einrichtungen und antisemitische Hasstiraden. In Essen wurden Protestierer festgenommen, weil sie einen Anschlag auf die Synagoge geplant haben sollen. Und nicht nur in dieser Stadt wurden Juden mit Nazis gleichgesetzt oder wurde Israel der Tod gewünscht. In Berlin griffen Protestler ein israelisches Ehepaar an, das zufällig ihren Weg kreuzte, der Mann trug eine Kippa. Juden wurden als »feige Schweine« beschimpft, einige riefen »Zionisten ins Gas«. Einträchtig liefen Neonazis, radikale Muslime und antizionistische Linke auf diesen Demonstrationen nebeneinander.

Juden fühlten sich in diesem Sommer in Deutschland nicht mehr sicher. Von der Mehrheitsgesellschaft kam kaum Beistand. Im Spätsommer organisierte der Zentralrat der Juden in Deutschland für Mitte September eine Kundgebung am Brandenburger Tor unter dem Motto »Steh auf! Nie wieder Judenhass!« Zusammen mit meinem Bruder ging ich hin. Und rechnete damit, schon lange vor dem Brandenburger Tor nicht mehr durchzukommen. Ich konnte mich noch gut an den Juli 2008 erinnern, als der damalige Präsidentschaftskandidat Barack Obama an diesem Ort sprach. Vor 200 000 Menschen. Es war kein Durchkommen. Doch nun musste sich keiner drängen. Wir konnten bis nach vorne vorgehen, vorbei an Bekannten aus verschiedenen jüdischen Gemeinden, bis wir uns neben Freunde aus Berlin stellten. Auf der Tribüne saßen der Präsident des Zentralrats, Bundespräsident Joachim Gauck, die Kanzlerin, Außenminister Steinmeier, weitere Kabinettsmitglieder, Mitglieder des Bundestags, Landespolitiker. Das offizielle Deutschland war da. Das Volk nicht. Gerade mal 5000 Leute waren gekommen, davon gefühlt die Hälfte Juden. So war es fast ein wenig komisch, als der Präsident des Jüdischen Weltkongresses, Ronald S. Lauder, sagte, dass alle, Juden und Nichtjuden, als ein Volk zusammenstünden. »Wir stehen gemeinsam gegen Intoleranz, gegen Fanatismus, gegen Antisemitismus.«

Ganz genau das ist eben nicht passiert. Damals nicht, und man fragt sich, ob es nach Halle im gebotenen Maß passieren wird. Denn selbst bei seriösen Politikern, deren gute Absichten niemand anzweifeln kann, bekommt man als Beobachterin den Eindruck, dass sie den Ernst der Lage in der Vergangenheit unterschätzt haben und die letzten Jahrzehnte in Deutschland an ihnen vorbeigegangen sind. So sprach die CDU-Politikerin Annegret Kramp-Karrenbauer nach dem Anschlag noch von einem »Alarmzeichen«, andere sagten, eine solche Tat sei in der Bundesrepublik nicht vorstellbar gewesen. Kein Wunder, dass sich Juden über solche Äußerungen empören. Neben dem Erstaunen über eine solche Blindheit für die Realität drängt sich der Verdacht auf, dass die meisten Bürger und Politiker nicht wirklich wissen, was Antisemitismus eigentlich ist, wie er sich äußert, und wie er von Wissenschaftlern heute definiert wird. Man kann nur hoffen, dass man nach Halle zumindest in der offiziellen Politik den Antisemitismus ernster nimmt als man es davor getan zu haben scheint. Ein erster Schritt könnte die Einrichtung der Antisemitismusbeauftragen auf Bundes- und Länderebene sein, wenn denn deren Empfehlungen umgesetzt würden. Oft scheitert es daran, dass auch politische Einrichtungen zögern, Schwierigkeiten in der Gesellschaft klar zu benennen. Ein weiterer Schritt zur Lösung wäre, bei beteiligten Akteuren, wie beispielsweise dem Lehrpersonal an Schulen, ein Verständnis dafür zu wecken, was Antisemitismus eigentlich ist. Er ist eben nicht eines von vielen Phänomenen der Menschenfeindlichkeit. Natürlich ist es wichtig, auch Probleme wie Rassismus oder Ausländerfeindlichkeit zu thematisieren. Doch wie wir sehen werden, hat sich die Ablehnung von Juden über Jahrhunderte vollkommen anders entwickelt als andere Formen der Menschenfeindlichkeit.[21] Solange die Mitte der Gesellschaft diese Strukturen aber nicht versteht und zu erkennen bereit ist, wird sich wenig ändern. Denn ich bin davon überzeugt, dass die relativierende Ja-Aber-Haltung der Mehrheit maßgeblich dazu beiträgt, den Boden für die gewaltbereiten und gewalttätigen Attacken zu bereiten und das Leben der Juden in Deutschland unangenehmer und schwieriger, wenn nicht gefährlich zu machen. Durch Corona hat sich das Klima noch einmal verschlechtert. Für Änderungen ist es allerhöchste Zeit.

Wo fängt denn Antisemitismus eigentlich an?

Was also ist Antisemitismus? Juden stellt sich diese Frage manchmal auf sehr persönliche Weise. Es ist schon eine Weile her, dass ein nichtjüdischer Freund auf dem Weg zu einem Restaurant zu mir sagte: »Ich kann dir nicht sagen, wie affig ich es finde, koscher zu essen. Du bist doch sonst eine so modern denkende Frau.« Er meinte es nicht böse. Weh tat es trotzdem. Genauso verletzt es mich, wenn Menschen nicht einmal mehr zuhören, wenn ich den Konflikt zwischen Palästinensern und Israelis aus meiner Sicht darstelle, da ich »da ja ohnehin belastet« sei, wie sie meinen. Ist man also mittlerweile ›belastet‹ oder ›voreingenommen‹, wenn man historische Tatsachen zitiert? Ist das schon Antisemitismus? Ich habe in diesen Fällen für mich entschieden, es nicht so zu sehen, wenn ich auch jeweils lange mit den Betroffenen über meine Gefühle gesprochen habe. Doch warum sind dann Bemerkungen wie »Koscher essen ist affig« in diesem Zusammenhang überhaupt relevant? Wo sie vielleicht einfach unüberlegt und ruppig sind? Weil sie eine Haltung spiegeln, die jüdischen Menschen seit Jahrtausenden begegnet: Die Juden sind die Anderen.

Die Anderen

Und dieses Anderssein wird gewertet. Und zwar nicht als etwas Bereicherndes, das zum Leben und zur Kultur der Umwelt beiträgt, sondern als etwas, das bedroht, abstößt und nicht dazu gehört. Schon in der Antike lehnten andere Völker die Juden ab, weil sie anders waren und auf ihrem Anderssein beharrten. Grund genug, sich ein wenig näher mit dieser Wahrnehmung der Juden zu beschäftigen – und zu sehen, dass sie in einer logischen Linie zur Abneigung und dann zum hartnäckigen Hass gegen sie führte. Der richtete sich ausschließlich gegen diese bestimmte kleine Gruppe von Menschen und sollte sich unter den verschiedensten Regenten und in den unterschiedlichsten Systemen ausbreiten und halten. Robert Wistrich, der sich bis zu seinem Tod im Jahr 2015 wissenschaftlich ausschließlich mit dem Phänomen des Antisemitismus beschäftigte und als einer der renommiertesten Forscher auf diesem Gebiet weltweit galt, hat deshalb einem Buch zum Thema den Titel »*The longest Hatred*« gegeben – der älteste Hass.[22]

Juden konnten über die Jahrhunderte hinweg machen, was sie wollten – ihnen schlug Ablehnung entgegen. Mal, weil sie angeblich reich und ausbeuterische Kapitalisten und mal, weil sie arme Schlucker waren. Manchmal, weil sie das Staatssystem unterstützten, und ein andermal, weil sie die Herrschaft angeblich aushebeln wollten. Oft, weil sie laut christlichen Vorstellungen Jesus umgebracht hatten, und genauso oft, weil sie sich nicht von den Vorstellungen und Idealen, die auch der Jude Jesus vertreten hatte, abkehren wollten. Der Antisemitismus verschwand nicht einmal, wenn es keine Juden mehr gab, gegen die er sich richten konnte. So hielt sich der Hass unter den Nichtjuden im Kerngebiet des künftigen Russischen Reichs selbst im 16. Jahrhundert, als das Land keine Juden mehr duldete und jüdische Menschen in eroberten Gebieten zwischen Übertritt zum Christentum und Tod wählen mussten, und fand erneut lebende Ziele, als das Russische Reich Ende des 18. Jahrhunderts Gebiete Polens und Litauens einnahm, in denen es große jüdische Gemeinschaften gab. Auch wegen des starken Antisemitismus, forciert durch die Christlich-

Orthodoxe Kirche, wurde die Ansiedlung von Juden nun in vielen Gebieten weiterhin teils stark beschränkt oder ausgeschlossen.

Schaut man sich die Geschichte des Antisemitismus an, erkennt man oft dieselben Muster und Stereotype in verschiedenen Formen. Und selbst heute spiegeln viele einfach dahingeworfene Bemerkungen ein Bild in den Köpfen der Nichtjuden wider, das meist mit einer antisemitischen Haltung einhergeht: Die Juden gehören nicht dazu. Wenn überhaupt, dann nur, wenn sie sich assimilieren. Wenn sie sind und sich verhalten wie alle. Doch das kann und darf nicht die Lösung sein, denn es würde bedeuten, die jüdische Identität aufzugeben oder zu verstecken. Davon abgesehen half unter dem Rassenantisemitismus der Nationalsozialisten selbst die Anpassung nicht. Und doch werden wir im Verlauf dieser Überlegungen sehen, dass immer mehr Juden den Weg der Assimilation wählen, um unbehelligt zu bleiben. Das ist eine Entwicklung, die, wie es aussieht, auf fatale Weise Dynamiken und Prozesse wiederholt, die es über viele Jahrhunderte immer wieder gegeben hat.

Nur wer die Geschichte des Antisemitismus und seine Entwicklung in Grundzügen kennt und zumindest ansatzweise versteht, wird sein Ausmaß und die von ihm ausgehende Bedrohung begreifen. Er war so verbreitet und akzeptiert, dass, würde man Künstler und Komponisten, Philosophen und Schriftsteller der letzten Jahrhunderte nach dem Grad ihres Judenhasses beurteilen und ihre Werke auf den Index setzen, vieles aus dem Bestand verschwände.[23] In extremen Fällen kostet es wirklich Überwindung, zu der Auffassung zu gelangen, dass die Kunst stets vom Menschen zu trennen sei. Und angesichts der Black Lives Matter-Bewegung, die ehemalige Sklavenhalter und andere Rassisten aus der Geschichte am liebsten verbannen will, taucht die Frage erneut auf, inwieweit man Werk, Denken und Person wirklich trennen kann. Diese Diskussion können wir in diesem Buch nicht vertiefen. Doch man kann im 21. Jahrhundert nicht über den Judenhass sprechen und ihn verstehen, ohne über die sich immer wieder verändernden Haltungen der Mehrheit gegenüber der jüdischen Gemeinschaft in den zwei Jahrtausenden davor zu sprechen. Yad Vashem, das sich auf die Geschichte der Schoah und die Erinnerung daran, aber auch auf die Erziehung der neuen Generation konzentriert, bietet in der Universitätsreihe *Future Learn* einen Onlinekursus an, der bei Interesse sehr zu empfehlen ist. In ihm erklären fünfzig renommierte Experten das Phänomen des Antisemitismus von der Antike bis zum Nationalsozialismus.[24] Daneben gibt es unzählige Forschungsprojekte und Bücher zu dem Thema. Schließlich hat diese spezielle Form des Menschenhasses zu einem gewissen Zeitpunkt zur industriellen Vernichtung von sechs Millionen Juden geführt, und Wissenschaftler aus verschiedenen Disziplinen haben auch das immer wieder als Anlass genommen, sich intensiver mit dem Antisemitismus zu beschäftigen. Auf einige Werke, die Standardlektüre geworden sind, weise ich am Ende des Kapitels hin. Im Laufe der Jahrhunderte hat sich die Form des Antisemitismus immer wieder der gesellschaftlichen Situation angepasst und damit gewandelt. Die Sprach- und Kognitionswissenschaftlerin Monika Schwarz-Friesel beurteilt die Judenfeindschaft, die seit 2000 Jahren von einer Generation in die nächste getragen wird, als »anpassungsfähig wie ein Chamäleon«.[25]

Schon Griechen und Römer hegten den Juden gegenüber Animositäten. Wissenschaftler sind sich uneins, ob das bereits als Antisemitismus gewertet werden kann, oder ob es eine der vielen Formen der Xenophobie war, die es zu dieser Zeit gab. Schließlich seien zu dieser Zeit auch andere Gruppen kategorisiert worden. Meist, so die Historikerin Paula Fredriksen, habe das nicht nur der Abgrenzung gedient, sondern auch dazu, die eigene Identität und eigenen Werte zu definieren. So hätten die Griechen etwa die Perser als weich und feminin geschildert, während sie sich selbst für hart und männlich hielten. Und die Ägypter seien bei den Griechen ebenso schlecht weggekommen wie die Germanen, die als rückständig galten. Die Juden waren nicht wohlgelitten, weil sie sich partout nicht anpassen wollten. Obwohl ihnen die Griechen und dann die Römer Dutzende aus ihrer Sicht attraktive Götter boten, hielten sie hartnäckig an ihrem Monotheismus fest. Daraufhin verbot der hellenistische Herrscher Antiochus Epiphanes den Juden bereits 168 vor unserer Zeitrechnung, ihre Religion auszuüben, und zwang sie, im Tempel in Jerusalem Zeus anzubeten. Ebenso wenig wie die jüdische Gemeinschaft andere Götter akzeptieren wollte, war sie bereit, die Beschneidung ihrer Söhne am achten Tag nach der Geburt aufzugeben, die besonders die Griechen furchtbar fanden. Und warum konnten diese verstockten Juden denn nicht mal ein bisschen Schweinefleisch genießen? Immerhin das Leibgericht der Griechen! Als die Römer die griechische Herrschaft ablösten, änderte sich wenig. Die regierenden Kreise sahen sich und ihresgleichen als überlegen an, und Juden und andere fielen durch das Raster.

Das erste Pogrom in der Antike

Doch schon in dieser Phase, also zum Ende des ersten Jahrhunderts vor unserer Zeitrechnung, bemerken Historiker und Soziologen eine andere Haltung den Juden als den übrigen Gruppen gegenüber. Paula Fredriksen nennt es eine »bestimmte Nervosität« der jüdischen Gemeinschaft gegenüber, weil diese sich in keiner Weise und zu keiner Zeit freiwillig anzupassen bereit war.[26] Mit der Zeit akzeptierten Völker wie die Römer diese Haltung immer weniger. »Nicht überraschend«, schreibt Robert Wistrich, habe es im Jahr 38 nach heutiger Zeitrechnung das erste dokumentierte Pogrom der Antike in Alexandria gegeben. Schon vorher seien Juden dort als Außenseiter dargestellt worden, ohne Respekt vor anderen Göttern oder Kulturen. Zudem ging dort das Gerücht um, dass sie einmal im Jahr einen Griechen entführten und ihn fett werden ließen, damit er anschließend von ihrem Gott im Heiligsten des Heiligen (gemeint ist der Ort, an dem sich die Lade mit der Tora befindet) verzehrt werden könne. Die Juden, die damals vierzig Prozent der Bevölkerung ausmachten, wurden zudem als unpatriotisch dargestellt; als Bewohner, die eine doppelte Loyalität zeigten.[27]

Es ist verblüffend, wie sehr die antike Wahrnehmung von Juden dem aktuellen antisemitischen Denken ähnelt. Und es belegt die Wichtigkeit und Richtigkeit des Hinweises mancher Wissenschaftler darauf, wie tief sich der Antisemitismus über Jahrtausende in das kollektive Bewusstsein eingegraben habe, und dass sich »die aktuellen Formen des Verbalantisemitismus nur über die Kenntnis der tradierten Konzeptualisierungstypen und der Sprachgebrauchsmuster

von Judenfeindschaft als solche beschreiben und angemessen erklären lassen«, wie Monika Schwarz-Friesel und Jehuda Reinharz in
Die Sprache der Judenfeindschaft im 21. Jahrhundert schreiben.[28] Das
heißt, dass man schon allein anhand der Sprache erkennt, dass die
Stereotype gleich geblieben sind. Das heißt aber auch, dass wir Antisemitismus nur verstehen und angemessen bekämpfen können,
wenn wir uns bewusst machen, dass er eine neue und spezifische
Form des Hasses und der Diskriminierung ist. Er ist nicht nur Xenophobie – die Abneigung oder Furcht vor dem Fremden und das Betrachten der eigenen Gruppe als überlegen – oder Rassismus, sondern es kommt ein Faktor der Mutmaßung hinzu oder das, was
Theodor Adorno Jahrhunderte später »das Gerücht über die Juden«
nennen sollte. Der Antisemitismus basiert auf Konstruktionen bar
jeder Vernunft und jedes Realitätsbezuges, wie beispielsweise Verleumdungen bezüglich Hostienschändung oder Kindsmord zeigen,
und damit auf zugeschriebenen negativen Eigenschaften oder Cha-
rakterisierungen. Er beruhe also nicht, wie Vorurteile, auf Verall-
gemeinerungen und sei deshalb nicht ein »Vorurteilssystem unter
vielen«, schreiben Schwarz-Friesel und Reinharz, sondern er sei ver-
wurzelt »in ein[em] moralische[n] und konzeptuelle[n] Welt-
deutungssystem, das so bei keiner anderen Form der gruppenbezo-
genen Menschenfeindlichkeit« existiere. Damit sei Judenfeindschaft
nicht nur ein Hass auf das Andere und Fremde, sondern »auf das
(vermeintlich) ultimative Böse in der Welt«.[29] Die Juden werden
nicht aufgrund irgendwelcher realen Ereignisse gehasst, sondern weil
sie Juden sind.[30] Das einmal zu verstehen und es sich klarzumachen,
ist der erste unumgängliche Schritt, den Antisemitismus wirksam zu
bekämpfen. Das ist besonders wichtig nicht nur für Strafverfolgungsbehörden, sondern vor allem für Lehrer, die im Umgang mit Judenhass oft hilflos wirken, wie wir sehen werden. Ein Forschungsprojekt
vom Tikvah Institut hat im Oktober 2021 gemeinsam mit drei Universitäten und einer Polizei-Hochschule angefangen, erste Schritte
auf dem Weg zu einem besser informierten Umgang der Polizei und
der Lehrerschaft mit antisemitischen Vorfällen zu erarbeiten. Man
kann ihm nur Erfolg wünschen.

Antijudaismus

Dass andere etwas auf Juden projizieren, ohne dass sie je in ihrem Leben einen jüdischen Menschen getroffen haben, und dass diese Projektion das Bild formt, das sie von Juden haben, wird uns immer wieder begegnen. Doch seit der Entstehung des Christentums wurden solche Vorstellungen durch Geschichten, Lehren und Deutungen ergänzt, die nicht nur in den offiziellen und öffentlichen Institutionen entworfen und gesponnen, sondern von diesen Einrichtungen, nämlich den christlichen Kirchen, über die Jahrhunderte kontinuierlich weitergeschrieben, ausgeschmückt und genutzt wurden, um die Bevölkerung gegen die Juden aufzubringen. Im Rahmen dieses Buches kann die große Rolle der Kirchen in der Geschichte des Judenhasses nur kurz und relativ oberflächlich dargestellt werden. Und doch kann man ohne den christlichen Antijudaismus den Antisemitismus nicht verstehen.

Als Jesus, der später als der Christus verstanden wurde, im ersten Jahrhundert in den von den Römern beherrschten Gebieten Galiläa und Judäa aufwuchs, gaben in der jüdischen Bevölkerung zwei Gruppen den Ton an, die Sadduzäer und die Pharisäer. Sie interpretierten Tora und mündliche Lehren auf unterschiedliche Weise, waren sich aber in ihrer Ablehnung einig, als Jesus begann, über seine Eingebungen zu predigen. Er hatte sich von Beginn an eher einigen Splittergruppen in der Gegend verbunden gefühlt, die wir mit ihren apokalyptischen Vorstellungen und ihrer asketischen Lebensweise, wie sie der Judaist Jeremy Cohen beschreibt, wohl als esoterisch bezeichnen würden.[31] Insofern war Jesus, oder Jeschu ben Josef, wie er hieß, in seiner Jugend ein normaler Jude, der, wie man heute sagen würde, »auf der Suche nach sich selbst« war. Dass er dabei seine jüdische Identität nie infrage stellte, steht für seriöse Bibelforscher fest. Sie gehen davon aus, dass er in Nazareth geboren wurde und in dem kleinen Ort, der damals rund 200 Einwohner hatte, gemeinsam mit seinen Brüdern und Schwestern aufwuchs.

Erst als Jesus später stark von dem Täufer Johannes beeinflusst wurde, der über das Ende der Welt, wie die Menschen sie kannten, und von der anbrechenden Gottesherrschaft predigte, distanzierte sich seine traditionell gläubige Familie von ihm. Nachdem Johannes von den herrschenden Römern hingerichtet worden war, brach Jesus als Wanderprediger und Heiler auf. Er hielt Predigten über jüdische Themen wie die Liebe und die Vergebung Gottes. Und er glaubte ebenfalls, dass die Herrschaft Gottes auf Erden unmittelbar bevorstehe, hob Gebote der Tora auf und verschärfte andere. Er lebte strikt asketisch, scharte Anhänger um sich und belehrte die Autoritäten und Mitglieder des jüdischen Establishments, wo er nur konnte. Sadduzäer und Pharisäer sahen ihn als falschen Messias an, der sich zu viel herausnahm und Menschen gegen sie aufbrachte. Außerdem befürchteten sie, dass es zu Unruhen führen könne, wenn die Massen durch messianische Ideen eines neuen Wanderpredigers aufgeputscht würden. Denn erfahrungsgemäß gingen solche Tumulte für die Juden nicht gut aus. Ohne Rücksichtnahme bestraften die Römer die Beteiligten oft zu Hunderten auf die damals übliche Hinrichtungsart, nämlich durch Kreuzigung.

Die Römer sahen die Attraktivität des neuen Predigers für das einfache Volk bald tatsächlich als Problem. Denn nachdem manche Juden Jesu Worten zu glauben begannen, dass Gottes Herrschaft unmittelbar bevorstehe, stellten sie nicht nur indirekt eine Bedrohung für die Besatzungsmacht dar, die ihre Herrschaft damit verlieren würde. Die Überzeugung, dass das weltliche Leben bald vorbei sein würde und man vielleicht aktiv dazu beitragen sollte, schuf eine Radikalität des Denkens und Handelns, von der sich die aktuellen Herrscher konkret bedroht sahen. Der Statthalter Judäas, Pontius Pilatus, verurteilte Jesus als Aufrührer zum Tode. Wahrscheinlich im Jahr 30, so vermuten Theologen, nagelten die Römer den Juden Jesus von Nazareth ans Kreuz. Ohne die Apostel wäre sein Tod wohl geblieben, als was ihn laut dem Althistoriker Alexander Demandt der Senator und wichtigste römische Historiker dieser Zeit, Publius Cornelis Tacitus, charakterisierte: eine belanglose Begebenheit im Römischen Reich. »Der Urheber jenes Namens, Christus, wurde während der Regierung des Tiberius durch den Prokurator Pontius Pilatus hingerichtet«, notierte Tacitus.

Das Positive liegt in der Abgrenzung

Es begann mit dem Apostel Paulus, der, als Jude geboren und als religiöser Pharisäer aufgewachsen, Jesus zu dessen Lebzeiten nie begegnet war. Nachdem er sich zu dem Glauben ›bekehrt‹ hatte, dass Jesus der Sohn Gottes und von den Toten auferstanden sei, zog er über die Lande, predigte zu Nichtjuden und gründete christliche Urgemeinden. Paulus, der bis zum Jahr 65 lebte, ging als erster davon aus, dass Heiden sich nicht mehr erst zum Judentum bekennen mussten, bevor sie Christen wurden. Denn die neuen Christen sollten nicht dem Juden Jesus folgen, der beschnitten und in einem koscheren Haushalt aufgewachsen war, sondern dem Christus. In einem Streit mit dem Apostel Petrus darüber machte Paulus klar, was er damit meinte.[32] Auf keinen Fall könne man von den Heiden erwarten, sich zunächst zu judaisieren – womit er offensichtlich meinte, sich wie ein Jude zu verhalten, sagt der Historiker David Nirenberg.[33] Damit war Paulus der Erste, der die Juden als ›die Anderen‹ darstellte und das Judentum als etwas vollkommen anderes als das Christentum und ihm gleichzeitig unterlegen. Das Positive am Christentum zeigt sich für Paulus laut Nirenberg am besten in der Abgrenzung zum Judentum. Da sich neu konvertierte Christen auf keinen Fall so verhalten dürfen wie die Juden, ist alles, was »die« tun, negativ besetzt: Wert zu legen auf die Einhaltung der Gesetze, auf die Beschneidung und Ernährungsvorschriften, oder auf die Bedürfnisse des Körpers und auf das weltliche Wohlergehen zu achten, musste infolgedessen nicht nur abgelehnt, sondern als Weg zur Judaisierung verachtet werden.[34] Paulus deutet aber Nirenberg zufolge auch an, dass jeder Christ unter der Versuchung stehe, sich wie ein Jude zu verhalten. James Carroll beschreibt in *Constantine's Sword* Antijudaismus deshalb auch als etwas, das neben der jüdischen Gemeinschaft den eigenen inneren Juden im Christen bekämpfe.

Zu dem Bedürfnis, sich über die Distanz zu Anderen selbst besser zu definieren, kam spätestens bei den Schreibern des Johannesevangeliums die Überzeugung, dass die Juden vom Teufel besessen seien. Die Wahrnehmung, dass die Juden auf der dunklen Seite stehen, wurde durch deren Kampf mit den Römern verstärkt, die die jüdischen Bürger nicht nur deshalb als Bedrohung sahen, weil sie ihrem Gott treu blieben, sondern weil dieser Gott auch auf die Nachbarn der Römer sehr anziehend wirkte und es immer wieder Übertritte zum Judentum gab. Nachdem die Römer zwei Kriege gewonnen, den Tempel zerstört und den Geschichtsschreibern Tacitus und Josephus zufolge anderthalb Millionen Juden getötet hatten, verboten sie die Beschneidung und benannten Judäa um in Palästina, nach den Philistern. Die Juden durften nicht mehr nach Jerusalem. In den Augen der Römer, so schreibt Wistrich, sei es »für die Juden damit eindeutig vorbei gewesen, als Volk in ihrem eigenen Land zu leben«.[35]

Allerdings ging die Besatzungsmacht zu dieser Zeit auch noch gegen christliche Gruppen vor. Wie Carroll darstellt, kam die radikale Wende, als das Christentum im Jahr 380 zur Staatsreligion wurde. Zu dem Bedürfnis der Christen, sich von den Juden zu unterscheiden, um selbst in einem helleren Licht dazustehen, kam von nun an die Notwendigkeit, sie und zwar ausschließlich sie, für den Tod Jesu verantwortlich zu machen. Denn wie konnte noch irgendetwas, das im Neuen Testament als negativ oder brutal geschildert wurde, den Römern zugerechnet werden, die ja immerhin Schutzherren der neuen Religion waren? So deckten sich nun also die Interessen von Christen und Römern. Demzufolge rückte die Rolle von Pontius Pilatus in den Interpretationen der Kirche immer mehr in den Hintergrund. Genauso, wie völlig aus dem Blick geriet, dass der Tod durch Kreuzigung eine Hinrichtungsart war, die ausschließlich die Römer anwendeten. Nun waren es die Juden, die den Tod Jesu zu verantworten hatten. Johannes Chrysostomos, im vierten Jahrhundert Erzbischof von Konstantinopel, war der erste wichtige Kirchenvater, der die Juden dafür – und vor allem dafür, dass sie Christus immer noch nicht folgen wollten – mit dem Leben büßen lassen wollte. Seine *Acht Reden gegen die Juden* seien von einem »abgrundtiefen Hass« gegen die jüdischen Bewohner geleitet, schreibt Leo Trepp.[36] Für den Bischof sind alle Juden Mörder. In einer seiner Predigten heißt es: »Wenn auch damals gottlos gehandelt wurde, so war das, was verübt wurde, noch kein Todeswürdiges. Nun aber habt ihr alle alten Untaten in den Schatten gestellt durch die Raserei gegen Christus. Deshalb werdet ihr auch jetzt mehr gestraft.«[37] Doch aus den Reden gehe laut Trepp auch hervor, dass es zwischen Christen und Juden Freundschaften und enge Kontakte gegeben habe, denen sich Chrysostomos mit aller Kraft entgegenstellte. Die jüdische Religion habe Menschen angezogen, und oftmals seien Christen zu Festen wie Pessach oder zu Feiern in der Synagoge gekommen. Das sollte sich im Laufe der Jahrzehnte durch die anhaltende Indoktrinierung ändern.

Augustinus, Bischof im nordafrikanischen Hippo, verlieh den Juden im späten vierten und zu Beginn des fünften Jahrhunderts eine neue Rolle. Sie waren immer noch verdammungswürdig, weil sie den richtigen Glauben ablehnten. Doch anders als viele andere Kirchenväter wollte er sie leben lassen. »Schlachtet sie nicht«, zitierte er aus den Psalmen.[38] Aus seiner Sicht hatten die Juden, im Gegensatz zu den Häretikern und Heiden, immer noch einen Platz im göttlichen Plan: Sie sollten als versklavte, in der Vergangenheit verhaftete Menschen unter miserablen Lebensbedingungen zeigen, dass sie die Prophezeiungen ihrer eigenen Bücher nicht verstanden hatten. Die Christen dagegen waren der lebende Beweis, wie man die Hebräische Bibel, die nun das Alte Testament war, richtig und seligmachend liest – nämlich als Weg zum Neuen, also aktuellen und damit nun richtigen Testament.

Nur geduldet. Bevorzugt in schwacher Position.

Aufgrund dieser ambivalenten Politik, die zudem von anderen Kirchenvätern nicht immer durchgehalten wurde, fiel es dem einfachen Volk schwer, zu verstehen, welche Zeitgenossen es denn nun abschlachten durfte, wenn sie sich dem Übertritt verweigerten, und welche nicht. Denn weiterhin predigten die Kirchenvertreter über die Schlechtigkeit und das Teuflische in den Juden. Kein Wunder, schreibt Peter Hayes, dass es so immer wieder zu Pogromen gegen die Juden gekommen sei, die von der Kirche oftmals scheinheilig verurteilt worden seien.[39] Die Kreuzfahrer brachen dann endgültig mit Augustinus' Regel, die Juden als Zeugen der Vergangenheit zu verschonen. Auf ihrem Weg nach Jerusalem überfielen sie zahlreiche jüdische Gemeinschaften, vor allem im Rheinland. Wer nicht konvertierte, starb durch das Schwert. Im zwölften Jahrhundert änderte sich das Bild, das die Mehrheit von den Juden hatte. Die Wirtschaft florierte, und da die Juden wegen zahlreicher staatlicher Restriktionen die meisten Berufe nicht ausüben und die Universitäten nicht besuchen durften, handelten sie mit Haushaltswaren und Vieh oder verliehen Geld. Vor allem Letzteres führte zu neuen Stereotypen und verschlechterte ihr Ansehen bei den anderen noch weiter.[40]

Doch nur wenig veränderte die Sicht der Kirche auf die Juden stärker als die in jener Zeit gewonnene Erkenntnis, dass diese den ihnen von Augustinus zugedachten Platz nie eingenommen hatten. Sie hatten die Rolle der hilflosen, in der Vergangenheit verharrenden Wesen, deren Wert hauptsächlich darin bestehen sollte, den Christen die eigene Überlegenheit zu bestätigen, in keiner Weise ausgefüllt. Im Gegenteil – sie hatten ihre eigene Religion immer wieder durchdacht, diskutiert und weiterentwickelt. Das Judentum lebte. Als Kirchenväter im zwölften und dreizehnten Jahrhundert mithilfe von Konvertiten zum ersten Mal den Talmud lasen, habe sie ein »Schock« durchfahren, so Jeremy Cohen. Nicht nur sahen sie, dass die Juden sich im Denken weiterentwickelt hatten, sie erkannten, dass es ein rabbinisches Judentum gab, es nach der Zerstörung des Tempels und die Vertreibung aus dem Land also die Rabbiner übernommen hatten, die Tora weiterzuentwickeln, wie der populäre Rabbiner Yitz Greenberg erklärt.[41] Sie legten Regeln für die verschiedensten Lebensbereiche, die bisher nur mündlich überliefert worden waren, im Talmud nun schriftlich fest. Nach dem Abschluss des ersten Teils, der sogenannten Mischna, im dritten Jahrhundert entstanden weitere zahlreiche Kommentare. Über die Jahrhunderte setzten sich die Rabbiner mit den Texten auseinander und bezogen aktuelle gesellschaftliche Entwicklungen in ihre Entscheidungen mit ein. Das aber habe für die Kirche geheißen, sagt Cohen, dass die Juden nicht nur Jesus als Erlöser zurückgewiesen hätten, sondern aus christlicher Sicht hatten sie durch ihr unabhängiges Denken und Modernisieren »das Gesetz von Mose durch das Gesetz der Rabbiner« ersetzt.[42]

Damit galten sie als Häretiker. Und für die Kirchenväter war nun klar, dass die Juden genau wussten, was sie taten, als sie den Heiland der Christen als ihren Erlöser ablehnten. Und dass sie Jesus ganz bewusst ans Kreuz gebracht hatten. Diese neue Haltung der Kirche veränderte die Dynamik und brutalisierte das Vorgehen gegen die Juden in jeder Weise. Menschen, die ihren eigenen Erlöser umbrächten, so beschreibt Cohen die kirchliche Haltung den Juden gegenüber ab dem dreizehnten Jahrhundert, seien zu allen möglichen furchtbaren Verbrechen fähig. Sie galten nun als die Teufel schlechthin. Angeblich wuchsen ihnen Hörner, Männer bluteten wie Frauen. Verleumdungen von Juden, die Kinder schlachten, Christen rituell ausbluten lassen, die Brunnen vergiften oder Hostien stehlen, um sie zu durchstechen und damit Jesus noch einmal zu töten, bekamen somit immer wieder neue Nahrung und sollten sich über Jahrhunderte halten. Bis ins neunzehnte Jahrhundert wurden Juden an verschiedenen Orten wegen Ritualmordes angeklagt und verurteilt. Viele dieser Mythen sind im kollektiven Bewusstsein erhalten geblieben und, in angepasster Ausdrucksweise, in den heutigen Antisemitismus eingeflossen.[43]

Ein neues Bild und ein neuer Hass

In vielen Jahrhunderten waren die Juden vor allem in Westeuropa, das sie zu gewissen Zeiten aus Ländern wie Spanien oder England vollkommen verbannt hatte, eine winzige Minderheit. Oft hatten Untertanen der Herrscher und Anhänger der Kirche Vorstellungen von Juden in den Köpfen, ohne jemals persönlich einem Juden begegnet zu sein. In Osteuropa dagegen stellten jüdische Bürger in manchen Orten einen bedeutenden Teil der Bevölkerung. Diese Menschen waren erfahren im Handel, konnten lesen und rechnen, und die jeweiligen Herrschenden nutzten ihre Fähigkeiten: Juden betrieben für sie Herbergen und Geschäfte oder trieben Pacht und

Steuern für sie ein. Nicht selten führte das, besonders unter den Leibeigenen, zu Hass im Volk und immer wieder zu Pogromen.

Nachdem Juden im achtzehnten Jahrhundert auch wieder verstärkt nach Westeuropa kamen, begegneten den Bürgern Menschen, die die meisten von ihnen nur aus stereotypen Geschichten kannten, die man über sie hörte und erzählte. Ob es um Politik ging oder um den Geldverleih und die Wirtschaft – die Juden hatten immer als Beispiel für das gedient, was die Christen zutiefst ablehnten und aneinander kritisierten. Es ist erschreckend, wenn David Nirenberg über dieses Phänomen spricht,[44] denn seine Beschreibungen machen klar, dass sich bis heute nicht so viel daran geändert hat, wenn auf deutschen Schulhöfen ›Jude‹ als Schimpfwort benutzt wird, ohne dass Schüler überhaupt einen Juden kennen.

Als das vereinte Deutsche Reich den Juden 1871 Gleichberechtigung gewährte, hatten sie schon Jahrzehnte unter ihren christlichen Nachbarn gelebt. Und sie waren nichts von dem, als was die Kirche sie hingestellt hatte. Das irritierte nicht wenige Bürger, und bald sollte sich daraus eine neue Ablehnung entwickeln. Schon nachdem Preußen und andere Länder im Reich ihnen im Zuge der Emanzipation 1812 die Bürgerrechte verliehen hatten, hatten sich die Christen plötzlich Juden gegenüber gesehen, die im gesellschaftlichen Leben aktiv und dynamisch agierten, schreibt die Historikerin Shulamit Volkov.[45] Sie beschreibt lebendig, wie angestrengt die Nichtjuden von nun an versuchten, sie dennoch als Außenseiter darzustellen. Demnach begingen die Juden ständig irgendwelche Fehler, obgleich, so Volkov, wohl keine Gruppe die gesellschaftlichen Formen so internalisiert hatte wie sie. Dazu waren sie ambitioniert, oft gebildeter als die anderen, und mit dem Gefühl, nichts verlieren zu können, mutiger in ihren Unternehmungen. Mit der vollen Emanzipation stand ihnen nichts mehr im Weg, und sie nutzten ihre Chance. Und viele waren erfolgreich. Jahrhundertelanges Diskutieren der Tora und des Talmuds hatte ihr Denken geformt und ihre Kritikfähigkeit entwickelt. Sie waren bereit, sich auf Neues einzulassen. Oder wie Albert Einstein sagte: »Als sich die Universitäten für die Juden öffneten, hatten sie sich zweitausend Jahre darauf vorbereitet.«

Plötzlich waren die Christen – die alle Juden ablehnten und verachteten, weil sie anders waren, anders glaubten, anderen religiösen Gesetzen gehorchten und dadurch außerhalb der Gesellschaft standen – plötzlich also waren diese Christen mit Juden konfrontiert, die in die Gesellschaft hineinwollten. Und unter denen es sogar solche gab, die sich nicht einmal mehr religiös von den anderen Bürgern unterschieden, sondern sich assimilierten. Das schuf eine vollkommen neue Angst in der Mehrheitsgesellschaft. Das Weltbild der Christen, deren Denken vom Antijudaismus geprägt gewesen sei, habe sich nun verändert, sagt Nirenberg. »Plötzlich waren sie konfrontiert mit wirklichen Juden und mussten das irgendwie verarbeiten.« Sarkastisch gesagt: Die allein auf Religion basierende Judenfeindlichkeit funktionierte nicht mehr richtig. Man musste sie ergänzen und erneuern.

So entwickelte sich im neunzehnten und zwanzigsten Jahrhundert der moderne Antisemitismus. Der habe, so Volkov, zwei Richtungen gehabt, die sich überlappten. Er richtete sich einerseits gegen die verarmten Ostjuden, vor denen unter anderen der Publizist und Politiker Heinrich von Treitschke warnte, weil es mit ihnen zu einer Mischkultur kommen würde, und andererseits gegen die überaus erfolgreichen kosmopolitischen Juden, die auf den Feldern, auf denen sie aktiv werden durften, erfolgreich waren und sich als Mäzene im Gemeinwesen engagierten.

Treitschke ging davon aus, dass sich zumindest in neuen Generationen das polnische Judentum in Deutschland durchsetzen werde. Diese Juden seien unfähig, sich zu assimilieren, was in seiner Lesart die völlige Aufgabe ihrer jüdischen Identität verlangte. Sie konnten also Juden sein, solange sie nicht wie Juden lebten. Auch wenn er sich vom gewalttätigen Antisemitismus distanzierte, entwickelte der Historiker mit seiner Haltung den »bürgerlichen Antisemitismus«, der leichter zu vertreten und somit mindestens ebenso gefährlich wie alle anderen Spielarten ist.[46] 1879 schrieb er in einem Aufsatz den Satz »Die Juden sind unser Unglück« und setzte damit eine Hetzparole in die Welt, die das antisemitische Propagandablatt *Der Stürmer* später übernahm.

Wer darf dazugehören?

Einen Schub bekamen die neuen antijüdischen Gefühle und Haltungen durch den Nationalismus und die Industrialisierung. Im Streben nach Demokratie und einer deutschen Nation, beides von der Mehrheit der Juden aktiv unterstützt, tauchte für viele Bürger die Frage auf, ob diese tatsächlich dazugehören sollten. Ihnen war der Gedanke zuwider, dass eine ehemals ausgestoßene Gruppe gesellschaftsfähig wurde, und noch mehr, dass Juden in einer gleichberechtigten Demokratie womöglich auf wichtigen Positionen sitzen könnten. Diese Befürchtungen sahen sie bestätigt, als im neunzehnten Jahrhundert die Städte nicht nur zu Zentren der Nationalbewegungen, sondern auch der Industrialisierung wurden, bei der die Juden bald eine führende Rolle spielen sollten. Sie waren seit Jahrhunderten im Handel tätig und in Kontakt mit Bürgern anderer Länder, die oft – bedingt durch erzwungene Emigration – ebenfalls Juden waren. Sie waren sprachgewandt und bereit, sich auf Risiken einzulassen. Zu diesen Menschen passten die alten Feindbilder nicht mehr. So sei ein neues antisemitisches Stereotyp mit den zwei schon angesprochenen Elementen entstanden: Die Juden waren Fremde, und sie konnten keine nationale Identität haben. Unter anderem warf man ihnen vor, dass sie rastlos seien und ihre Loyalität den Angehörigen des jüdischen Volkes gelte. Es ist schon bemerkenswert, dass es diesen Vorwurf immer noch gibt, nur dass er sich heute auf Israel bezieht. Hinzu kam, dass sie mit ihren kosmopolitischen Ideen, die als jüdisch identifiziert wurden, im Zuge der Urbanisierung den Platz der Nichtjuden einnehmen wollten. Oder, in die Sprache moderner Antisemiten übersetzt: »Sie wollen uns ersetzen und den Staat zersetzen«, wie es weiße Rassisten in den Vereinigten Staaten seit Jahren propagieren. Auch wenn sich der Antisemitismus in kommenden Jahrzehnten in gleichbleibenden Stereotypen äußern sollte, schreibt Volkov, habe er dennoch verschiedene Funktionen erfüllt.[47] So sei er beispielsweise im Kampf für den Nationalstaat genauso eingesetzt worden wie im Kampf gegen die Industrialisierung.

Nachdem Wissenschaftler begonnen hatten, die Ursprünge verschiedener Ethnien und Sprachen zu erforschen, verstärkten mit Beginn der zweiten Hälfte des neunzehnten Jahrhunderts auch diese Ergebnisse bereits bestehende antijüdische Haltungen und wurden für Propaganda genutzt. Nicht nur unterschieden sich nach den Interpretationen der Rassentheorien, die sich im neunzehnten Jahrhundert entwickelten, die Menschen nach ihren Hautfarben und Sprachgruppen – selbst unter den »Weißen« gab es nun die überlegene und die unterlegene Gruppe. Die »Arier« hatten demnach ihre Gesellschaft am weitesten vorangebracht und standen an der Spitze. Damit hatte man die ursprüngliche Bedeutung des Begriffs, der in Europa Mitte des neunzehnten Jahrhunderts hauptsächlich für indoiranisch oder iranisch sprechende Menschen verwendet wurde, vollkommen umgewandelt. Nun war er Teil einer Rassenideologie. Ende des neunzehnten Jahrhunderts hatte man auch die Juden in dieser Rangfolge untergebracht. Sie waren nun also keine Religion oder Nation mehr, sondern eine Rasse. Nach einer Zeit der Verunsicherung, wie man ihnen gegenüber empfinden sollte und welchen Grund es überhaupt noch gab, sie zu hassen, hatten die Bürger endlich einen neuen Grund gefunden. Noch ahnten die Juden nicht, dass der neue Rassenantisemitismus für sie zu einer tödlichen Gefahr werden sollte.

Aus dieser Schablone gibt es kein Entrinnen

Denn dieser Rolle konnten sie nicht mehr entkommen. Es tat nichts zur Sache, ob sie konvertierten, sich integrierten oder dass sie Bürger ihres Staates waren – sie gehörten nicht dazu. Keine Leistung war wichtig, keine Errungenschaft bedeutend genug, als dass dies ihren Status hätte ändern können. Ihre Rasse definierte sie. Der neue Hass gegen sie richtete sich damit noch stärker gegen ihre Existenz an sich. Von nun an schrieben Philosophen wie Houston Stewart Chamberlain in England oder Künstler wie Richard Wagner über die destruktive Rolle der Juden, ihre Unterlegenheit und ihre Absicht, Arbeit und Erfolge der »Arier« zu unterminieren. Das also, was Heinrich von Treitschke mit dem Slogan »Die Juden sind unser Unglück« beschrieben hatte. Dieses Gefühl prägte das Denken der Gesellschaftsmehrheit, vom Klempner bis zum Kaiser. Wilhelm II. las seinen Kindern als Bettgeschichte gern antisemitische Pamphlete vor, die damals bereits im Umlauf waren. Unter ihnen gab es bald die *Protokolle der Weisen von Zion*, die 1903 zuerst in Russland erschienen waren, sich nach dem Ersten Weltkrieg auch in Deutschland verbreiteten und angeblich Geheimdokumente eines Treffens von jüdischen Weltverschwörern enthielten. Sie gaben dem Denken, die Juden seien Zersetzer der Gesellschaft, neue Nahrung. Eigentlich unnötig zu erwähnen, dass sie, obgleich bereits in den dreißiger Jahren festgestellt wurde, dass es sich bei den Protokollen eindeutig um Fälschungen handelt, auch heute noch als Grundlage für Verschwörungsphantasien gegen die Juden genutzt werden. Immer noch halten sie weltweit Millionen von Antisemiten für authentisch.

In seinen Lebenserinnerungen schreibt auch Leo Trepp, dass schon während seiner Jugend in den zwanziger Jahren judenfeindliche Journale und Bücher in den Schaufenstern zu finden waren, und er erwähnt ebenfalls die Erinnerungen an seine Abiturklasse. Bereits 1930 schlossen seine Mitschüler ihn aus und machten ihm, wo sich Gelegenheit bot, klar, dass er als Jude anders zu behandeln sei als die Christen. In der Abschiedszeitung zum Abitur beschrieben sie ihn in beleidigender und feindlicher Weise.[48] Die gebildete Bürgerschicht, Akademiker, Schulen, Universitäten – sie schufen das Fundament für den schleichenden Ausschluss der Juden aus der Gesellschaft.

Die Ermordung des Außenministers der Weimarer Republik, Walther Rathenau, im Jahr 1922 zeigte deutlich, wogegen sich der neue, nun auf der angeblich anderen Rasse beruhende Hass besonders richtete: Gegen Juden, die integriert waren, die als Deutsche das Land voranbringen und als Patrioten und Demokraten in ihm leben wollten. Das passte überhaupt nicht, wo man doch die jüdische Gemeinschaft als fremdes, schwächendes Element darstellte. Den Juden wurde entweder Ausbeutung der »Arier« oder aber ein teuflischer Plan unterstellt, mit dem sie Land und Bürger schwächen wollten –

so auch in dem Fall des liberalen Politikers Rathenau, dem natio-
nalistisch eingestellte, rechts-konservative Politiker vorwarfen,
Deutschland in den Verhandlungen mit den Siegern des Krieges zu
verraten. Alles, was Juden taten, konnte nun gegen sie verwendet
werden. Die neue Theorie, getrieben von demselben Hass, der sich
seit Jahrtausenden gegen die jüdische Gemeinschaft richtete, schuf
die Grundlage für die Rassenpolitik der nationalsozialistischen Regierung.

Als ein staatenloser Maler namens Adolf Hitler sich anschickte, die
Macht zu übernehmen, fand er eine Gesellschaft mit antijüdischen
Ressentiments in allen Schichten vor. Ob Kirche, Universitäten, Kultur – überall habe man gegen »den jüdischen Geist« gekämpft, sagt
der Historiker Dan Michman.[49] Viele seien bereit gewesen, diesen
Geist aus dem Land zu vertreiben, am besten aber die Juden selbst
loszuwerden. Die Nationalsozialisten, überzeugt von der Überlegenheit der arischen Rasse und davon, dass die »Arier« vom jüdischen
Volk in jeder Hinsicht ausgebeutet und bedroht würden, konnten ihr
System der Ausgrenzung, Vertreibung, Versklavung und Ermordung
der Juden etablieren, ohne auf größeren Widerstand in der Bevölkerung zu stoßen. Der Wunsch nach der Austreibung alles Jüdischen endete im industriell betriebenen Völkermord.

Ein Begriff etabliert sich

Für die Ressentiments, die sich über die Jahrhunderte gegen die
Juden gerichtet hatten und richteten, fand man Ende des neun-
zehnten Jahrhunderts einen neuen Begriff. Der Journalist Wilhelm
Marr benutzte ihn in einem Pamphlet aus dem Jahr 1879.[50] Und obgleich es ihn seit einigen Jahren gab, sollte er sich erst durch Marr als
Bezeichnung für die Ablehnung der Juden durchsetzen: Antisemitismus. Diese Bezeichnung gab dem Judenhass einen akademischen
Anstrich, waren doch in dieser Zeit viele »-ismen« entstanden, in der
Sozialtheorie begründete Bewegungen wie der Sozialismus, Kommunismus oder Liberalismus. Mit der Verwendung dieses pseudo-
wissenschaftlichen Begriffes wurde einem irrationalen Gefühl der

Anschein der Rationalität verliehen. Zudem rückten an die Stelle der Juden die Semiten. Den Wortteil hatten sich die Judenhasser bei den Linguisten geliehen, die sich zu dieser Zeit gerade mit den semitischen Sprachen im Gegensatz zu den indogermanischen beschäftigten, zu denen für die Vordenker der Nationalsozialisten die arische Sprache gehörte, die es als fachlichen Sprachbegriff allerdings nie gegeben hat. Nun hatte man einen Terminus, der nicht nur intelligenter, sondern zudem weniger hasserfüllt klang und sich vom reinen Wortlaut her nicht mehr auf die Juden richtete. Da sie aber die einzigen Semiten in Europa waren, sei allen klar gewesen, auf wen sich die negativen Zuschreibungen bezogen, die sich unter diesem Label bald verbreiteten, so Dan Michman. Zunächst beschrieb der Begriff allein die rassenbasierte Ablehnung, wurde bald aber für jede Art von Judenfeindschaft eingesetzt.

Es hat zahlreiche wissenschaftliche Diskussionen gegeben, ob ›Antisemitismus‹ als Begriff wirklich geeignet sei, die Feindschaft gegenüber Juden zu benennen, die ja in allen möglichen Variationen, in verschiedenen Ländern und seit der Antike zu allen Zeiten existierte.[51] Und da Araber ebenfalls Semiten sind, müsste er sich auch auf sie beziehen, was er im allgemeinen Sprachgebrauch aber nicht tut. Letztendlich hat sich die Mehrheit darauf geeinigt, den Begriff weiterhin zu benutzen, wenngleich manche ihn auch spezifizieren. Verwende man ihn nicht mehr, so argumentiert zum Beispiel der Direktor der Yad Vashem-Bibliothek, Robert Rozett, gäbe man etwas Wichtiges auf. Denn das Wort sei einzig und allein als Synonym für den Hass gegen Juden geschaffen worden. Das zu verstehen, helfe dabei, die einzigartige Dynamik und Funktion dieses Hasses über die Jahrhunderte zu verstehen: »Wenn wir den Begriff Antisemitismus aufgehen lassen in einen größeren Kontext wie ›Rassismus‹ oder ›Hass auf Andere‹, verlieren wir diese historische Besonderheit.«[52] Auch wenn er nicht perfekt ist – heute ist der Begriff »Antisemitismus« allgemein akzeptiert.

Im September 2017 stimmte die deutsche Bundesregierung der Antisemitismus-Definition der Internationalen Allianz für Holocaust-Gedenken (IHRA) zu. Die IHRA ist eine 1998 gegründete, zwischen-

staatliche Einrichtung, in der Regierungen und Experten zusammenarbeiten. Sie hat 33 Mitgliedsländer, darunter auch Deutschland, ein
Partnerland und acht Beobachterstaaten. Ursprünglich hatte die IHRA
das Ziel, über den Holocaust aufzuklären, bisher unbekannte Aspekte
weiter zu erforschen und an ihn zu erinnern. Mittlerweile hat sie das
Feld ihrer Aufgaben ausgeweitet und versucht, weltweit Völkermorde
zu verhindern und aktiv gegen Antisemitismus zu kämpfen.

Wir werden uns auf die IHRA-Formulierung beziehen, die mittlerweile von zahlreichen Staaten übernommen worden ist. Im öffentlichen Leben wird sie bundesweit auf vielen Ebenen angewendet. Hier
ist sie im Wortlaut:

>>Antisemitismus ist eine bestimmte Wahrnehmung von Juden, die sich
als Hass gegenüber Juden ausdrücken kann. Der Antisemitismus richtet
sich in Wort oder Tat gegen jüdische oder nichtjüdische Einzelpersonen
und/oder deren Eigentum sowie gegen jüdische Gemeindeinstitutionen
oder religiöse Einrichtungen.<<

Hinzugefügt wurde:

>>Darüber hinaus kann auch der Staat Israel, der dabei als jüdisches Kol-
lektiv verstanden wird, Ziel solcher Angriffe sein.<<

Die Arbeitsdefinition ist juristisch nicht bindend, wird aber nicht nur
in Deutschland als Anleitung in der Polizeiarbeit, für themen-
bezogene Seminare und andere Veranstaltungen benutzt. Ende 2020
hat die EU-Kommission ein Handbuch für ihren Gebrauch herausgegeben.[53]

In der Erklärung gibt es einige Beispiele, um die Anwendung zu erleichtern:

>>Aktuelle Beispiele von Antisemitismus im öffentlichen Leben, in den
Medien, Schulen, am Arbeitsplatz und in der religiösen Sphäre können
unter Berücksichtigung des Gesamtkontexts folgendes Verhalten ein-
schließen, ohne darauf beschränkt zu sein:

• Der Aufruf zur Tötung oder Schädigung von Juden im Namen einer radikalen Ideologie oder einer extremistischen Religionsanschauung sowie die Beihilfe zu solchen Taten oder ihre Rechtfertigung.

• Falsche, entmenschlichende, dämonisierende oder stereotype Anschuldigungen gegen Juden oder die Macht der Juden als Kollektiv – insbesondere, aber nicht ausschließlich, die Mythen über eine jüdische Weltverschwörung oder über die Kontrolle der Medien, Wirtschaft, Regierung oder anderer gesellschaftlicher Institutionen durch die Juden.

• Das Verantwortlichmachen der Juden als Volk für tatsächliches oder unterstelltes Fehlverhalten einzelner Juden, einzelner jüdischer Gruppen oder sogar von Nicht-Juden.

• Das Bestreiten der Tatsache, des Ausmaßes, der Mechanismen (z. B. der Gaskammern) oder der Vorsätzlichkeit des Völkermordes an den Juden durch das nationalsozialistische Deutschland und seine Unterstützer und Komplizen während des Zweiten Weltkrieges (Holocaust).

• Der Vorwurf gegenüber den Juden als Volk oder dem Staat Israel, den Holocaust zu erfinden oder übertrieben darzustellen.

• Der Vorwurf gegenüber Juden, sie fühlten sich dem Staat Israel oder angeblich bestehenden weltweiten jüdischen Interessen stärker verpflichtet als den Interessen ihrer jeweiligen Heimatländer.

• Das Aberkennen des Rechts des jüdischen Volkes auf Selbstbestimmung, z. B. durch die Behauptung, die Existenz des Staates Israel sei ein rassistisches Unterfangen.

• Die Anwendung doppelter Standards, indem man von Israel ein Verhalten fordert, das von keinem anderen demokratischen Staat erwartet oder gefordert wird.

• Das Verwenden von Symbolen und Bildern, die mit traditionellem Antisemitismus in Verbindung stehen (z. B. der Vorwurf des Christus-mordes oder die Ritualmordlegende), um Israel oder die Israelis zu beschreiben.

• Vergleiche der aktuellen israelischen Politik mit der Politik der Nationalsozialisten.

• Das kollektive Verantwortlichmachen von Juden für Handlungen des Staates Israel.

Antisemitische Taten sind Straftaten, wenn sie als solche vom Gesetz bestimmt sind (z. B. in einigen Ländern die Leugnung des Holocausts oder die Verbreitung antisemitischer Materialien).

Straftaten sind antisemitisch, wenn die Angriffsziele, seien es Perso-nen oder Sachen – wie Gebäude, Schulen, Gebetsräume und Fried-höfe – deshalb ausgewählt werden, weil sie jüdisch sind, als solche wahr-genommen oder mit Juden in Verbindung gebracht werden.

Antisemitische Diskriminierung besteht darin, dass Juden Möglich-keiten oder Leistungen vorenthalten werden, die anderen Menschen zur Verfügung stehen. Eine solche Diskriminierung ist in vielen Ländern verboten.«

Wenn es eine Definition dafür gibt, was Antisemitismus ist – warum fällt es vielen Menschen immer noch so schwer, ihn im Alltag zu sehen? Oder, anders gefragt, was hindert sie daran, genauer hinzuschauen und ihn zu erkennen? Denn es hat ihn immer gegeben, und im Moment nimmt er zu. Hat es danach ein gesellschaftliches Umdenken gegeben? Wir werden sehen, dass vieles versäumt worden ist, was wir endlich nachholen sollten. Auch nach dem Zivilisationsbruch der Schoah, wie der Historiker Dan Diner die Vernichtungspolitik der Nationalsozia-listen und die Ermordung großer Teile der europäischen jüdischen Bevölkerung nannte, müssen Juden in Deutschland in weiten Teilen des öffentlich-jüdischen Lebens von der Polizei geschützt werden. Was haben die Bürger aus der Zeit des Nationalsozialismus gelernt?

Zum Merken

Ein Land, in dem Synagogen, jüdische Schulen und Kindergärten Polizeischutz brauchen, Juden an bestimmten Orten ihre Kippa nicht mehr tragen und ihren Davidstern verstecken – ein solches Land hat ein Problem. Es gibt kaum einen Juden, der nicht schon direkt oder indirekt mit Antisemitismus konfrontiert worden ist.

Dieses Problem ist keines der jüdischen Gemeinschaft, obgleich es sie unmittelbar trifft, sondern der gesamten Gesellschaft.

Der erste Schritt, es zu bekämpfen, ist, es als solches zu verstehen. Dazu ist auch erforderlich, dass man die verschiedenen Ausdrucksformen von Judenhass erkennt. Ihn einzuordnen, sollte keine Ansichtssache sein, wie es heute manchmal suggeriert wird, sondern auf einem soliden, wissenschaftlich validen Fundament beruhen.

Die Judenfeindlichkeit ist geprägt von Stereotypen, die mit der Realität nichts zu tun haben.

Der Antijudaismus der Kirchen legte das Fundament für unzählige Angriffe, Pogrome und Ermordungen von Juden. In zweitausend Jahren etablierte sich eine Haltung, die unabhängig von der Realität teuflische Gedanken und Akte auf Juden projizierte, gegen die sich die brave Christengesellschaft »wehren« musste.

Die Aufklärung brachte nur oberflächlich Besserung. Nun war den Juden der Zugang zu einigen Teilen der Gesellschaft zwar möglich, doch gleichzeitig entwickelte sich ein neuer Hass: Die Nichtjuden wollten keine Juden, die ihnen gleichberechtigt und oft erfolgreicher als sie waren.

Als dann Rassentheorien, die im neunzehnten Jahrhundert entstanden, auch auf deutsche Juden angewandt wurden, gab es für sie keinen Ausweg mehr. Sie konnten noch so patriotisch sein, noch so viel für ihr Land geben – selbst wenn sie zum Christentum konvertierten, blieben sie nach dieser Theorie weniger wert als die »Arier«.

Obgleich es ihn schon seit einigen Jahren gab, sollte sich erst durch den Journalisten Wilhelm Marr der Begriff Antisemitismus als Bezeichnung für die Ablehnung der Juden durchsetzen. Diese Bezeichnung gab dem Judenhass einen akademischen Anstrich.

Journalisten brauchen eine bessere Schulung im Umgang mit Antisemitismus. Sie haben als sogenannte vierte Gewalt eine Verantwortung, der sie nicht gerecht werden, wenn sie nicht vorhandenes Wissen durch Stereotype und Meinung ersetzen.

Im September 2017 hat die deutsche Bundesregierung der Antisemitismus-Definition der Internationalen Allianz für Holocaust-Gedenken (IHRA) zugestimmt und sie übernommen. Die IHRA ist eine 1998 gegründete zwischenstaatliche Einrichtung, in der Regierungen und Experten zusammenarbeiten.

Zum Weiterlesen

Monika Schwarz-Friesel, *Judenhass im Internet. Antisemitismus als kulturelle Konstante und kollektives Gefühl*, Hentrich und Hentrich, 2019. Auch wenn sich dieses hochinteressante Buch vorwiegend auf den Judenhass im Internet richtet, macht es doch auch die *Strukturen und allgemeinen Probleme* deutlich.

Peter Hayes, *Warum? Eine Geschichte des Holocaust*, Campus Verlag, 2017. Ein gut lesbares Buch mit einem *Schatz an Wissen*.

David Nirenberg, *Anti-Judaismus. Eine andere Geschichte des westlichen Denkens*, C. H. Beck, 2015.

Auf der Website der Gedenkstätte Yad Vashem in Jerusalem finden sich immer wieder Seminare oder Anregungen: https://www.yad-vashem.org/

Auch die Website des Bundesbeauftragten für jüdisches Leben und den Kampf gegen Antisemitismus in Deutschland ist gut gemacht, vermittelt Wissen und gibt Anregungen: https://www.antisemitismusbeauftragter.de/Webs/BAS/DE/startseite/startseite-node.html

2 »Mal muss Schluss sein mit der Vergangenheit.«

Wie die Schoah zum Instrument gegen Juden wurde

Im zweiten Kapitel setzen wir uns mit dem Antisemitismus nach Auschwitz auseinander. Nach Jahrhunderten von Pogromen und Verfolgung, die oft dem aggressiven antijudaistischen Denken entsprangen, hatten die Nationalsozialisten die Juden zu Angehörigen einer anderen Rasse erklärt. Nicht nur waren sie nun die ultimativ Anderen – es gab auch keine Möglichkeit mehr, ihrer ihnen zugedachten Rolle zu entkommen. Ein solches Denken, das die Juden ausschließt, drückt sich auch heute noch in vielen Meinungsäußerungen und Übergriffen aus. Haben die Bürger keine Lehre aus Auschwitz gezogen? Wir werden sehen, dass, während viele das getan haben, andere dagegen Lehren zogen, die man sich so nicht vorgestellt und gewünscht hätte. Und wir werden feststellen, dass der Judenhass nicht nur in allen Facetten erhalten geblieben ist, sondern in neuen Formen die Verfolgung und Vernichtung der europäischen Juden instrumentalisiert, um sich Ausdruck zu verleihen. Ob es um Raubkunst geht, um die strafrechtliche Verfolgung von Aufsehern in Konzentrationslagern oder um die sogenannte Wiedergutmachung – einzelne Kommentatoren, Leserbriefschreiber und Nutzer sozialer Medien werfen den Juden vor, nicht vergessen zu können, Vorteile aus der Schoah ziehen zu wollen, und andere absurde Dinge. Dennoch muss man diese Äußerungen ernst nehmen. Wie erkennen wir Formen des Antisemitismus, die sich daraus entwickeln? Und warum ist es wichtig, sich mit ihnen auseinanderzusetzen?

Wenig Erinnerung und wenig Empathie

Kaum etwas hat mich so mitgenommen wie das Verhalten mancher Menschen meinem verstorbenen Mann in seinen letzten Jahren gegenüber, sobald sie hörten, dass er Überlebender war. Es waren Fremde, Personen, mit denen wir ins Gespräch gekommen waren – im Restaurant, im Zug. In weniger als zwei Minuten waren sie an dem Punkt, auf den sie schnurstracks zugesteuert hatten: ihm von den Leiden ihrer Eltern zu erzählen. Es stieß mich ab, wie sie ihm klarzumachen suchten, dass seine Verluste nicht einzigartig seien. Dass ihre Angehörigen auch gestorben seien, nämlich im Krieg gefallen. Dass die Mutter viele Nächte in Bunkern zugebracht hatte. Es war eine völlige Gleichstellung. Auch nur der kleinste Anflug von Mitleid im Sinne von Mitleiden oder Mitempfinden – jede Empathie fehlte. Man hörte das Ungesagte deutlich: »Ihr Juden habt genug erzählt. Jetzt sind wir mal dran.« Es ist nicht nur einmal passiert. Es ist so oft vorgekommen, dass mein Mann kaum noch erwähnte, dass er emigriert und dass fast seine gesamte Familie ermordet worden war, wenn wir neue Menschen kennenlernten. Wohl nicht zufällig waren es die Jahre, in denen rechtsextreme Parteien, die jahrelang geächtet worden waren, wieder in Landtage einzogen, wie die Nationaldemokratische Partei Deutschlands (NPD) 2004 in Sachsen. Sie forcierten die Entwicklung, den Raum des Sagbaren zu erweitern. Zehn Jahre später nahmen Mitglieder der Alternative für Deutschland diesen Faden auf. Gleichzeitig waren Aktivisten aus der linken Szene bereit hinzunehmen, dass – oft gewalttätige – Proteste gegen vermeintliche Verfehlungen der israelischen Regierung sich auch gegen jüdische Menschen in Deutschland richteten.[1] Immer mehr Bürger schienen es in dieser Atmosphäre als akzeptabel anzusehen, den Opfern ihre innere Gleichgültigkeit auch zu zeigen. In den Jahren, als mein Mann nur noch schlecht laufen konnte, doch immer noch jeden Sommer in Deutschland lehrte, versuchte ich, die für die Universität zuständige private Parkgesellschaft davon zu überzeugen, seinen amerikanischen Behindertenausweis anzuerkennen. Und stieß auf taube Ohren.

Er sei nun mal Amerikaner, sagte die Mitarbeiterin, »da kann ich nichts machen«. Aber er sei doch als Überlebender nicht freiwillig in die Staaten gegangen, erwiderte ich. »Hören Sie bloß mit dieser alten Geschichte auf«, entgegnete sie, »damit habe ich gar nichts mehr zu tun.« Mir ist damals immer nur ein Wort eingefallen: unbarmherzig.

Das hebräische Wort für Erbarmen heißt *Rachamim*. Es kommt von *Rechem*, was Mutterleib bedeutet. In seinem Buch *Die Juden* schreibt Leo Trepp, es bezeichne die absolute Geborgenheit.[2] An anderer Stelle betont er die zentrale Rolle, die *Rachamim* im Denken der Juden spielt. Die Barmherzigkeit ist eines der Attribute Gottes. In der Kabbala – der mystischen Strömung innerhalb des Judentums, die manche Rabbiner als seine Seele bezeichnen – nimmt sie die Mittlerrolle zwischen der Gnade Gottes und seinem strengen Urteil ein. Auch diese Rolle zeige, so sagt er, dass die Welt ohne Barmherzigkeit nicht bestehen könne. Dem Talmud zufolge, der Auslegungen zu den Regeln der jüdischen Religion durch die Rabbiner enthält und dadurch neue formt, dürfen Juden, die nicht über diese Eigenschaft verfügen, nicht zum Volk Israel gehören. *Rachamim* ist die Grundlage für eine der wichtigsten Regeln der jüdischen Religion: »Halte lieb deinen Genossen, dir gleich«, wie es Buber und Rosenzweig übersetzen.[3] Bekannt geworden ist es in den Worten von Hillel, dem berühmten Rabbiner im ersten Jahrhundert vor unserer Zeitrechnung. Er sagte einem Mann, der konvertieren und von ihm Tora lernen wollte, und zwar in der kurzen Zeitspanne, in der er auf einem Bein stehen könne: »Was du nicht willst, das man dir tu, das füg auch keinem anderen zu. Der Rest ist Kommentar. Nun geh und lern.« Die Liebe zum Leben, die Liebe zu dem Mitmenschen und die Hilfe für andere, indem man ihnen zeigt, wie sie sich selbst helfen können und sie dabei unterstützt – all das sind essentielle Bestandteile der jüdischen Lehre, und sie alle haben mit *Rachmones*, wie es im Volksmund heißt, zu tun – der Fähigkeit zum Mitleiden. Diesem Denken war Leo Trepp mit seinem ganzen Sein verschrieben. Es war auch *Rachamim*, das ihn zurückbrachte nach Deutschland, der Wille, der neuen Generation zu helfen, sich mit neuen Werten selbst zu helfen. Sie zu unterstützen, etwas Neues aufzubauen, das auf Wissen über andere und auf Respekt voreinander gegründet sein sollte. Er war fest davon überzeugt, dass »die Nachfolgegeneration keine Schuld trägt, wohl aber die Verantwortung übernehmen muss, aus dem Geschehenen Konsequenzen zu ziehen und zu Vorkämpfern zu werden für eine Gesellschaft ohne Antisemitismus, Rassismus und Vorurteilen«, wie er in zahlreichen seiner Reden und Gesprächen mit Schülern und Studenten sagte. Wie ist es möglich, dass manche Nachkommen der Täter mit dem Opfer dagegen keinerlei Erbarmen kennen? Wie kann man sich diese Kaltschnäuzigkeit erklären?

Selbst Bekannte oder Freunde gaben einer inneren Haltung Ausdruck, die mir unverständlich war. »Auschwitz? Hat wirklich nichts mit meinem Leben zu tun«, bemerkte ein befreundeter Psychologe, angestellt in einem Bankkonzern, in größerer Runde. Als ich fragte, ob dann auch Goethe und Schiller nichts mit ihm zu tun hätten, erwiderte er, »hör mal auf, es hat seitdem so viele Kriegsverbrechen (sic!) gegeben.« In dem Moment sprang ihm sein Partner zur Seite, »Ja, und allen voran Amerika und Israel. Du kannst Bush und Sharon gleich zusammen vors Kriegsgericht stellen.« Ähnliche Argumentationen hörte ich nicht nur dieses eine Mal. Und zwar meist aus der sogenannten oberen Mittelschicht: von gebildeten Menschen, wohlsituiert, viel gereist. Andere wollen sich schlicht nicht mehr erinnern. 2003 bezogen mein Mann und ich eine neue Wohnung in Berlin und brachten die Mesusa an – eine kleine Hülse mit einer Pergamentrolle, auf der das jüdische Glaubensbekenntnis steht, und die Aufforderung, sich an die Gebote zu halten. Unsere Nachbarin fragte, was das sei. Ich erklärte es ihr. »Ich habe nichts gegen Juden«, sagte sie, »ich mag nur nicht, dass sie immer wollen, dass wir uns schuldig fühlen.« Das sei nicht der Fall, wie sie darauf komme, fragte ich. Sie gab keine Antwort, doch das Nichtgesagte und ihr Blick erzählten, was sie dachte: »Das weiß doch jeder, und du fragst das nur, weil du es nicht sehen willst.« Sie war die ehemalige Chefin eines bekannten Geschäfts in der Stadt. Eine andere Frau fragte meinen Mann: »Wie lange müssen wir uns noch schuldig fühlen?« Bei ihr sah er ein echtes Wissensbedürfnis und erklärte ihr das jüdische Konzept der *Teschuwa*, der Umkehr: Wenn jemand die Schuld und die Sünden seiner Väter annimmt, sich mit ihnen ernsthaft auseinandersetzt und aktiv von ihnen entfernt, indem er anders handelt, kehrt er wirklich um, und Gott kann ihm vergeben. Er legte es ihr ausführlich dar, und sie bedankte sich. Sie habe sich ein Leben lang schuldig gefühlt, sagte sie, und was er gesagt habe, fühle sich an wie eine Befreiung. Sie besuchte von da an seine Vorlesungen.

Vielleicht sollten Nichtjuden ihre jüdischen Bekannten öfter mal fragen, was sie eigentlich denken und erwarten. Doch dazu kommt es leider nur bei denen, die keine Tendenzen zu antisemitischem Denken haben. Den anderen genügen ihre Bilder im Kopf – und von denen gibt es reichlich. Sie spiegeln sich in dem, was Juden im nichtjüdischen Bekanntenkreis hören, und in Reaktionen von Lesern auf bestimmte Berichte über Ereignisse und Diskussionen, die sie als Problem der Juden ansehen, obgleich es im Land der Schoah in den meisten Fällen Probleme der Mehrheit sind. So machten in den letzten Jahren die wohl letzten Prozesse gegen frühere Wachmänner und anderes Personal in Konzentrationslagern Schlagzeilen. Im Frühling 2015 reichte die damals 81-jährige Auschwitz-Überlebende Eva Kor dem früheren SS-Mitglied und KZ-Aufseher Oskar Gröning die Hand. Der 93-Jährige stand in Lüneburg vor Gericht, angeklagt, an dem Mord von 300 000 Menschen beteiligt gewesen zu sein. Sie vergebe ihm, sagte Kor, die als Zwilling die Experimente des KZ-Arztes Josef Mengele hatte über sich ergehen lassen müssen und eine der Nebenklägerinnen war, und schrieb auf Twitter unter das Bild, auf dem sie ihn fast in den Arm nimmt, »Zwei Menschen gehen aufeinander zu.« Die anderen 49 Nebenkläger kritisierten Kors Geste scharf. In allen Medien wurde der Fall diskutiert. Der Tenor in vielen Kommentaren war eindeutig: Man solle verzeihen können. Rachegelüste schadeten nur. Wem denn solche Prozesse heute noch hülfen? Er sei doch ein alter Mann! Den anderen Nebenklägern gehe es wahrscheinlich ums Geld. Eigennütziges Denken warfen Leser auch dem Auschwitz-Komitee vor, das sich aus Überlebenden und Nachkommen zusammensetzt, und Kor ebenfalls kritisierte. Man unterstellte ihnen, sich um ihre Daseinsberechtigung zu sorgen, wenn es keine Strafprozesse mehr gebe.[4]

Nicht nur unsere Nachbarin meint, dass die Juden den nichtjüdischen Deutschen eine Art Dauerschuld aufbürden wollen. Selbst
die Rede des Bundespräsidenten zum 75. Jahrestag der Auschwitzbe-
freiung sahen einige als Zeichen einer eingeforderten Abbitte, die
keinem mehr zu vermitteln sei. Denn Steinmeier hatte seine Rede auf
Englisch gehalten. 75 Jahre seien vergangen, schreibt eine Leserin der
Süddeutschen Zeitung. Junge Menschen, die nicht verantwortlich
seien für die Taten der Urgroßväter, sollten sie immer noch »als blei-
erne Last« mit sich herumtragen. Dass der Bundespräsident in Israel
nicht in deutscher Sprache reden dürfe, klinge nicht nach Vergebung.
»Und solange es die nicht gibt, kann es keine Versöhnung geben. Wir
nähern uns der mittlerweile vierten Generation der Opfer, stets mit
gesenktem Kopf und in Demutshaltung. Da nimmt es mich nicht
wunder, dass der – nur scheintoten – Hydra des Antisemitismus wieder neue Köpfe nachwachsen.«[5]

Perfekt aufgearbeitet?

Zum einen war es die Entscheidung des Präsidenten, auf Englisch zu
sprechen, zum anderen geht die Leserin in ihren Ausführungen von
einer Prämisse aus, von der viele Bundesbürger auszugehen scheinen:
In den verschiedensten Zusammenhängen, egal ob in privaten Gesprächen oder öffentlichen Foren, vermitteln sie den Eindruck, dass
die Deutschen sich auf allen Ebenen gründlich mit der NS-Vergangenheit auseinandergesetzt hätten. Selbst von Diplomaten habe
ich gehört, wie vorbildlich Deutschland sei, und dass die Amerikaner
von ihnen lernen könnten bei der Aufarbeitung der Sklaverei. Davon
abgesehen, dass bei solchen Bemerkungen von einer falschen Äqui-
valenz ausgegangen wird, die einer Relativierung des Holocaust
nahekommt – die Sklavenhaltung ist nicht nur zeit-, sondern auch
funktionsmäßig, wenn überhaupt, nicht mit der Schoah, sondern der
Politik des deutschen Reichs in den deutschen Kolonien in Afrika
und dem Völkermord an den Herero und Nama zu vergleichen, die
das offizielle Deutschland ebenfalls immer nur auf Druck und peu à
peu aufgearbeitet hat[6] – davon also abgesehen, warum hätte sich bei

einer soliden Auseinandersetzung mit der Vergangenheit der Judenhass über die Jahrzehnte bis heute in diesem Ausmaß gehalten? War
er nicht eines der Hauptelemente der nationalsozialistischen Politik?
   Wenn also ein deutscher Diplomat mir heute sagt, er wünschte sich,
dass sich die Amerikaner auch nur ansatzweise so mit ihrer Vergangenheit auseinandersetzten, wie die Deutschen es getan hätten,
wenn die Philosophin Susan Neiman ein ganzes Buch über die aus
ihrer Sicht nachahmenswerte Geschichtsaufarbeitung Deutschlands
geschrieben hat[7] oder wenn Autoren wie Dirk Moses oder Per Leo suggerieren, die Deutschen seien geradezu fixiert auf die Beschäftigung
mit der Schoah und ihrer Bewahrung als singuläres Menschheitsverbrechen,[8] so muss man fragen: Wo sind denn die Resultate dieser fabel-
haften Auseinandersetzung mit der dunklen Vergangenheit? Wenn es
sie gegeben hat, müsste dann nicht die gesamte Gesellschaft auf die
Straße gehen, wenn Juden angegriffen werden? Müssten sich die Bürger nicht von sich aus informieren über das Judentum und das jüdische Denken, um einem neuen Antisemitismus mit aller Kraft ent-
gegenzuwirken – und sei es, damit er zumindest nicht mehr aus dem
eigenen, jahrhundertelang mit Stereotypen gefütterten Unterbewusst-
sein kommt? Und müssten sie nicht jedenfalls versuchen, die kompli-
zierte Entwicklung des Nahostkonflikts zu verstehen? Und damit auch
Verständnis für die Situation des einzigen jüdischen Staates auf der
Welt entwickeln?
   Doch das soll offensichtlich gar nicht das Ziel der Aufarbeitung sein.
Was ist es dann? Ein moralisches Wohlgefühl? Die Berechtigung, den
von manchen ersehnten Schlussstrich zu ziehen? Dirk Moses schreibt
über den von ihm beobachteten Kampf der Konservativen gegen den
neu verordneten Katechismus, zu dem auch die Singularität der Schoah
gehöre: »Letztlich aber mussten irgendwann auch sie (die Konservativen) einsehen, dass Deutschlands geopolitische Legitimität davon ab-
hing, ob der neue, im Austausch mit amerikanischen, britischen und
israelischen Eliten ausgehandelte Katechismus von ihnen akzeptiert wurde.« Das ist offensichtlich eine Chiffre für Juden.
   Nicht ohne Grund setzt Patrick Bahners die von Moses benutzten
Begriffe mit dem von Rechtsnationalen beklagten »Schuldkult« gleich.[9]

Über den schreibt die NPD, unter Verwendung einer nicht wirklich subtilen Chiffre, in ihrem Wahlprogramm. »Wir Nationaldemokraten erteilen dem staatlich verordneten Schuldkult, der nicht zuletzt im Dienst fremder Finanzinteressen steht ... eine Absage.«[10]

Wenn Per Leo lamentiert, die Deutschen seien fixiert auf das korrekte Gedenken an die Schoah, hat er ebenfalls nicht die Sorge um den wachsenden Antisemitismus im Kopf. Und auch wenn einige seiner Beobachtungen der Ritualisierung der Erinnerung bedenkenswert sind, fragt man sich insgesamt, in welchem Land er lebt oder in welchen Kreisen er verkehrt. Die von ihm beschriebene Auseinandersetzung der Deutschen mit Fragen und Folgen der Schoah, hat die Autorin allenfalls in wenigen intellektuellen Zirkeln beobachtet, obgleich sie sich seit Jahrzehnten mit diesen Fragen auseinandersetzt. Einen völlig anderen (jüdischen) Blick wirft die Schriftstellerin Dara Horn auf eines der von Leo beschriebenen und zu Recht kritisierten Phänomene – nämlich die Fixierung vieler Nichtjuden auf tote Juden. Horn beschreibt mit scharfem Blick, wie jüdische Opfer oft zu universalen Subjekten werden, um die Schoah zugänglich zu machen, und welche Folgen das sowohl für die jüdische Identität als auch für die Wahrnehmung der Opfer durch die Öffentlichkeit hat. Sie schildert den Fall eines Mitarbeiters des Anne-Frank-Hauses in Amsterdam, dem die Leitung ein halbes Jahr nicht erlaubte, seine Kippa in dem Haus zu tragen, da das ihrer Botschaft widerspreche.[11] Weder Leo, noch der befreundete Diplomat oder die beiden anderen genannten Autoren legen Zahlen vor für ihre Thesen, zitieren Untersuchungen oder vergleichen Studien. Alle aber, obgleich aus verschiedenen Richtungen, nutzen ihre Beobachtungen und daraus gewonnenen Thesen, um die aus ihrer Sicht geläuterten Deutschen aufzufordern, endlich ihre Samthandschuhe Israel gegenüber abzulegen, das zu kritisieren für zu Viele immer noch sakrosankt sei.[12] Wir werden im nächsten Kapitel darauf eingehen und sehen, wie weit diese Einschätzung von der Realität entfernt ist. Es würde eines weiteren Buchs bedürfen, um auf alle Punkte einzugehen, die in diesem Zusammenhang wichtig sind, und – vor allem – ihnen adäquat etwas entgegenzusetzen.

Was also ist nach der Schoah in Deutschland passiert?

Tatsächlich beschloss die Mehrheit der Bürger gleich nach dem Krieg, dass man nun offiziell mit dem Nationalsozialismus nichts mehr zu tun haben wolle. Das bedeutete allerdings nicht, dass sich die Menschen mit Empathie und Verantwortung der Vergangenheit stellten und daraus Schlüsse für die Zukunft zogen. Oder, wie die Antisemitismusforscherin Monika Schwarz-Friesel es nennt, »Trauer und Schmerz« empfanden und »Empathie« entwickelten.[13] Es hieß, dass nun alles, was aus einem rechtsnationalen Denken heraus passierte, nicht mehr beim Namen genannt wurde, auch wenn es dem Reden und Handeln der Nationalsozialisten entsprach oder stark ähnelte. Das blieb jahrelang so. Man legte die Erinnerung zu den Akten.

Die Autorin wuchs als Nichtjüdin in den sechziger Jahren auf. Ich erinnere mich an das laute Nichterinnern. Es ist in meiner Erinnerung laut und permanent, weil meine Eltern sich oft über dieses Vakuum unterhielten. Am vorletzten Tag des Jahres 1958 geboren, konnte ich Mitte der sechziger Jahre noch nicht viel mit diesen Unterhaltungen anfangen. Ich begriff nicht, was es hieß, dass nun der und der wieder diesen und jenen Posten habe, nach dem, was »der verbrochen« habe. Später stellte ich erste Fragen. Und verstand nach und nach die Ideologie der Nationalsozialisten, ihre Kriegsverbrechen, die »Schande, die sie über Deutschland gebracht hatten«, wie meine Mutter es ausdrückte. Und dass viele dieser Bürger weiterhin angesehene Mitglieder unserer kleinen Stadtgesellschaft waren. Lehrer, Apotheker, Kaufleute, Menschen, vor denen ich einen Knicks machen musste, waren aktive Unterstützer eines Systems gewesen, das für den Tod von Millionen von Menschen verantwortlich war. Manche kannte mein Vater sehr gut. Als ein Mann aus seinem Dorf als Vorsitzender eines neugegründeten Vereins mit Foto lobend in der Zeitung erwähnt war, hörte ich ihn zu meiner Mutter sagen: »Ich erinnere mich noch an das Foto, das er aus Polen nach Hause geschickt hat, mit einem Mann, den sie gerade an einem Baum aufgehängt hatten. ›So machen wir es mit den Juden‹ stand daneben.« Ich habe das nicht vergessen, denn ich bewunderte die Tochter dieses Mannes, die eine Klasse über mir auf dem Gymnasium war, in dem ich gerade begonnen hatte. Sie strahlte Stolz und ein ungeheures Selbstbewusstsein aus. Seit diesem Tag sank meine

Hochachtung. Und zum ersten Mal hörte ich an diesem Tag von Juden. Ich hatte keine Ahnung, wer sie waren.

Man sprach nicht über sie. Auch meine Eltern nicht, obgleich meine Großmutter mütterlicherseits Mitglied der Bekennenden Kirche gewesen war, ihren Töchtern strikt verboten hatte, zu Treffen des Bundes Deutscher Mädel zu gehen und nie einen Hehl daraus machte, wie sie über die Nationalsozialisten dachte. Meine Mutter hatte ihr Denken eins zu eins übernommen. Und mein Vater verdankte seinen Spitznamen ›Charlie‹ den britischen Besatzungssoldaten, über deren Erfolge er sich im englischen Sender BBC täglich informiert und deren Kommen er herbeigesehnt hatte. Ich lernte also als Kind, dass Hitler ein Mann war, der einen Krieg begonnen hatte, jemand, den man verachten musste. Doch meine Eltern lehrten mich nichts über seinen Rassenwahn und Antisemitismus. Bei meiner Mutter nehme ich an, dass sie zu wenig darüber wusste. Ich habe sie dazu nicht mehr befragen können. Und mein Vater sprach nie darüber, weil er selbst judenfeindliche Stereotype im Kopf hatte. Ich war zwölf oder dreizehn, als meine Brüder und ich zufällig zu einem Film über die Befreiung eines Konzentrationslagers schalteten. Ich konnte es nicht einordnen – diese Berge von Leichen, diese ausgemergelten Menschen. Irgendwann begann ich laut zu weinen, worauf mein Vater ins Zimmer kam. »Was ist hier los?« Ich zeigte auf den Bildschirm. »Sie haben alle diese Menschen umgebracht.« Er schaute kurz hin und erwiderte, »Ach, die Juden«, als bedeute es nichts. »Mach das aus.«

Ein Kniefall für das Volk

Es war eine Wende in meinem Leben. Bald begann ich zu lesen, was ich über diese Zeit finden konnte. Als mein Vater zwei Jahre später etwas in der Art sagte wie »Schau mal, was die Juden mit den Palästinensern machen. Das haben sie von den Nazis gelernt«, war ich schon rebellisch genug, um die Polizei anzurufen und zu sagen, hier relativiere jemand den Holocaust. Der Beamte am anderen Ende der Leitung lachte, als ich sagte, es sei mein Vater, und legte auf. Willkommen in der Bundesrepublik Deutschland 1972. Das war zwei Jahre, nachdem der damalige Bundeskanzler Willy Brandt bei seinem Besuch in Polen im Warschauer Getto auf die Knie gefallen war. 1971 bekam er den Friedensnobelpreis. 1988 sagte Brandt selbst in einer *Phoenix*-Dokumentation über seine Geste, das Getto sei »etwas aus dem schrecklichen Rahmen noch einmal Herausfallendes« gewesen, sodass er letztlich gefühlt habe, nichts anderes tun zu können, als ein Zeichen zu setzen. Als einer, der selbst nicht gerade »zu den wildesten Anhängern Hitlers« gehört habe, habe er es für sein Volk getan. Er habe gefühlt, »ich bitte für mein Volk um Verzeihung, bete auch – darum, dass man uns verzeihen möge.«[14] Juden haben ihm diese Geste nie vergessen. Der Kritiker Marcel Reich-Ranicki, der damals schon in Frankfurt lebte, sagte, das sei vielleicht der Moment gewesen, in dem er endgültig wusste, dass es richtig gewesen sei, 1958 von Polen nach Deutschland zu gehen. Es sei etwas Großes gewesen, sagte mein zweiter Mann, Rabbiner Leo Trepp, später. Er sah in Brandt etwas, das er bei vielen Menschen in offiziellen Funktionen beobachtete: Die Menschen, die selbst nicht schuldig geworden waren, hätten nun in einem »Gefühl des bedrückenden Wissens um die Schuld« gehandelt und sich in der Verantwortung gesehen, während die »aktiven Unterstützer in den meisten Fällen erklärten, nichts gewusst zu haben«.[15] Brandt, geboren als Herbert Frahm und damals Sozialist, war nach der Machtübernahme 1933 nach Oslo gegangen, um von dort den Widerstand gegen Hitler zu organisieren. Im Untergrund nahm er den Namen Willy Brandt an, den er nie mehr ablegte. Nach der Befreiung kehrte er nach Deutschland zurück. Brandts Geste sei ein Wendepunkt gewesen, sagt der Getto-Überlebende Marek Edelmann in dem genannten Video. Er habe es für die Deutschen getan. Von nun an habe man ihnen wieder vertrauen können.

Redakteure, die in Warschau dabei waren, sagen heute, der Kanzler habe mit seiner Geste deutlich gemacht, was viele jüngere Deutsche fühlten, denen das Ausmaß der Verbrechen erst in diesen Jahren klar geworden sei – wir werden uns mit dieser Aussage noch beschäftigen. Doch der Kanzler hatte bei Weitem nicht für alle Deutschen gesprochen. »Herbert Frahm, der Vaterlandsverräter«, nannte man ihn in unserer Kleinstadt. Auf den Straßen protestierten Rechte nicht nur gegen die neue Öffnungspolitik dem Osten gegenüber und wegen des Verzichts auf die Ostgebiete, sondern auch gegen Brandts Kniefall. In einer *Spiegel*-Umfrage hielten 41 Prozent ihn für angemessen, 48 Prozent dagegen fanden die Geste »übertrieben«.[16] Diese Menschen, vor allem in der älteren Generation, brauchten niemanden, der für sie um Verzeihung bat. Sie hatten sich selbst verziehen. Die Juden? Sie störten, weil sie immer noch über etwas reden wollten, über das man nie gesprochen hatte, das man aber nun, nach einer Generation, für abgeschlossen hielt. Und auch der Antisemitismus, der sich nahtlos vom Kaiserreich über die Weimarer Republik bis zu den Nationalsozialisten gezogen hatte, wurde für erledigt erklärt. Schließlich wollte keiner mehr die Juden umbringen, da war man vielleicht zu weit gegangen.

Letzteres ist übrigens wörtlich übernommen von der Mutter einer guten Freundin, sehr wohlhabend, sehr gebildet, mit der ich als Studentin über Vieles sprach. Bis wir einmal auf die Schoah kamen, für die der Historiker Dan Diner den Begriff »Zivilisationsbruch« geprägt hat.[17] Damit spricht er ihre aus verschiedenen Gründen bestehende Singularität an, oder das, was der israelische Historiker Yehuda Bauer als »präzedenzlos« bezeichnet[18] und damit meint, dass sie eine »extreme Form des Genozids« darstellte, die es bis dahin noch nie gegeben hatte. Ich lernte die Gedanken der beiden Forscher erst Jahre später kennen, äußerte aber in der Unterhaltung mit dieser Frau Gedanken über die Einzigartigkeit der Schoah, diese planmäßig und industriell ablaufende Vernichtung von Menschen. Worauf sie sagt, »Ja, da ist man vielleicht zu weit gegangen. Aber man musste ihnen Grenzen zeigen. Du kannst dir nicht vorstellen, wie die sich manchmal aufgeführt haben. Überall, sogar im Theater. Die Alten gingen noch, aber die Jungen waren nicht auszuhalten.« Ich fuhr nach Hause, notierte ihre Worte in meinem Tagebuch, so gut ich sie erinnerte, und fuhr nie mehr zu ihr. Bundesrepublik Deutschland 1980.

Verdrängter Zivilisationsbruch

Wie kann eine solche Frau jemals Reue oder Schuld empfunden haben für die Verbrechen der Deutschen? Schon bald nach Kriegsende stellte sich heraus, dass diese Verantwortung oder Schuld kaum jemand tragen wollte. Die Historikerin Atina Grossmann beschreibt in ihrem lesenswerten Buch *Juden, Deutsche, Alliierte. Begegnungen im besetzten Deutschland* über die unmittelbare Nachkriegszeit die Frustration alliierter Offiziere und ausländischer Journalisten über dieses Phänomen. Man sei erbost und zuweilen fassungslos gewesen »über das hartnäckige Beharren, keine Schuld an den Naziverbrechen zu tragen und sich auch nicht durch alltägliche Beihilfe schuldig gemacht zu haben«.[19] Ein US-Offizier nannte es laut Grossmann das »Rätsel der deutschen Unverantwortlichkeit«. Sie zitiert ihn mit den Worten: »Die Deutschen haben sich eingeredet, unschuldig zu sein. Daher können wir nicht von ihnen erwarten, für ein Verbrechen zu büßen, das begangen zu haben sie nicht zugeben.« Schuld waren immer die Nazis, zu denen keiner von ihnen jemals gehört habe. Grossmann zitiert einen Tagebucheintrag vom 30. Oktober 1945 von William Peters, der als Dolmetscher für die britische Armee tätig war: »Das ist ein Tag, den man rot anstreichen muss. Heute traf ich den ersten Deutschen, der zugab, 1932 und 1933 die Nazipartei gewählt zu haben.« Die 1945 wieder zugelassenen Parteien unterstützten und bestärkten diese Haltung. Sowohl die Sozialdemokraten als auch die Christdemokraten betonten ihre Hoffnung, dass das von Hochstaplern, Lügnern und faschistischen Machtpolitikern entehrte und seines guten Namens beraubte deutsche Volk nach einem »dornenvollen Opfergang«, wie die SPD laut Grossmann schrieb, von diesem Elend der Schande befreit und seinen Platz unter den freiheitsliebenden Völkern finden werde.

Und die Deutschen waren nicht nur keine Nazis – sie waren auch niemals Antisemiten gewesen. Dass man die Nationalsozialisten als Schande empfand, hatte ich als Kind von meiner Mutter und später von anderen gehört. Doch nur wenige dachten dabei an die ermordeten europäischen Juden. Von Beginn an habe die deutsche Bevölkerung noch vehementer geleugnet, antisemitisch gewesen zu sein als Mitglied der NSDAP, schreibt Grossmann. Weil sie das Weiterbestehen nationalsozialistischer Denkweisen mit Sorge wahrnahm, führte die amerikanische Militärregierung in ihrer Zone 1946 eine Umfrage durch. Demnach waren 18 Prozent als radikale Antisemiten, 21 Prozent als Antisemiten, 22 Prozent als Rassisten, 19 Prozent als Nationalisten und nur 20 Prozent als neutral einzustufen, wobei sich Frauen als weitaus radikaler als Männer erwiesen.[20] Wenn auch die alliierten Kräfte versuchten, diese Ideologien durch »Umerziehungspolitik« zu bekämpfen, so trug diese im Laufe der Jahre doch immer weniger Früchte. Einer Umfrage der amerikanischen Militärregierung in Bayern im Dezember 1946 zufolge waren fast 40 Prozent der Bürger als Antisemiten anzusehen, 18 Prozent von ihnen hegten extreme Hassgefühle gegen Juden. Zwei Jahre später hatten sich die Zahlen nur geringfügig verbessert.[21] 1949 berichtet der Spiegel, dass das Institut für Demoskopie ein Paket mit Ergebnissen aus 2000 Befragungen mit dem Stempel »Vertraulich« versehen und es direkt ins Büro des Bundeskanzlers geschickt hatte. Demnach nämlich waren 53 Prozent der Bürger antisemitisch eingestellt, worunter 15 Prozent fielen, die einfach gleichgültig waren.[22] Es sollte daher wahrscheinlich nicht sonderlich erstaunen, dass sich der von der Diktatur in die Republik transportierte Antisemitismus weiterhin in Taten äußerte, die von nun an regelmäßig begangen wurden. Schon in der unmittelbaren Nachkriegszeit verzeichnete man neue judenfeindliche Angriffe in Deutschland. Seit 1947 wird der Statistik zufolge mindestens einmal wöchentlich ein jüdischer Friedhof geschändet. Das bezog auch die sowjetisch besetzte Zone ein, die in diesen Jahren massive antisemitische Vorfälle verzeichnete. Ab 1949 verbot die Sozialistische Einheitspartei jedoch jegliche Berichterstattung über antisemitische Umtriebe.[23]

Bergmann zitiert im *Historischen Lexikon Bayern* Ergebnisse des Reports »Anti-Semitism in Germany« von 1948, der konstatiert habe, dass der Antisemitismus zwar weitgehend latent bleibe, sich jedoch »zunehmend wieder in Form einzelner gewalttätiger Übergriffe gegen Juden, bürokratischer Sabotage bei der privilegierten Versorgung verfolgter Juden, Friedhofsschändungen und anonymer judenfeindlicher Briefe an Zeitungen und Einzelpersonen« ausdrücke. Die Ursache dafür hätten die Verfasser des Reports »in einem allgemeinen moralischen Verfall durch die Verschlechterung der Lebensbedingungen und die trüben Zukunftsaussichten bei Kriegsende sowie in der fehlenden Abkehr vom Nationalsozialismus« gesehen. Ab 1948 hätten Hakenkreuzschmierereien, Schändungen von Friedhöfen und Synagogen, Übergriffe und offene Beleidigungen zugenommen, was vor allem an der abnehmenden Furcht vor einer Bestrafung durch die Alliierten gelegen habe.[24]

1959 wurden die Synagogen in Köln und Düsseldorf mit Hakenkreuzen und »Juden raus«-Schriftzügen geschändet. Das hatte Vorbildfunktion. Zwischen 1959 und 1960 folgte eine Welle antisemitischer Anschläge, der damaligen Bundesregierung zufolge waren es insgesamt um die 700. Solche Angriffe sollten alltäglich bleiben, genauso wie Beleidigungen, andere Schmierereien an jüdischen oder Juden zugerechneten Gebäuden, Tausende von Droh- und Hetzbriefen an jüdische Menschen oder Institutionen. In den Medien fanden meist Delikte Aufmerksamkeit, bei denen die Täter extrem gewalttätig geworden waren. Wie im September 1969, als Täter, die dem palästinensischen Lager zugerechnet werden, Handgranaten auf die Israelische Botschaft werfen, oder im November desselben Jahres, als eine linksradikale Gruppe während einer Gedenkveranstaltung für die Novemberpogrome eine Bombe im Berliner Gemeindezentrum in der Fasanenstraße deponiert, die wegen eines defekten Zeitzünders nicht explodiert. Oder wie der Brandanschlag auf das Münchner Gemeindezentrum im Februar 1970, in dem sich ebenfalls das Altenheim befand. Sieben Überlebende der Schoah starben in den Flammen. Man hat die Täter nie gefunden, die Ermittlungsbehörden gehen von einer linksextremistischen Tat aus. Oder 1975, als jemand ein Paket an den Vorsitzenden der Jüdischen Gemeinde Berlin, Heinz Galinski, schickte. In letzter Minute wird entdeckt, dass das Päckchen Sprengstoff beinhaltet. Oder die Ermordung des Verlegers und ehemaligen Nürnberger Gemeindevorsitzenden Shlomo Levin und seiner Lebensgefährtin durch die

2 »Mal muss Schluss sein mit der Vergangenheit.«

rechtsradikale »Wehrsportgruppe Hoffmann« im Dezember 1980. Oder, oder, oder.

Wenn man erst einmal beginnt, sich mit den Zahlen und den einzelnen Delikten zu beschäftigen, muss man schon ignorant sein, um bei den Tätern nicht einen Hass zu erkennen, der sich von dem des Antisemitismus der Nazijahre – so, wie wir ihn von Zeitzeugen geschildert bekamen oder aus Biografien oder Geschichtsbüchern kennen – nicht sehr unterscheidet. Oder was sonst als tiefer Judenhass ist es, wenn ein ehemaliger Obersturmbannführer im Altenheim einen 92-jährigen Überlebenden beschimpft und schlägt, woraufhin der einen Herzinfarkt erleidet? Das passiert im November 1992 im nordrhein-westfälischen Wülfrath.[25] Das Opfer, Alfred Salomon, stirbt an den Folgen des Infarkts. Oder wenn 2008 zwei Männer einen siebzehnjährigen Schüler verprügeln und einen Abhang hinunterstoßen, weil er Jude ist?[26] Und im Herbst 2019 passiert das, was zu erwarten ist, wenn man einer jahrzehntelangen Entwicklung nicht rigoros genug Grenzen setzt: Zu Yom Kippur, dem höchsten jüdischen Feiertag im Jahr, versucht ein rechtsradikaler Täter in die Synagoge in Halle einzudringen und die Beterinnen und Beter zu ermorden. Doch trotz mehrmaliger Versuche kann er die verschlossene Synagogentür nicht aufbrechen. Und nur ein Jahr später wird ein 26-jähriger jüdischer Student vor der Synagoge in Hamburg mit einem Klappspaten angegriffen und erleidet schwerste Verletzungen am Kopf und im Gesicht. Das war im Oktober 2020, womit wir nicht mehr so weit entfernt sind von der Jetztzeit.[27] Und das ist durchaus beabsichtigt.

Judenhass ohne Auschwitz bleibt doch Judenhass

Denn wenn auch in der Auflistung Tausende von Übergriffen und Schadensfällen ausgelassen worden sind, wird doch die Kontinuität klar. Warum also scheinen manche Bundesbürger immer noch überrascht, wenn sie von Antisemitismus hören, finden die Berichterstattung übertrieben oder kennen partout niemanden, den sie sich als judenfeindlich vorstellen können? Warum waren nach Halle alle so erstaunt? Vielleicht hat das vor allem mit einem Missverständnis zu tun. Oder mit einem Vorgang, bewusst oder unbewusst, der die Menschen befähigt, Antisemitismus auch nach Auschwitz zuzulassen, obgleich sich das offensichtlich viele nicht vorstellen können. Schon Konrad Adenauer, obgleich ihm das Ausmaß des wieder auflodernden Hasses längst klar sein musste, da offizielle Zahlen vorlagen, sprach in seiner Regierungserklärung 1949 von »anscheinend hervorgetretenen antisemitischen Bestrebungen«. Er fügte hinzu: »Wir verurteilen diese Bestrebungen auf das schärfste. Wir halten es für unwürdig und für an sich unglaublich, dass nach all dem, was sich in nationalsozialistischer Zeit begeben hat, in Deutschland noch Leute sein sollten, die Juden deswegen verfolgen oder verachten, weil sie Juden sind.«[28]

Will man den Gegenwartsantisemitismus verstehen und bekämpfen, muss man sich mit dem Phänomen auseinandersetzen. Wie kann es sein, dass Menschen Juden anfeinden, verfolgen oder angreifen und andere darin keinen Antisemitismus zu erkennen vermögen? Wenn Dan Diner von einem »Zivilisationsbruch« spricht, und Yehuda Bauer von der »Präzedenzlosigkeit« der Ereignisse im von den Nazis so genannten Dritten Reich, so tun sie dies immer im Zusammenhang mit der Schoah, sie sprechen nicht von dem Antisemitismus an sich, dessen Kumulation zu den Morden führte. In seiner Rede vor dem Deutschen Bundestag 1998 zum Gedenken an die Befreiung des Konzentrationslagers Auschwitz sagte Bauer, das Besondere am Holocaust seien nicht nur die moderne Technologie und bürokratische Gründlichkeit gewesen, die beim Massenmord eingesetzt worden seien.[29] Auch der Genozid an den Armeniern sei mit allen damals zur Verfügung stehenden Mitteln durchgeführt worden. Nein, sagte er, zum ersten Mal seien Menschen nur deshalb ermordet worden, weil sie geboren worden seien. Nämlich als Nachkommen von drei oder vier jüdischen Großelternteilen.[30] Zweitens habe sich die Mordabsicht gegen alle Juden gerichtet, wo auch immer die Nazis hingelangen konnten – weltweit. Wie wir sehen werden, reichte ihr Machtbereich bis in den Nahen Osten hinein.

Drittens nennt Bauer die Ideologie. Er erwähnt Analysen seiner Kollegen, mit denen Strukturen des Nazismus erklärt worden seien, und die alle richtig seien. Doch warum? »Warum haben die Bürokraten, die mit denselben administrativen Mitteln deutsche Schulkinder per Bahn in Ferienlager und Juden in Todeslager brachten, das letztere getan? Warum mordete man Juden und nicht alle grünäugigen Menschen, die man finden konnte?« Und er beantwortet seine Frage selbst: »Die Motivation war ideologisch. Die rassistisch-antisemitische Ideologie war die rationale Folge einer irrationalen Einstellung – einer Einstellung, die eine krebsartige Mutation christlich-antisemitischer Ideologie war. Der Nazi-Antisemitismus war reine Ideologie, mit minimalem Bezug auf die Wirklichkeit. Juden wurden einer Weltkonspiration beschuldigt – eine von mittelalterlichem Judenhass stammende Idee –, während in Wirklichkeit Juden nicht imstande waren, auch nur einen teilweisen Zusammenschluß zu erreichen.«[31] Man habe die Juden beschuldigt, sowohl revolutionäre Agitatoren als auch Kapitalisten zu sein, habe also die verschiedenen Phobien auf einen Nenner gebracht. Bei allen anderen Völkermorden, sagt Bauer, sei das Motiv irgendwie realistisch gewesen, wie bei dem Mord an den Armeniern, wo ein nationalistischer Beweggrund da war, oder in Ruanda, wo ein Streit um die Macht und um Land ausschlaggebend ist. Bei der Schoah sei die völkermordende Ideologie »auf reiner Phantasie aufgebaut [gewesen], zum ersten Mal in der Geschichte«. Ein viertes Element, das die Schoah präzedenzlos gemacht habe, seien die Konzentrationslager gewesen. Zwar hätten die Nazis sie vielleicht nicht erfunden, doch sie hätten sie zu einer völlig neuen Entwicklungsstufe gebracht. Über die Leiden und das Morden hinaus zeigen sich für ihn darin »die hohe Kunst der Erniedrigung, der Versuch, Menschen zu entmenschlichen, indem sie durch ihre physiologischen Bedürfnisse kontrolliert wurden. Das ist ohne Vorgang in der menschlichen Geschichte. Das geschah nicht nur gegenüber den Juden, aber die Juden standen auf der untersten Stufe dieser Hölle.«

Als Bauer diese Rede 1998 hielt, konnte sich, bis auf einige Unverbesserliche, keiner mehr mit dieser Art von Antisemitismus identifizieren. Denn was der Historiker beschreibt, ist nicht der Judenhass allein, sondern er beschreibt seinen Charakter als eines von vier Elementen, die letztlich zur Schoah führten und die sie beispiellos dastehen lassen. Und dabei sind alle diese Elemente auf den End-punkt, die Schoah, fixiert, die niemand jemals wiederholen möchte – von einigen Gruppen abgesehen, über die noch zu sprechen sein wird. Was Bauer aber vor allem beschreibt, ist eine Ideologie, die ohne reale Grundlage existiert, und die es schon lange vor Auschwitz gab. Nimmt man die Beschreibung des Historikers aus dem Kontext der Judenvernichtung heraus, bleibt diese Ideologie des Judenhasses, die allein in der Phantasie begründet ist; eine Ideologie, deren Beschreibung sich in weiten Teilen mit der Definition des Anti-semitismus deckt, wie sie die Bundesrepublik offiziell anwendet. Bauer berät die Taskforce der International Holocaust Remembrance Alliance (IHRA), von der die Definition stammt. In einem Interview mit der Erinnerungsstätte Yad Vashem in Israel, mit der er beruflich eng verbunden ist, weist Bauer darauf hin, dass das Rassenelement des nationalsozialistischen Judenhasses zum ersten Mal dahin führte, das in die Tat umzusetzen, was vorher immer nur als Wunschvor-stellung geäußert worden war, nämlich die Juden zu vernichten.[32] Dies war das Neue an der Schoah. Dazu die unerbittliche Konse-quenz, mit der dieses Vorhaben verwirklicht wurde, jenseits aller ökonomisch, geopolitisch, bevölkerungspolitisch oder kriegsstrate-gisch rationalen Handlungsmotive, wie der Historiker an anderer Stelle schreibt. Die Spezifik der Schoah bestehe weder in der Methode des Tötens noch in der Zahl der Opfer, sondern in der Intention einer vollständigen Vernichtung aller als Juden bestimmten Individuen aufgrund einer erlösungsantisemitischen Ideologie, die in den Juden das gemeinschaftszersetzende, egoistische, materialistische, abs-trakte, böse Element schlechthin sehe, den Feind der Völker, keines-wegs also »Überflüssige« oder einfach »fremde Untermenschen«.

Der Begriff »Erlösungsantisemitismus« stammt von dem Histori-ker Saul Friedländer, womit er meint, dass Adolf Hitler sich berufen sah, die »Arier« vor der »jüdischen Weltverschwörung« und »rassi-scher Entartung« zu retten, indem er die Juden vertrieb oder vernichtete. Im Erlösungsantisemitismus sei der Kampf gegen die Juden der beherrschende Aspekt.[33] Doch ohne diesen ideologischen, auf Auslöschung gerichteten Faktor, den Bauer und Friedländer als wesentlich in der Vernichtungspolitik der Nationalsozialisten sehen, bleibt immer noch das, was viele Juden im Vorkriegseuropa *Riches* nannten, was vom hebräischen *Rishút* kommt, soviel wie Bosheit bedeutet und sich auf antijüdische Verordnungen und Verfolgung bezog. Diese Bedrohung ständig abwehren zu müssen, hatten Juden derart verinnerlicht, dass sie den Kampf als gegeben ansahen. So schreibt Ruth Klüger in ihrer Autobiografie über den großen Gelehrten und Rabbiner Leo Baeck, dem sie in Theresienstadt begegnete und der seine Gasrechnung bezahlt habe, bevor die Nazi-Schergen ihn mitnahmen: »Wollte er einen guten Eindruck hinterlassen, Risches vermindern, bevor man ihn abschleppte?«[34] Juden hatten so lange unter diesen Bedingungen gelebt, dass sie ihre anormale Situation als Normalität wahrnahmen, sagte Leo Trepp. Sie spürten die unterschwellig feindselige Haltung ihnen gegenüber ständig.

Keine Stunde Null

Und die war auch nach dem Krieg nicht plötzlich verschwunden. Dass der Antisemitismus ohne Unterbrechung in der Gesellschaft vorhanden ist, und zwar seit Jahrhunderten, und dass es keine Stunde Null gab, in der er sich plötzlich auflöste, ist ein Punkt, auf den man immer wieder hinweisen und den man einmal verstanden haben muss, wenn man sich selbst und andere für das aktuelle Problem sensibilisieren will. Doch die Kontinuität hat man lange nicht gesehen und wahrhaben wollen. Die Antisemitismusforscherin Monika Schwarz-Friesel schreibt darüber: »Da seit 1945 ein expliziter Antisemitismus tabuisiert und sanktioniert wird, haben sich andere Kommunikationsformen entwickelt.« Dass man diese nicht erkenne und »die moderne Post-Holocaust Vorstellung von Antisemitismus von historisch falschen und empirisch nicht belegbaren Annahmen bestimmt wird«, stehe einem umfassenden Verständnis des Phänomens entgegen und verhindere seine effektive Bekämpfung.[35]

Wenn wir heute über Antisemitismus sprechen, meinen wir alle seine Formen, nicht nur den »Erlösungsantisemitismus«, der in die physische Vernichtung führte, und den zu hegen die meisten wohl wahrheitsgemäß bestreiten. Dafür treffen wir auf einen Antisemitismus, den die betreffenden Personen als möglich und akzeptabel oder nicht einmal als Judenfeindlichkeit ansehen, während sie sich gleichzeitig von allem, für das Auschwitz steht, distanzieren. So zum Beispiel der Verfasser eines Briefes, der mir schrieb, nachdem ich in einem Interview einen effektiveren Kampf gegen Antisemitismus und damit zusammenhängend eine bessere Bildung der Deutschen im Bereich Judentum und jüdische Kultur gefordert hatte. Überrascht begann ich zu lesen. Jemand schickte einen Brief nach San Francisco? Meist gelangen Leser- oder Hörerreaktionen an die jeweiligen Redaktionen. Der Absender war ein Mann aus Sachsen. Er betonte, dass er bereits drei Konzentrationslager besucht habe und jeden rassistisch motivierten Antisemitismus verurteile. Auch der neue Antisemitismus sei schlimm. Allerdings habe ihm noch keiner die Frage beantwortet, warum man Juden so hasse. Er selbst nannte dann die Gründe: Die Juden unterdrückten seit Jahrhunderten die anderen Völker, die Holocaust-Industrie beute Deutschland aus, und Israel raube täglich Land und verhindere eine Zweistaatenlösung. Obgleich hier ein judenfeindliches Stereotyp dem anderen folgt, schreibt er zum Schluss: »Soweit die Meinung eines einfachen Mannes aus der Bevölkerung, die ich mit nicht Wenigen aus meinem Bekanntenkreis teile. (…) Ich weiß sehr wohl die hervorragenden kulturellen, wissenschaftlichen und sozialen Leistungen jüdischer Mitbürger zu schätzen und zähle mich nicht zu den Antisemiten.«

Seit Jahrzehnten erforschen Wissenschaftler, wie sich die Judenfeindlichkeit als Reaktion auf die Schoah bis heute weiterentwickelt hat. Mittlerweile stimmen alle anerkannten Antisemitismusforscher darin überein, dass die Abwehr von Schuld und Verantwortung einen Nachkriegsantisemitismus geschaffen hat, der nicht nur das Relativieren und Leugnen der Schuld beinhaltet, sondern auch die Projektion der Schuld auf die Juden. Forscher sprechen daher von einem Antisemitismus nicht ›trotz Auschwitz‹, sondern ›wegen Auschwitz‹.

Die Abwehrhaltung, die sich unter Deutschen nach dem Völkermord an den Juden entwickelte und die Alexander und Margarete Mitscherlich als »Unfähigkeit zu trauern« bezeichneten, hat dem Antisemitismus in vielen Kreisen neue Grundlagen gegeben. In der Vorbemerkung zu ihrem Buch schreiben die Mitscherlichs, dass sie es zu tun hatten mit »dem wohlorganisierten inneren Widerstand gegen die Durcharbeitung eines Stücks unserer Geschichte, deren Schuldmoment unerträglich war und ist.«[36]

Dass sich nach Auschwitz neue Ausdrucksweisen der Judenfeindschaft entwickeln konnten, hat also wie immer, wenn es um Antisemitismus geht, mit den Adressaten gar nichts, und mit den Agierenden alles zu tun. Nach dem Krieg stellte die Mehrheit der Deutschen nicht nur in Abrede, dass sie Täter oder Antisemiten gewesen seien – es fiel ihnen auch schwer, jemanden anderen als sich selbst als Opfer zu sehen. Bei dieser großzügigen Umschreibung der Geschichte allerdings störten die überlebenden Juden, die allein durch ihr Dasein daran erinnerten, dass die wahren Verhältnisse anders gewesen waren. Zwar tat Umfragen zufolge einem Teil der Bürger durchaus leid, was den Juden angetan worden war. Doch dieses Mitleid sollte bitte schön abstrakt bleiben, schnell vorübergehen und die Adressaten dieses Pflicht-Mitgefühls sollten den Deutschen nicht im eigenen Leben begegnen. 1950 schreibt Hannah Arendt für das amerikanische Magazin *Commentary* darüber: »Am ehesten merkt man das, wenn das Gespräch darauf kommt, dass man jüdisch ist. Nach einer kleinen Pause der Verlegenheit kommt keine persönliche Frage, wie ›Wohin sind Sie gegangen, nachdem Sie Deutschland verlassen haben?‹, keine Anteilnahme wie ›Was passierte mit Ihrer Familie?‹. Stattdessen überwältigen sie einen mit Geschichten, wie die Deutschen gelitten haben.« Und Arendt fügt hinzu, das sei zwar wahr, aber in diesem Zusammenhang völlig unerheblich und schreibt weiter, wenn die Menschen gebildet und intelligent seien, führen sie damit fort, zwischen dem deutschen Leiden und dem Leiden der Anderen abzuwägen, mit der Schlussfolgerung, dass das eine Leiden das andere aufhebe.[37]

Schlussstrich ziehen! Eine Forderung von 1945

Die Gleichsetzung machte sich in den ersten Jahren vor allem in Ent-
nazifizierungsgesprächen bemerkbar. Grossmann bezieht sich auf
eine von Insa Eschebach durchgeführte Untersuchung von Re-
habilitierungsverfahren ehemaliger Parteimitglieder, in denen diese
Gleichsetzung von Erfahrungen der jüdischen Opfer mit den eigenen
dokumentiert wird, und schreibt über das Beispiel einer Frau, die als
Referenz für ihren Mann einen jüdischen Anwalt nennt, der »als Jude
unter dem Regime der Nazis genauso litt wie wir«.[38] Die Bürger hätten die Judenverfolgung durchaus eingeräumt, doch von ihr im »un-
persönlichen Passiv« erzählt, unter Umgehung der »Endlösung« und
ohne jede persönliche Verantwortung, berichtet die Historikerin,
wobei sie Eschebachs Ergebnisse anführt. Laut Eschebach, die bis zu
ihrem Ruhestand Leiterin der Gedenkstätte Ravensbrück war, be-
riefen sich 25 Prozent ehemaliger NS-Parteigänger in ihren Re-
habilitierungsgesuchen auf Juden als Referenz.

Man kann sich dabei des Eindrucks der Gefühlskälte von Anfang
an nicht erwehren. In Berlin und vor allem in der amerikanischen
Besatzungszone in Hessen und Bayern gab es Unterbringungslager
für Überlebende, die ihre Heimat verloren hatten. Unter ihnen stellten die Juden mit rund 50 000 Überlebenden eine Minderheit dar.
Die Zahl der jüdischen *Displaced Persons* – DPs – stieg um ein Vielfaches, als sich immer mehr polnische Juden in Deutschland ein-
fanden, die vor den Nationalsozialisten in die Sowjetunion geflohen
waren und nach dem Krieg nach Hause gegangen waren, nur um zu
erkennen, dass nun nichtjüdische Polen in ihren Häusern wohnten
und sie zudem mit neuem gewalttätigen Antisemitismus konfrontiert
wurden. Diese Menschen hatten alles verloren. Nach einer Erhebung
der Berliner Jüdischen Gemeinde vom Februar 1946 waren die meisten der 7768 Gemeindemitglieder die einzigen Überlebenden aus
ihren Familien und lebten »in grenzenloser Einsamkeit«, wie es Atina
Grossmann zufolge in der Gemeindezeitschrift *Der Weg* hieß. Wie
mag es sich für diese *Scheerit Haplejta*, den »Rest der Geretteten«, wie
sich die DPs in Deutschland selbst nannten, angefühlt haben, an-

gefeindet zu werden und zu hören, dass ihre Erfahrungen in den Lagern und ihre Verluste in den Augen der Deutschen nicht zählten?
Jedenfalls nicht mehr als ein Job, den jemand verlor, weil er Nazi gewesen war?

Von den Lagern wollten die Bürger am liebsten überhaupt nichts
hören.[39] Als es um die Frage ging, ob sich die Bevölkerung mit Fotos
und Berichten aus den Konzentrationslagern auseinandersetzen sollte, forderten Leser in Briefen an die *Berliner Zeitung* bereits im Juni 1945, einen Schlussstrich zu ziehen.[40] Gleichzeitig ver-
wendeten sie in der Auseinandersetzung mit den Opfern bald
dieselben Stereotype, die schon den Antisemitismus in den Jahrzehnten davor geprägt und denen die Nationalsozialisten neue hasserfüllte Attribute hinzugefügt hatten, um Juden bestimmte Charakteristika und Verhaltensweisen zu unterstellen. Als die Alliierten in
den einzelnen Sektoren nach einer Weile begannen, überlebenden
Juden mit einigen Besserstellungen zu helfen, indem sie zum Beispiel
ihre Lebensmittelrationen erhöhten, schlugen Schuldabwehr und
Missgunst der Bevölkerung schnell in Anklage um. Von Beginn an,
schreibt Grossmann, seien die Lebensmittelzuteilungen besonders
konfliktträchtig gewesen – nicht nur, weil sie die nötige Grundver-
sorgung gesichert, sondern auch, weil sie eindeutige politische
Symbolkraft besessen hätten. In einer Zeit äußerster Knappheit hätten besiegte Deutsche und ihre Opfer untereinander um das Nötigs-
te gewetteifert. »Kalorien« wurde demzufolge zu einem magischen
Begriff, da die Besatzungskräfte anfangs die Rationen »nach ihrer
Einschätzung von Schuld, Bedarf und Einsatzfähigkeit beim Wieder-
aufbau zuteilten«.[41]

Für die Deutschen wurden die DPs zur besonderen Zielscheibe.
Vielen galten sie als kriminelle Schwarzmarkthändler. Wobei die
Einheimischen Folgendes unterschlugen: »Nicht Profitstreben, wie
die meisten Kritiker behaupteten, oder auch die Suche nach Lebens-
notwendigem, sondern der Wunsch nach nahrhafterem oder
schmackhafterem Essen trieb die Menschen auf den Schwarzmarkt,
wo sie frisches Fleisch, Obst und Gemüse bekamen, die Deutsche auf
dem Land beziehen konnten und Besatzungskräfte und Mitarbeiter

der Hilfsorganisationen als selbstverständlich voraussetzten.« Grossmann fasst die Situation mit scharfem Blick zusammen: »Ironischerweise waren es die als staatenlose Flüchtlinge eingestuften und auf ›Almosen‹ angewiesenen Opfer, die unweigerlich als gewinnsüchtige ›Nörgler‹ oder ›Privilegierte‹ galten, wenn sie die armseligen Vorteile nutzten oder einforderten, die man ihnen aufgrund früheren Leids zuerkannt hatte. Deutsche erwarteten ihrerseits zunehmend eine Belohnung für ihr gegenwärtiges Wohlverhalten (sprich: ihre Fügsamkeit) statt einer Bestrafung für mögliche Verbrechen der Vergangenheit.«[42]

Und offensichtlich fühlten sie sich sicher genug, auch ihren antisemitischen Ressentiments wieder Ausdruck zu verleihen. Wie Werner Bergmann berichtet, übersetzte man in dieser Zeit das Kürzel DP für die Lagerbewohner gern als ›Deutschlands Parasiten‹. Und 1945 schrieb ein Landrat laut Bergmann an einen Staatssekretär, dass die meisten der »Ostjuden« »dicke Brieftaschen« besäßen und sich in einer »weniger als angenehmen Weise« verhielten, sodass ein »echter Antisemitismus« zu entstehen drohe. Auch in Polizeiberichten sei in dieser Zeit immer wieder vor dem Aufkommen eines Nachkriegsantisemitismus wegen der »schrecklichen Erfahrungen mit den DPs« gewarnt worden, so zitiert Bergmann.[43] Die *Süddeutsche Zeitung* bezeichnete den neuen Antisemitismus 1948 als eine »allgemeine Abwehr gegen die ›Minderwertigen‹«.[44] Damit vereinigen sich gleich mehrere judenfeindliche Bilder – der Jude als jemand, der andere ausnutzt, der reich ist und der letztendlich für den Hass, der sich gegen ihn richtet, selbst verantwortlich ist. Was in Wirklichkeit dahintersteckte, stellte sich schon bei einer Umfrage heraus, die der amerikanische Hochkommissar für Deutschland, John McCloy, 1951 in Auftrag gegeben hatte. Bei der Frage, wer ein Anrecht auf Unterstützung habe, wurden die überlebenden Juden an letzter Stelle genannt. Siebzehn Prozent der Befragten vertraten die Meinung, dass sie das geringste Recht auf Hilfe hätten.[45] Die Logik im Konkurrenzdenken war klar – wer kein wirkliches Opfer ist, benötigt auch keine dringende Unterstützung, wenn er überhaupt welche erhält.

»Die sinnen nur auf Rache.« Stereotype? Zeitlos.

Im Jahr 2013 legten die Kognitionswissenschaftlerin Schwarz-Friesel und der Historiker Jehuda Reinharz die Ergebnisse der bereits zitierten Forschungsarbeit *Sprache der Judenfeindschaft* vor, in der sie insgesamt über 14 000 Emails, Briefe, Postkarten und Faxe an den Zentralrat der Juden in Deutschland und an die israelische Botschaft ausgewertet haben. Die Studie zeigt, dass der Hass bis heute nicht von den Rändern her, sondern aus der Mitte der Gesellschaft kommt. Das Relativieren oder Leugnen der Schuld sowie die Projektion der Schuld auf die Juden sei »eine moderne Variante der Täter-Opfer-Umkehr« und habe den Nachkriegsantisemitismus konstituiert, so die beiden Antisemitismusforscher. »Trotz der Erfahrung Auschwitz kam es bei vielen Deutschen zu keiner grundlegenden Veränderung in ihrer Einstellung zu den Juden (so dass die tradierten Klischees weiter im Alltagsdiskurs bedient wurden)«, führen die Autoren aus, »und wegen Auschwitz entwickelten sich zusätzliche auf Verantwortungsleugnung und Schamverdrängung basierende Stereotype, und zwar vor allem die Juden als Störenfriede und lästige Mahner sowie Juden als Holocaustausbeuter und (Meinungsdiktat-) Erpresser«. Schwarz-Friesel und Reinharz weisen darauf hin, dass keines der neuen Stereotypen wirklich neu sei, sondern dass sie alle auf uralten, tradierten Konzeptualisierungen beruhten und lediglich den modernen Bedürfnissen angepasst worden seien. Auf diese Weise seien antisemitische Phantasien seit Jahrhunderten weitergetragen worden. Dass die Juden Vorteile aus dem Holocaust zögen, entspreche zum Beispiel der tradierten Vorstellung von ihnen als gierige Parasiten und Volksschädlinge.[46] Und die Annahme und Unterstellung, dass Juden besondere Rachegefühle hegten, lässt sich zurückführen auf das antijudaistische Narrativ vom jüdischen Gott als Rachegott. Wie sich dieses Bild über die Zeit hielt und was dahintersteckt, werden wir uns im vierten Kapitel genauer ansehen.

Beinahe 56 Prozent der Zuschriften an den Zentralrat stuften die Wissenschaftler als »explizit antisemitisch« ein. Bei den Schreiben an die Botschaft waren es 26 Prozent. In zahlreichen Äußerungen gegenüber dem Zentralrat implizieren die Verfasser, dass die Juden sich aufgrund der Schoah bestimmte Rechte herausnähmen, die ihnen nicht zustünden. So werden die oder der jeweilige Zentralratsvorsitzende aufgefordert, endlich den Zeigefinger nicht mehr zu heben und aufzuhören, an den Holocaust erinnern zu wollen oder Staatsorgane auszunutzen. Der Hass gegen sie entstehe ja erst durch die »beständig geschwund(g)ene Moralkeule«.[47]

Ein paar Bemerkungen zum »wiedergutgemachten« Unrecht

Atina Grossmann beschreibt, wie schnell den überlebenden Juden nach der Schoah klar wurde, dass der übrigen Bevölkerung ihre Anwesenheit unliebsam war. Und die Gründe dafür waren leicht zu durchschauen. Davon abgesehen, dass, wie Michael Brenner feststellt, durch die DP-Lager in einigen Orten plötzlich mehr Juden lebten als vor der Schoah, und dass dies allein die Bürger schon aufbrachte, machte ihre Anwesenheit den Deutschen ständig bewusst, was bis vor wenigen Monaten in ihrem Namen geschehen war.[48] Die Historikerin Grossmann formuliert es so: »Unter der Abwehrhaltung der Deutschen lauerte, wie Juden ahnten, eine gewisse Scham, die zu einer tiefen Abneigung gegen jüdische Überlebende führte, weil sie deren Erinnerungen als ständigen Affront und Mahnung an die deutschen Verbrechen und Verluste empfanden. Untereinander witzelten Juden: ›Die Deutschen werden uns niemals verzeihen, was sie uns angetan haben.‹«[49] Dieses Paradoxon, das das Verhältnis zwischen Juden und Nichtjuden in Deutschland unmittelbar nach der Schoah auf den Punkt bringt, wird heute allgemein dem israelischen, in Wien geborenen Psychoanalytiker Zvi Rix zugeschrieben und immer noch benutzt. Zu Recht. Denn es trifft den Kern dessen, was Forscher die Täter-Opfer-Umkehr nennen: Anstatt dass den Juden Ansprüche gegen die Tätergesellschaft zugestanden wurden, formulierte man von Beginn an Ansprüche an sie, wie wir in den folgenden Kapiteln sehen werden.

85

In Wirklichkeit erfolgte die Hilfe, die man den Überlebenden angedeihen ließ, schleppend und zögerlich. So hatten die wenigen deutschen Juden, die zurückgekommen waren oder es aus anderen Ländern heraus versuchten, erhebliche Mühe, Eigentum zurückzubekommen. Die neuen Besitzer der Gegenstände oder Grundstücke brachten zahlreiche Gründe dafür an, dass die Errungenschaften ihnen nun auch rechtlich gesehen gehörten. Selbst die Einrichtung ganzer Zahnarztpraxen hatten Juden demzufolge vor »ihrer Umsiedlung« verschenkt, also dem jetzigen Besitzer freiwillig überlassen.[50] Ein guter Freund der Autorin war nach dem Krieg von dem Verfahren, Grundstücke seiner Familie zurückzubekommen, so enttäuscht und entnervt, dass er sagte, irgendwann habe er damals entschieden, dass er von den Deutschen ohnehin nichts mehr haben wolle. Sachwerte wie Möbel, Bilder oder Kleidung zurückzuerhalten, war nahezu unmöglich, da das Eigentum deportierter Juden sofort versteigert worden war. Die Akten zu diesen Vorgängen sind noch für Jahrzehnte gesperrt.[51] Rückgabeverfahren waren für Juden umso belastender, als oftmals dieselben Beamten zuständig waren, die einige Jahre zuvor in den Finanzämtern noch an den Enteignungen der geflohenen und deportierten Juden gearbeitet hatten. Das Einzige, das mein Mann aus dem Haushalt seiner Familie zurückerhalten hat, ist das silberne Messer für die Challah, das eine frühere Nachbarin ihm nach dem Krieg gab. Seine Mutter, so erzählte sie ihm, habe es ihr vor dem Abtransport zur Aufbewahrung gegeben. Auf Hebräisch ist »Barches« eingraviert, so nannten die deutschen Juden das Brot, das zum Schabbat gebacken wurde. Wo das andere Silber aus dem Besteckkasten geblieben ist, die Möbel, die Teppiche, Geschirr, Wertpapiere – keiner weiß es.

Genauso wenig, wie man im individuellen Fall einsah, geraubtes Gut zurückzugeben, genauso wenig sahen viele Bürger eine Verpflichtung den Juden als Gemeinschaft gegenüber. 1949 verneinten 31 Prozent der Befragten, dass Deutschland eine Wiedergutmachungspflicht gegenüber den noch lebenden deutschen Juden habe. Ein ähnliches Bild zeichnete 1952 eine Allensbach-Umfrage zur Haltung der Westdeutschen gegenüber Wiedergutmachungsleistungen an Israel. Nur elf Prozent unterstützten die Zahlungen uneingeschränkt, 54 Prozent hielten sie für überflüssig, und 21 Prozent hatten keine Meinung dazu oder wollten sie nicht preisgeben.[52] Zu Beginn wollte Konrad Adenauer »Israel mit zehn Millionen Mark abspeisen«, wie es der Bremer Journalist Kurt Nelhiebel nennt. Diesen Betrag hatte der Bundeskanzler einem Mittelsmann als »Geste der Wiedergutmachung« angeboten. Die Israelis hätten die Offerte mit eisigem Schweigen quittiert. Im Luxemburger Abkommen von 1952 wurde dann der Betrag von 3,4 Milliarden D-Mark festgeschrieben, zu entrichten in jährlichen Raten von 261 Millionen Mark. Das habe knapp einem halben Prozent der Ausgaben des Bundeshaushalts von 1953 entsprochen, schreibt Nelhiebel.[53] Vielleicht sollte man erwähnen, dass viele Überlebende, die nun Israelis waren, die Geldzahlungen scharf ablehnten. Sie sahen sie als Blutgeld. Wie auch auf persönlicher Ebene wollten diese Menschen lieber knapsen und kämpfen, als auf den ehemaligen Schlächter angewiesen zu sein.

Und wieder sind die Juden schuld

Doch da antisemitische Stereotype mit der Realität ohnehin nur selten und wenn, dann nur zufällig, zu tun haben, setzte sich das Bild, dass die Juden Vorteile aus ihrer Opfersituation zögen, rasend schnell in vielen Köpfen fest. Und hielt sich über die Jahrzehnte bis heute. Ob es um Raubkunst geht oder um Situationen, in denen sich Vertreter jüdischer Institutionen kritisch zu gesellschaftlichen Fragen äußern – in Leserbriefen und Blogbeiträgen finden sich zuverlässig Aussagen wie:»Ich freue mich auf den Tag, an dem Nordamerika und Israel die Ureinwohner ihrer Länder gültig in voller Höhe (inkl. Zugewinn) entschädigen müssen.«[54] Wenn selbst in einer Qualitätszeitung wie der *FAZ* jeder dritte Leserbrief einen antijüdischen Unterton hat, sagt das etwas über die Stimmung im Volk aus, und zwar nicht nur an den Rändern, sondern in der Mitte. 2016 stimmten in einer Umfrage 41 Prozent der befragten Bundesbürger der Aussage zu, dass »Juden versuchen, aus der Vergangenheit des Dritten Reiches heute ihren

Vorteil zu ziehen und die Deutschen dafür zahlen zu lassen.« 17 Prozent waren sich nicht sicher. In einer anderen Studie von 2018 warfen 22 Prozent den Juden vor, die Verbrechen in der Nazizeit heute zu ihren Gunsten auszunutzen.[55]

Als im Jahr 2000 das Buch des amerikanischen Juden Norman Finkelstein *Die Holocaust Industrie* mit einer Auflage von 50 000 auf den deutschen Buchmarkt kam, waren bereits 45 000 Bestellungen eingegangen. Das Werk ist eine Polemik hauptsächlich gegen die Jewish Claims Conference (JCC). Die Organisation verhandelt über Entschädigungsleistungen für NS-Opfer sowie die Restitution und die Entschädigung jüdischen Eigentums. Manchmal sind Überlebende mit der Organisation tatsächlich nicht gut zurechtgekommen, weil die ihnen eingeräumten Fristen, innerhalb derer sie ihre Ansprüche selbst geltend machen konnten, zu kurz waren. Doch darum geht es in dem Buch überhaupt nicht. Der Politologe greift die Tätigkeit der JCC an sich an, wirft ihr vor, Opferzahlen zu übertreiben, um sich zu bereichern, und sieht insgesamt eine mächtige Lobby jüdischer Organisationen in den Vereinigten Staaten am Werk, angefangen bei der Anti-Defamation League bis zum World Jewish Congress, die alle das Leiden in der Schoah für ihre eigenen materiellen Zwecke instrumentalisierten und überzogene Entschädigungsbeträge forderten. Laut einer Emnid-Umfrage, die der *Spiegel* im Februar 2001 in Auftrag gab, teilten fast zwei Drittel aller Deutschen Finkelsteins Meinung, dass sich jüdische Organisationen an der Schoah bereicherten. Nur 24 Prozent der Befragten hielten seine These für falsch (27 Prozent in Ostdeutschland), dagegen stimmten 50 (47) Prozent ihr zum Teil zu, 15 (12) Prozent teilten seine Meinung ohne Einschränkung.[56]

Der Vorwurf, dass Juden die Opfersituation für ihre Zwecke nutzten, taucht in den absurdesten Situationen auf. Im Jahr 2000 erzählte mir ein Kollege in meiner damaligen Redaktion von einer der Mitschülerinnen an seiner Journalistenschule. In der Vorstellungsrunde hätten alle von sich erzählen sollen – woher sie kommen, was sie studiert haben, ihre Ziele, etc. Auch diese Frau erzählte von ihrer Familie: Ihre Eltern seien Überlebende. Nach dieser Runde sagte der

Leiter der Schule, als die junge Frau den Raum kurz verlassen hatte, zu den anderen: »Sie soll sich nur nicht einbilden, dass sie dadurch Vorteile hat. Die werde ich jetzt noch härter rannehmen.« Als mein Kollege mir das erzählte, sagte ich ihm, wie unfassbar und vor allem unbarmherzig ich das fände. »Wieso«, fragte er, »Was glaubst Du denn, warum die sowas erzählt?« In solchen Momenten weiß man nicht, wo man anfangen soll. Damit, dass die meisten Überlebenden gar nichts oder erst sehr spät erzählen? Und ihre Kinder oft ebenfalls schweigen? Oder soll man erklären, wie sehr das, was in der Schoah passiert ist, auch die zweite Generation betrifft? Die Tochter meines Mannes hat nur wenige Angehörige. Wenn sie sie sehen will, muss sie tausende von Kilometern fliegen, weil sie in der ganzen Welt verstreut leben. Ein früherer Partner von mir hat keinen Verwandten außer seinen eigenen Geschwistern. Wenn er aufgefordert würde, über sein eigenes Leben zu berichten, wäre das nicht etwas, was er erwähnen würde? Und wenn nicht, wäre es nicht zumindest zu verstehen, falls er es täte? Worüber muss man in solchen Fällen mehr erbost sein? Über den Mangel an Empathie? Oder über den Antisemitismus, der da mitschwingt?

Was läuft da falsch? Warum empfinden wir als Nachfahren der Täter die Verantwortung für die Vergangenheit nicht? Warum erfüllt es uns nicht zumindest manchmal mit Erstaunen, dass unser Land wieder eine der führenden Mächte in der Welt ist? Warum wundern wir uns nicht, dass wir nicht tatsächlich in einer Ackergesellschaft leben, wie es der amerikanische Finanzminister Henry Morgenthau Jr. vorgedacht und wie Präsident Roosevelt und der britische Premier Winston Churchill es zunächst teilweise adaptiert hatten?[57] Büßend auf dem Feld, schuftend für die nächsten Jahrzehnte? Ist es wirklich so normal, ein ganzes Volk auslöschen zu wollen, und ein Drittel dieses Volkes tatsächlich zu vernichten, darunter unsere Nachbarn, Arbeitskollegen und Bekannte? Ist es etwa so normal, dass wir nun von den Opfern und deren Kindern und Enkeln erwarten, sich bestimmten Verhaltensnormen zu unterwerfen? Wie ist das passiert? Was ist hier schiefgegangen? Wir wollen den Opfern erzählen, wie sie sich zu verhalten haben und haben selbst, vom Bruttosozialprodukt abgesehen, nicht einmal das Mindestmaß erfüllt? Trugen wir nicht eine unglaublich große Verantwortung dafür, zu verhindern, dass in Deutschland jemals wieder Antisemitismus und Menschenfeindlichkeit Fuß fassen konnten? Und sind wir nicht grandios zweimal daran gescheitert? Einmal nach dem Krieg? Und zum zweiten Mal nach der Wiedervereinigung?

Bitte immer schön sanftmütig

Wie ist es zu erklären, dass es heute scheint, als begegne man den einstigen Opfern und ihren Kindern oft mit überzogenen Erwartungen, während man Ansprüche an die Täter und ihre Kinder mit immer größerer Vehemenz zurückweist? Besonders empfindlich reagiere ich, wenn es um meinen verstorbenen Mann, Leo Trepp, geht. Deutschland hat nicht nur den Großteil seiner Familie ermordet und damit 500 Jahre deutsch-jüdische Familiengeschichte ausgelöscht, es hat ihn ins Konzentrationslager gesteckt, ihn dann vertrieben und das Leben, das vor ihm lag, unwiderruflich zerstört. Er hat sich ein anderes aufgebaut. Ein gutes, ein erfolgreiches, ein in weiten Teilen zufriedenes. Ein glückliches? Ich weiß es nicht. Er hatte seine Heimat verloren, etwas, das für deutsche Juden oft schier unerträglich war. Es war übrigens Herta Müller, von der ich dazu zum ersten Mal in literarischen Worten ausgedrückte Empathie las, und nicht einer der deutschen Nachkriegsschriftsteller wie Böll, Grass oder Richter. Keiner der in Nazideutschland verbliebenen Autoren hat den jüdischen Emigranten nach dem Krieg je dieses Mitgefühl gezeigt, das Müller ausdrückt, wenn sie schreibt: »Das Wort Vertreibung gehört nur den Vertriebenen aus den ehemaligen deutschen Ostgebieten. Sie heißen ›Heimatvertriebene‹. Und die von Hitler Vertriebenen heißen ›Emigranten‹. Es ist ein sehr unterschiedliches Wortpaar: Das Wort ›Heimatvertriebene‹ hat einen warmen Hauch, das Wort ›Emigrant‹ hat nur sich selbst.« Sie plädiert dafür, endlich auch an das Exil und die Emigration zu erinnern, an die »ersten Heimatvertriebenen«, ohne die es »die zweite Vertreibung« nicht gegeben hätte.[58] Stattdessen stellten auch gepriesene Schriftsteller wie

Wolfgang Borchert das Leid der Überlebenden eins zu eins auf dieselbe Ebene wie das der Nachkriegsdeutschen. Dieses Empfinden sei
die emotionale Basis für die Strategie der Schuldabwehr, schreiben
Schwarz-Friesel und Reinharz.[59]

Leo Trepp jedenfalls ist nach Deutschland zurückgekommen,
immer wieder, er hat hier gelehrt, Vorträge gehalten, Bücher geschrieben. Sein Bestreben war es, den Deutschen die Schönheit, die
Ethik, die Menschlichkeit des Judentums näherzubringen und sie dadurch vielleicht, nur vielleicht, von der Versuchung fernzuhalten, die
Juden durch eine von Stereotypen gefärbte Brille zu sehen. Er war ein
von Natur und Überzeugung aus nachdenklicher, den Menschen zu-
gewandter Mann, der schon früh entschieden hatte, nicht zu hassen.
»Hass zerstört alles«, hatte er einst geschrieben, auch den, der hasse.[60]
Und er war zu sehr Jude, der lebte, was er glaubte und lehrte, als dass
er Menschen hätte ablehnen können aufgrund einer bestimmten
Hautfarbe, Religion oder Nationalität. Das galt auch für Deutsche.
Doch wenn Menschen mir sagen: »Was ich an Ihrem Mann besonders geschätzt habe, ist, dass er nicht bitter war und nicht alles
Deutsche gehasst hat«, habe ich große Schwierigkeiten. Besonders,
wenn solche Sätze weitergehen mit Vergleichen wie: »In Israel habe
ich Leute getroffen, die nie wieder nach Deutschland wollten. Wie
kann man nur so verbittert sein«, »… sich das Leben so schwer machen«, oder wie auch immer das Ende des Satzes in der jeweiligen Situation lautete. Sie alle implizierten, dass ein Überlebender sich in
einer bestimmten Weise zu verhalten habe, damit die Menschen ihn
mögen – verzeihend, den Tätern die Hand reichend, das Wir-Gefühl
betonend. Es mag ja angenehm sein, mit einer solchen Haltung umzugehen, doch sollte ausgerechnet die Nachfolgegesellschaft der Täter
das erwarten? Das geht soweit, dass ein deutscher Diplomat mir bei
einem Essen erzählte, dass er neulich einen jüdischen Überlebenden
eingeladen und es sehr bereut habe. »Der hatte richtige Hassgefühle
und hat die auch geäußert. Damit dient er der Sache nicht.«

Sache? Welcher Sache sollen Überlebende dienen? Wäre es nicht
verständlich gewesen, wenn sie eine Armee zusammengestellt und
versucht hätten, ihre Folterer zu finden und so viele von ihnen umzu-

bringen, wie sie nur erwischen konnten? Wäre das nicht ein nach-vollziehbarer erster Impuls gewesen, wenn man, wie mein Mann, ge-sehen gehabt hätte, dass ein Mitglied der eigenen Gemeinde lebendig zu den Toten geworfen und weggekarrt wurde? Wenn man meine Mutter, meine Onkel, meine Tanten, meine Cousins, wenn man alle umgebracht hätte? Oder wenn man, wie meine Freundin Bronia, er-lebt hätte, wie Offiziere Müttern die Säuglinge wegreißen und ihre Schädel gegen die Mauer schmettern? Wenn man jahrelang als Teen-ager und junge Frau in Auschwitz gewesen wäre wie sie? Als Bronia befreit wurde, sagt sie, hatte sie vergessen, dass sie Eltern gehabt hatte. Dass sie mit Geschwistern aufgewachsen war. »Ich war wie eine Ma-schine«, sagt sie, »einzig darauf programmiert, irgendwie zu über-leben.« Sie war allein. Sie ging in den polnischen Heimatort zurück, in dem ihr Vater Rabbiner gewesen war. »Was willst du hier? Warum bist du nicht tot?«, fragten ihre früheren Nachbarn. Sie emigrierte in die Vereinigten Staaten und baute sich ein Leben danach auf. Jahr-zehnte sprach sie nicht über das Lager und ihre tote Familie.

Die Vorstellung und Angst davor, dass ihre Verbrechen gerächt würden, war auf deutscher Seite durchaus vorhanden. So zitiert Atina Grossmann den Tagebucheintrag einer Berliner Ärztin, die schreibt, wenn auch nur ein Bruchteil dessen, was man über Auschwitz höre, wahr sei, »wäre die Wut der ganzen Welt auf die Nazis zu verstehen«. An anderer Stelle erzählt Grossmann, dass die Deutschen in der ame-rikanischen Besatzungszone zunächst die gewalttätige Rache ihrer früheren Opfer fürchteten, dann aber, als sie »nach gut einem Jahr ihre anfängliche Angst vor ernsthafter Vergeltung abgelegt hatten«, sich umso mehr ärgerten, »dass die amerikanische Zone sich zu einem Zufluchtsort für Juden entwickelt hatte.«[61]

Weiterleben gegen Hitler

Tatsächlich schworen nach dem Krieg so wenige Juden den Deut-schen Rache, dass man diese Menschen fast vergaß. Es gab ein paar spontane Taten, und einige organisierte. Die bekannteste Gruppe von rund 50 Frauen und Männern scharte der ehemalige litauische Partisan Abba Kovner während eines Treffens von Überlebenden um sich. Seine Einheit Nakam plante, durch Vergiftung des Trinkwassers in einigen deutschen Städten die sechs Millionen Juden durch sechs Millionen Deutsche zu rächen. Weit kamen sie nicht. Die übrigen Überlebenden distanzierten sich von den Mitgliedern der Gruppe. Andere, die diese Pläne als radikal und verrückt ansahen, veranlassten, dass Kovner schon auf dem Weg nach Deutschland verhaftet wurde. Stattdessen organisierte sein Stellvertreter 1946 einen Anschlag, bei dem die Brote für rund 2000 inhaftierte SS-Angehörige in Nürnberg vergiftet wurden. Ein paar hundert von ihnen mussten ins Krankenhaus, keiner starb. Vielleicht, so schätzt der Historiker Mark Roseman, der zu diesem Thema geforscht hat, liege die Anzahl der Menschen, die durch Vergeltungsakte starben, im dreistelligen Bereich.[62]

Als ich Bronia einmal auf den Gedanken der Rache ansprach, fragte sie: Wozu? Sie wollte das Grauen vergessen und konzentrierte sich aufs Jetzt, heiratete einen russischen Überlebenden, bekam zwei Töchter, lehrt bis heute über die Schoah und kämpft gegen den Menschenhass. Viele Juden heirateten bereits in den DP-Lagern. Im Jahr 1946 und 1947 hätten die Eheschließungen und Geburtenzahlen bei Überlebenden Rekordhöhen erreicht, schreibt Grossmann.[63] Auch so habe man versucht, dem Leben einen neuen Sinn zu verleihen und es sogar als eine Art Rache angesehen. Bis zu seinem Tod erzählte mein Freund Claude in San Francisco, der als Klaus-Dieter in Frankfurt zur Welt kam, Folgendes: »Bei jedem neuen Enkelkind habe ich zuerst Gott gedankt, und dann ›F*** you, Hitler‹ gesagt.« Wie so viele hatte er sich in seiner neuen Heimat ein erfolgreiches Leben aufgebaut. Der Soziologe William Helmreich, der das Leben von 140 000 Überlebenden nachverfolgt hat, schreibt ihnen eine »ungeheure Energie« zu. Sie seien harte Arbeiter und fürchteten sich nach Auschwitz vor nichts mehr. Im Geschäftsleben half ihnen das. Ihre Devise sei, so Helmreich, gewesen: Wenn schon verlieren, dann jedenfalls richtig. Nachdem sie im Lager oder Versteck jeden einzelnen Tag ihr Leben hätten verlieren können, schreckte sie kein Risiko mehr. »In diesem Sinn waren sie furchtlos.«[64]

Furchtlos. Nicht gewalttätig. Zur Gewalt hätten die Opfer und Überlebenden der Judenverfolgung, angefangen bei den polnischen orthodoxen Juden bis hin zu den deutschen einfach nie geneigt, sagt Roseman in dem Artikel in der *Süddeutschen Zeitung.* Und Ira Hirschmann, Repräsentant der Vereinten Nationen, schrieb schon 1949, er sei zugleich »beeindruckt, erleichtert und etwas misstrauisch« darüber, dass die Überlebenden Deutsche nicht in einem Rachesturm »buchstäblich zerrissen hätten«.[65] Gerechtigkeit allerdings und einen Ausgleich für ihre Verluste erwarteten die jüdischen Opfer sehr wohl. Recht statt Rache, wie es Simon Wiesenthal, der unter anderem Adolf Eichmann und andere untergetauchte Nazigrößen zu finden versuchte, nannte. Dazu gehörte vor allem, dass die Täter bestraft würden. Doch von Beginn an legte die Mehrheit den Ruf nach Gerechtigkeit als Vergeltungssucht aus. Die Angst vor Rache war so groß, dass der neue Chefarzt der Städtischen Frauenklinik Offenbach sofort wieder abgesetzt wurde: Einem jüdischen Arzt, dessen Familie ermordet wurde und der mit einem Rachegefühl antrete, könnten keine deutschen Frauen anvertraut werden, hielt ihm unter anderen der SPD-Oberbürgermeister entgegen.[66]

War was?

Doch so sehr sich die Opfer die Bestrafung der Täter auch wünschten, die Täter selbst setzten alles daran, einem Schuldspruch zu entgehen. Und bald unterstützte die Mehrheit der Bevölkerung dieses Anliegen. Die Schlussstrichdebatte begann nicht erst mit Ernst Nolte oder Martin Walser. Sie fing schon bald nach dem Völkermord an. Letztendlich führte die »Generalamnesie zur Generalamnestie«, wie es der Autor und Filmemacher Georg Troller beschreibt.[67] Darum wird es heute nicht nur als antisemitisches Stereotyp angesehen, sondern ist für viele Juden unerträglich, wenn es in Kommentaren zu späten Prozessen gegen nationalsozialistische Täter heißt, dass eine Geste wie die der Auschwitzüberlebenden Kor »nicht in das Konzept der ewigen Schuld-und Sühneprediger« passe, dass es den Juden nur um Geld gehe[68] oder ihnen vorgeworfen wird, auch noch »150-Jährige gnadenlos verfolgen« zu wollen.[69] Warum eigentlich sollten Opfer und deren Nachkommen auf die Bestrafung der Täter verzichten? Auf die Bestrafung von Verbrechern, die ein freies Leben genossen haben, weil Politiker, Gerichte und letztendlich die Mehrheit der Gesellschaft jahrzehntelang verhindert haben, dass sie zur Rechenschaft gezogen werden? Mal ganz abgesehen davon, dass die Straftaten, die diesen Personen vorgeworfen werden, von Amts wegen verfolgt werden müssen.

Schon die anfängliche Zustimmung der Bevölkerung zum Nürnberger Prozess nahm schnell ab. In diesem Verfahren gegen die Hauptkriegsverbrecher wurden zwölf der Angeklagten zum Tod verurteilt. Hermann Göring, einer der einflussreichsten Politiker zwischen 1933 und 1945, nahm sich vorher das Leben. Die elf Folgeprozesse gegen an Kriegsverbrechen beteiligte Ärzte, Juristen oder Unternehmer sowie SS-Angehörige lehnte die Mehrheit bereits als »Siegerjustiz« ab. Nicht nur sich selbst, sondern auch die vor Gericht gestellten Verbrecher sahen die Deutschen nun als Opfer alliierter Willkür und Ungerechtigkeit. Sie protestierten gegen Todesurteile und setzten sich für die Begnadigung verurteilter Täter ein. Besonders deutlich ließ sich das im bayrischen Landsberg verfolgen, das die Amerikaner als Inhaftierungsort für die meisten der deutschen Kriegsverbrecher gewählt hatten. Wie der Historiker Thomas Alan Schwartz schreibt, gab der amerikanische Hochkommissar John McCloy dem Drängen Ende Januar 1951 letztlich nach und begnadigte 79 von den 89 Verurteilten, die Gnadengesuche eingereicht hatten.[70] Unter ihnen war der Industrielle Alfried Krupp, der wegen des Einsatzes von Zwangsarbeitern und Mitwirkung an der Ausbeutung deutscher Besatzungsgebiete verurteilt worden war. Krupps bisher beschlagnahmtes enormes Industrievermögen wurde zurückgegeben. Insgesamt hätten die Entscheidungen des Hohen Kommissars, die als eine Geste der Versöhnung gedacht gewesen seien, das Ende alliierter »Bestrafungspolitik« gegenüber Deutschland signalisiert, schreibt Schwartz. Viele Beobachter im In- und Ausland hätten darin eine Zurücknahme der Nürnberger Kriegsverbrecherprozesse gesehen.

Als dann die deutschen Gerichte wieder zuständig für Kriegsverbrechen waren, hatte sich bereits die Meinung durchgesetzt, dass die Verbrechen des »Dritten Reiches« genügend gesühnt seien. Wie Ingo Müller in seinem Standardwerk – und zumindest für angehende Juristen sollte diese Abrechnung mit dem Versagen der Nachkriegsjustiz und der fehlenden Entnazifizierung im deutschen Rechtswesen das sein –, wie er also in seinem Buch *Furchtbare Juristen* schreibt, forderte selbst ein sozialdemokratischer Abgeordneter, Schluss zu machen »mit jeder Diskriminierung von Deutschen auch vor dem Gesetz, Schluss mit der Rechtspraxis, deren Grundlagen von dem Willen zur Rache und zur Vergeltung diktiert worden sind«.[71] Andere verlangten, dass alle Kriegsverbrecher begnadigt werden müssten – wobei man darunter auch diejenigen fasste, die am Mord an den Juden beteiligt gewesen waren. Es sei begreiflich, meint Müller, »dass bei dieser öffentlichen Meinung die Justiz keine einzige der großen Mordaktionen der NS-Zeit in Angriff nahm.« 1949 habe es noch 1523 Verurteilungen gegeben, 1955 seien es ganze 21 gewesen.

Bald kamen die ersten Amnestien, und in den fünfziger Jahren etliche Urteilssprüche verschiedener Gerichte, in denen als Haupttäter und Urheber »Hitler und Himmler« und jeweils verschiedene andere NS-Größen eingestuft wurden, während diejenigen, die wehrlose Menschen direkt erhängt, erschossen oder »sonderbehandelt« hatten, als Gehilfen oder, noch weniger verständlich, »willenlose Werkzeuge« bezeichnet wurden. Durch ein sogenanntes Versehen des Gesetzgebers konnten diese Menschen bald gar nicht mehr verurteilt werden. Vermutlich aber war es eher ein Schachzug des Ministerialrats Eduard Dreher im Justizministerium, der dafür sorgte, dass fast sämtliche Mordtaten des »Dritten Reiches« ungesühnt blieben. Dreher – einer der zahllosen Juristen, die nahtlos von der Nazidiktatur in die Demokratie geglitten waren und dort zum Teil hohe Posten in der Justiz bekleideten – hatte das »Einführungsgesetz zum Gesetz über Ordnungswidrigkeiten« vorbereitet, das der Bundestag im Mai 1968 verabschiedete. Zu spät bemerkten die Abgeordneten, dass mit diesem Gesetz ein neuer Paragraf in das Strafgesetzbuch eingefügt worden war, der auch den Strafrahmen für Mordbeihilfe änderte, wenn bei dem Angeklagten bestimmte persönliche Motive fehlten. Diese neue Rechtssicht veränderte auch die Fristen für die Verjährung – mit der Folge, dass die Verbrechen dieser Nazis rückwirkend seit dem 8. Mai 1960 verjährt waren, da sie nur noch als Gehilfen galten. Und, wie Müller schreibt, »Gehilfen waren nach ständiger Rechtsprechung außer Hitler, Himmler und Heydrich fast alle«.[72]

Alter schützt vor Strafe nicht

Jahrzehntelang hielt sich der Bundesgerichtshof an diese vermeintlich unumgängliche Auslegung des Gesetzes, bis er den Kurs 2016 änderte und die Revision von Oskar Gröning, der als Wachmann in Auschwitz wegen Beihilfe zum Mord verurteilt worden war, ablehnte.[73] Der Grund dafür, dass heutzutage Greise wegen Mordes in den Nazijahren angeklagt werden, ist also, dass es erst seit ein paar Jahren die realistische Aussicht gibt, dass sie auch bestraft werden. Sie hätten also schon Jahrzehnte vorher ihre Freiheit verlieren können und sollen. Doch wenn heute Kommentare zu diesen Prozessen die Verfahren als Folge jüdischer Rachsucht darstellen, ist dies nicht nur sachlich falsch, sondern schlicht antisemitisch. 2012 ließ das Ministerium unter Leitung von Sabine Leutheusser-Schnarrenberger den Justizskandal um Dreher untersuchen. Die beauftragten Wissenschaftler konnten zwar nicht eindeutig nachweisen, dass der Jurist die »kalte Verjährung« bewusst geplant und vor den Politikern versteckt hatte. Doch Vieles sprach dafür, und bei seiner juristischen Brillanz – er war unter anderem Verfasser eines Standardkommentars für Strafrecht – könne man wohl ausschließen, dass ihm »ein solcher Lapsus« passiert sei, hieß es.[74]

Wenn es also in Westdeutschland auch 38 000 Verfahren wegen NS-Verbrechen gab, so waren die Strafzumessungen in den meisten Fällen doch unverhältnismäßig gering. Der Widerstand in der Bevölkerung, sich mit der nationalsozialistischen Zeit zu beschäftigen, war so ausgeprägt, dass selbst kritische Politiker Mühe hatten, dieses Thema anzusprechen, oder gar die Nicht-Auseinandersetzung mit der Schoah und die Gefahr des Antisemitismus zu thematisieren. In einer Rede, die er als Regierender Bürgermeister von Berlin 1960 hielt, sagte Willy Brandt, er bitte um Verständnis für sein Volk, das in den ersten Jahren nach dem Krieg gehungert habe und mehr an »ein paar Pfund Kartoffeln und Kohlen« interessiert gewesen sei als an den Kriegsverbrecherprozessen in Nürnberg. Ein Amerikaner deutsch-jüdischer Herkunft habe zu ihm gesagt, Menschen, die den Hunger überwinden und aufbauen sollten, könnten nicht ständig mit gesenkten Köpfen »wir sind schuldig« vor sich hinmurmeln. Statt einer Kollektivschuld, die es nicht gebe, müsse es eine Kollektivscham geben.[75] Die Prozesse gegen Naziverbrecher, angefangen 1959, hätten große Aufmerksamkeit erregt und die öffentliche Diskussion während der letzten beiden Jahre habe keine Zunahme nazistischer Gedanken gebracht. Bedenkt man, dass von Dezember 1959 bis Februar 1960 insgesamt 618 antisemitische Straftaten registriert wurden, scheint Brandt hier eher die Stimmung im Volk aufzugreifen, als sich mit der Realität auseinanderzusetzen.[76]

Wie wenig manche immer noch bereit waren, sich mit der Vergangenheit zu beschäftigen, zeigt der massive Widerstand gegen die Frankfurter Auschwitzprozesse ab 1963. Der hessische Generalstaatsanwalt Fritz Bauer, der die Verfahren maßgeblich vorantrieb, wurde als »jüdischer Verräter« und Vaterlandshasser dargestellt. Bis zu seinem Tod erreichten ihn tägliche Drohanrufe und -briefe. Er selbst schrieb in einem Essay: »Die Leute wehren sich doch nicht deswegen leidenschaftlich gegen die Prozesse, weil sie eine Ungerechtigkeit in ihnen sehen, sondern weil Frau Lieschen Müller und ihre Familie, weil die Herren von Industrie, Justiz usw. wissen, dass mit den 22 Angeklagten 22 Millionen auf der Anklagebank sitzen.«[77] Es war für jeden sichtbar, dass ihr Briefträger oder der nette Krankenpfleger vor 20 Jahren noch Kinder lebend ins Feuer geworfen haben konnten.

Doch Schuldbewusstsein zeigten selbst die Menschen nicht, die direkt an den Verbrechen beteiligt gewesen waren. In Frankfurt sagte auch einer der Fotografen aus, die die Vernichtung der ungarischen Juden dokumentiert hatten. Bernhard Walter, ein Stabsscharführer der SS, hatte mit seiner Frau und drei Kindern in der Nähe des Lagers gewohnt. Anlässlich des 75-jährigen Jahrestages der Befreiung zeigt das *ZDF* eine Dokumentation über ihn und über das letzte Jahr des Vernichtungslagers Auschwitz-Birkenau, eine Zeit, in der die Deutschen vor allem die Gemeinschaft ungarischer Juden ermordeten – innerhalb von acht Wochen erreichten 424 000 ungarische Juden das Lager, von Mai 1944 bis Mai 1945 wurden insgesamt 500 000 vergast, weitere 65 000 Menschen wurden durch Todesmärsche umgebracht oder bereits in Ungarn ermordet.[78] Während seiner Arbeit nimmt Walter nicht nur die Ankunft und Selektion der Juden auf, sondern auch gesellige Szenen des Lagerpersonals. Und immer wieder Menschen, von denen er weiß, dass sie den nächsten Tag nicht erleben werden. Eine der Überlebenden, Irina Weiss, erkennt auf einem Foto ihre Mutter mit den kleinen Brüdern – kurz nach Aufnahme des Fotos sind alle tot. Sie selbst gehörte zu den tausenden Frauen, die den Besitz der Toten sortieren mussten. Weiss sagt: »Fotos, Kochbücher, Schuhe, Brillen, Geschirr, Bücher. Wir konnten es nie schaffen, jeden Tag kam mehr, immer mehr. Wir konnten diese Berge nie kleiner machen.« Das Raubgut kommt nach Deutschland und wird dort verwertet.

Der Fotograf von Auschwitz fühlt sich für all das nicht verantwortlich. Er wird von einem Gericht in Krakau zu drei Jahren Haft verurteilt und geht nach Verbüßen der Haft zurück nach Fürth, wo er ein bürgerliches Leben führt. Als er 1964 in den Auschwitzprozessen in Frankfurt aussagt, leugnet er fast alles. Er habe vom Massenmord nichts mitbekommen, sagt Walter, und wolle das endlich hinter sich lassen. Er beklagt sich: Er habe in Krakau vor einem Volkstribunal gestanden, dachte, es sei vorbei, und dann nach neunzehn Jahren werde er immer noch dran erinnert, an dieses Auschwitz. Auch Mitschuld empfindet er nicht. »Ich selbst habe keine Menschen umgebracht, hatte eigentlich ein ruhiges Gewissen.« Was ihn tatsächlich belastet, ist sein eigenes Schicksal: »Die Bloßstellung in der Öffentlichkeit, dass man dort war, dass man auch zu dieser Gattung gehörte, das hat einen gewissen seelischen Druck auf mich ausgeübt.«[79]

Walter steht stellvertretend für die Wachmannschaften, Fotografen und anderen Hilfskräfte in den Konzentrations- und Vernichtungslagern, die nicht mit Fragen oder Erinnerungen belästigt werden wollten.»So etwas wie ein offenes Bekenntnis zur Reue haben wenige nach 1945 gezeigt. Die Mehrheit ist scheinbar nahtlos zurückgekehrt und hat sich relativ problemlos in die Nachkriegsgesellschaft eingefunden«, sagt der Historiker Stefan Hördler in der Dokumentation. Dies gilt für die überwältigende Mehrheit der Täter, die sich in den letzten Jahren verantworten mussten. Im Sommer 2021 berichten zwei Ermittler und zwei Anwälte, die auch die letzten NS-Täter vor Gericht bringen wollen, im Zeit-Magazin von der Reaktion der Beschuldigten.[80] In den beschriebenen Fällen geht es um Massaker, Massenerschießungen oder -verbrennungen von Menschen. In 25 Jahren habe nur ein Einziger der Vernommenen seine Schuld bekannt, sagt der am Gespräch beteiligte Staatsanwalt. Von den SS-Leuten, die in Auschwitz Dienst getan und überlebt haben, wird nur jeder Achte verurteilt, oft zu geringeren Strafen, als Gerichte heute für Steuerhinterziehung verhängen. 800 Verurteilte bei über einer Million ermordeter Menschen – und dennoch hinterfragen Menschen es, wenn die Täter heute vor Gericht gestellt werden. Seit wann schützt hohes Alter davor, Verantwortung für eigenes Handeln zu übernehmen?

Im Sozialismus sah es nicht anders aus

Besser waren die Verhältnisse auch in der späteren DDR nicht. Hier wurde in rund 15 000 Fällen angeklagt. Wie die Prozesse ausgingen, hatte allerdings weniger mit der Schuld der Angeklagten als mit ihrer Parteizugehörigkeit zu tun und mit ihrem Willen, sich politisch erkenntlich zu zeigen, indem sie sich zum Beispiel für die Staatssicherheit verpflichteten. Ohnehin ging es hier nicht um Verbrechen gegen die Juden, sondern um faschistische Taten generell.[81] Denn genauso wie der Nationalsozialismus war auch der Antisemitismus in der sozialistisch besetzten Zone (SBZ) mit Übernahme der Kontrolle durch die sowjetische Regierung scheinbar verschwunden. Schließlich war man nun antifaschistisch. Eine kleine Kostprobe davon bekam ich bei meiner Arbeit als Anwältin. Eine Mandantin hatte eine Auseinandersetzung wegen eines ihrer Tochterunternehmen. Um bestimmte Vorgänge zurückverfolgen zu können, durchforstete ich Unterlagen in einem Archiv in Dessau. In den Konzernpapieren, die auch nach zwei Diktaturen noch vollständig waren, fand sich die Korrespondenz eines hohen Angestellten mit einer Behörde. Jahrelang endeten die beidseitigen Schreiben mit »Heil Hitler«. Bis dieselben Männer nach dem Krieg zu »Mit sozialistischem Gruß« übergingen. Ohne viel Gewese waren die Nazis nun Sozialisten. Als Gegenleistung interessierte sich der neue Staat nicht für die Vergehen der Genossen in der nationalsozialistischen Zeit.[82]

Den Antisemitismus konnte man allerdings mit neuen Grußformeln nicht austreiben. Man sah auch keinen Anlass mehr dafür, weil es ihn per amtlicher Anordnung ja nicht mehr gab. Schließlich hatte man die Kapitalisten enteignet und somit »die Ursachen für Faschismus und Antisemitismus ›mit der Wurzel ausgerottet‹«, wie Thomas Haury schreibt.[83] Und wenn die überlebenden Juden, die sich in der DDR niederließen, nun eine Opferrente erhielten, wurde im Gegenzug von ihnen erwartet, dass sie sich assimilierten. Der Neuanfang, den die Partei in der sozialistisch besetzten Zone (SBZ) nach den nationalsozialistischen Verbrechen beschwor, bestand zum großen Teil darin, von nun an alle Bürger auf den Kommunismus einzuschwören. Interessant ist bei diesem Konstrukt, dass in der ersten Zeit nach dem Krieg kommunistische Politiker sehr wohl manchmal auf die Mitschuld des deutschen Volkes an dem Aufstieg und den Taten der Nazis hinwiesen, dem Mord an den Juden dabei aber keinen besonderen Stellenwert einräumten. Und es war umstritten, ob sie als Opfer des Faschismus anzuerkennen seien.[84]

Über 400 Juden flüchteten 1953, nachdem Säuberungsprozesse in Moskau und in Prag Ähnliches auch in der DDR erwarten ließen und zahlreiche jüdische Verwaltungsangestellte wegen ihrer Abstammung bereits von ihren Posten entlassen worden waren. Die SED begründete die Überprüfungen ihrer Akten und die Durchsuchungen von Räumen in jüdischen Gemeinden mit der »zionistischen Gefahr«. Wie sich Antisemitismus auch im wiedervereinigten Deutschland vom einzelnen Juden auf den »kollektiven Juden«, nämlich Israel, verlagern lässt, werden wir im nächsten Kapitel sehen.

Unnötig zu betonen, dass diese staatlich nicht nur tolerierte, sondern geforderte Verdrängung der antisemitischen Haltung, die letztendlich zur Schoah geführt hatte, jede Auseinandersetzung der Menschen mit dem Völkermord an den Juden verhinderte. Dass der Antisemitismus in Gestalt eines extremen Antizionismus nicht diskutiert wurde, versteht sich ebenfalls von selbst, schließlich spiegelte er die offizielle Linie der Partei. Die konsequente Leugnung jeden Judenhasses, auch wenn er offensichtlich war, sollte bis in die 1980er-Jahre andauern, als sich die ersten antisemitischen Neonazi-Gruppen im Osten bildeten und deren Treiben von offizieller Seite verharmlost wurde. Auch hier unterschied sich der Osten nicht vom Westen.

Man muss in der Familie anfangen

Der Unwille und das Unvermögen, auf einer persönlichen Ebene über die Judenverfolgung und den Judenhass dieser Zeit zu sprechen, hat sich auf die nächsten Generationen übertragen. Daran hat im Westen selbst die 68er-Generation nichts geändert. Genauso wenig wie die zahlreichen Initiativen, die ehemalige jüdische Stätten wiederherrichteten, die Begegnungen mit Juden organisierten oder Überlebende einluden. Die unmittelbare Betroffenheit, das Verhalten der Angehörigen bleibt unerforscht. Man verdrängt das Versagen in den eigenen Familien oder fragt nicht danach. Stattdessen verklären heute viele das Verhalten ihrer Eltern oder Großeltern. Eine bereits ältere, nichtsdestotrotz weiterhin hochinteressante Untersuchung beschäftigt sich mit der Frage, inwieweit Erzählungen innerhalb der Familie Einfluss darauf haben, wie in der Schule oder anderswo gelerntes Wissen verarbeitet wird. Kurz zusammengefasst lautet das Ergebnis: Im Laufe der Generationen verändern sich die Familiennarrative – wobei Abweichungen über die Jahre hinweg nicht ungewöhnlich sind, wie andere Studien (und das eigene Leben) auch in anderen Zusammenhängen bestätigen. Auffallend ist aber, dass sowohl Kinder als auch Enkel der Zeitzeugen das Bewusstsein einer

Täterschaft des Vaters/Großvaters oder der Mutter/Großmutter so schlecht auszuhalten scheinen, dass offensichtlich vollkommen umgeschrieben wird. So berichtet die Studie in zwei Dritteln der Fälle, dass die Befragten vor allem der dritten Generation Geschichten erzählen, in denen die Familienmitglieder Opfer oder Helfer sind. Nur die Minderheit sieht Täter. Wenn man dann noch weiß, dass sich die Forscher in der Studie ohnehin nur mit Familien beschäftigt haben, in denen zwischen den Generationen überhaupt über die Vorgänge gesprochen wurde, befremdet das Ergebnis umso mehr.[85]

Neuere Erkenntnisse einer Studie der Universität Bielefeld von 2020 zeigen, dass sich an der beschriebenen Haltung nicht viel geändert hat.[86] Danach finden viele Befragte es wichtig, etwas über den Nationalsozialismus zu wissen und geben an, über dieses Wissen selbst auch zu verfügen. Auf der anderen Seite sinkt die Bereitschaft, sich auch mit der Täterrolle der Deutschen auseinanderzusetzen, je näher die Erinnerung an den eigenen Ort oder gar die eigene Familie herankommt. So gaben in der »MEMO«-Studie ein Drittel der Befragten an, ihre Vorfahren hätten gefährdeten Menschen, vor allem Juden, geholfen. Nach Ansicht der Wissenschaftler dagegen hat es unter den nichtjüdischen Deutschen vielleicht 10 000 Personen gegeben, die andere gerettet haben. Das sind nicht einmal ein Prozent der damaligen Bevölkerung. Mit kritischer Reflexion haben solche Einschätzungen der eigenen Familie also nichts zu tun. Die aber tut not.[87]

Und sie ist schmerzhaft. Ungeklärte Fragen gibt es in fast jeder Familie. Ich selbst habe mir nie erklären können, warum mein Großvater mütterlicherseits Mitglied der NPD geworden war. Immerhin hatte er zwischen 1933 und 1945 loyal an der Seite seiner Frau gestanden, die sich und ihre Familie von allem fernhielt, was mit den Nationalsozialisten zu tun hatte. Meine Mutter starb, ohne dass ich sie fragen konnte. So beantwortete mir erst seine jüngste Tochter meine Frage. Die Antwort war verbunden mit einem für sie traumatischen Erlebnis. 1950 war ihr Vater heimlich der Reichspartei beigetreten, einer rechtsradikalen, antisemitischen Gruppierung, die später zur NPD wurde. »Wir hatten damals noch kein Auto«, erzählte sie, »und eines Morgens kam der Malermeister Sowieso aus dem Nachbarort und wollte Vater abholen. Mutter fragte ihn, wohin er fahre. Er antwortete nicht. Sie wusste aber, dass der Malermeister der Vorsitzende der Reichspartei war und fragte meinen Vater also, ob er mit ihm zu irgendeiner Veranstaltung gehe. Schließlich antwortete er, ja, er gehe zu einem Parteitag. Mutter fing an zu schreien. Ich hatte noch nie solche Schreie gehört. Sie verkrampfte sich vollkommen, fiel in sich zusammen und richtete sich dann wieder starr auf, und sie hörte nicht auf zu schreien. Ich war acht Jahre alt. Doch ich glaube, bis zum Tod werde ich diese Schreie und diese Qual nicht vergessen.«

Heute nehmen wir an, dass meine Großmutter einen Nervenzusammenbruch hatte. Die älteste Schwester meiner Tante holte eine Nachbarin. Sie legten meine Großmutter ins Bett. Stundenlang quälten sie Krämpfe und unkontrolliertes Weinen. Sie sprach nur noch wenig mit ihrem Mann und starb sechs Jahre später. Mein Großvater blieb bis zu seinem Tod Mitglied der NPD. Ich war zehn, als er starb, doch kann ich mich gut an die Diskussionen zwischen ihm und seinen Kindern erinnern. Über die Schande, die er über die Familie gebracht habe, die Scham, die sie empfänden. Warum war er in die Vorgängerpartei der NPD eingetreten? Blanker Antisemitismus, sagte meine Tante. Bis zu seinem Tod sei ihr Vater der festen Überzeugung gewesen, dass die Juden die Schande über Deutschland gebracht hätten und Schuld trügen an dem Unglück des Krieges und überhaupt der Welt. Es ist an den nichtjüdischen Deutschen, die Familiengeschichten auf der Täterseite zu erfragen und zu erzählen. Vielleicht lässt sich so zu einer echten, persönlichen Kultur der Erinnerung beitragen. Und damit auch dem Antisemitismus etwas entgegensetzen.

Zum Merken

Die Behauptung, Juden erwarteten von nichtjüdischen Bürgern, sich schuldig zu fühlen, ist falsch. Doch jeder Einzelne sollte sich im eigenen Interesse mit der Vergangenheit seines Landes auseinandersetzen, die historische und gesellschaftliche Verantwortung tragen und aus der Vergangenheit Lehren für die Zukunft ziehen. Darauf weisen auch Überlebende der Schoah zu Recht hin.

Öffentliche Mahnmale und »Wiedergutmachungsabkommen« ersetzen diese persönliche Auseinandersetzung nicht. Diese Aufarbeitung sind nur wenige angegangen. Und selbst Menschen, die sich mit der nationalsozialistischen Zeit auseinandersetzten, hatten für Juden nur wenig Empathie und Verständnis. Das galt sogar für bekannte Autoren der Nachkriegszeit.

Auch wenn der Antisemitismus nicht mehr mit dem Wunsch nach Vernichtung einherging, veränderte er sich nach 1945 kaum. Anschläge gegen Personen und Friedhofsschändungen nahmen schon ab 1948 wieder zu.

Die Abwehr der Schuld und Verantwortung hat einen Nachkriegsantisemitismus geschaffen, der nicht nur das Relativieren und Leugnen der Schuld beinhaltet, sondern auch deren Projektion auf die Juden. Forscher sprechen daher von einem Antisemitismus nicht trotz, sondern wegen Auschwitz. Dies ist letztlich eine moderne Variante der Täter-Opfer-Umkehr.

Tradierte Stereotype werden weiterhin benutzt, weil sich die grundlegende Einstellung zu Juden nicht verändert hat und Jahrhunderte alte antisemitische Phantasien weiterhin lebendig sind. So behauptet man heute, die Juden zögen Vorteile aus dem Holocaust. Vor Auschwitz äußerte man die gleichen Gedanken direkter, sprach von Parasiten und Volksschädlingen. Und die Unterstellung, Juden hegten besondere Rachegefühle, stammt aus der Vorstellung des jüdischen Gottes als Rachegott.

Die wenigsten Verantwortlichen für den Völkermord mussten ihre Taten wirklich büßen. Nur eine Minderheit wurde angeklagt, und viele der verurteilen Täter wurden bald wieder freigelassen. Dass sich heute manchmal sehr alte Helfer vor Gericht verantworten müssen, liegt daran, dass Gesetze und Justiz es verhindert haben, diese Menschen rechtzeitig zu belangen.

Auch in der von Russland besetzten Zone, der späteren DDR, ist der Massenmord an den Juden nicht aufgearbeitet worden. Im sozialistischen Staat wurden die Nationalsozialisten einfach zu Sozialisten. Sehr schnell entwickelte sich dazu ein starker Antizionismus, der sich auch direkt gegen die wenigen im Land verbliebenen Juden richtete.

Zusammenfassend kann man sagen, dass es scheint, als seien die Nazis in der Westzone nach 1945 urplötzlich zu Demokraten und die in der sozialistisch besetzten Zone zu Sozialisten geworden. Es lebe das Wunder der Mutation!

Zum Weiterlesen

Saul Friedländer, *Das Dritte Reich und die Juden. Die Jahre der Verfolgung 1933–1939*, C. H. Beck, 2007. Ein Klassiker.

Michael Brenner, *Nach dem Holocaust. Juden in Deutschland 1945–1950*, Verlag C. H. Beck, 1995. Beschreibt sehr gut die Zustände und die Atmosphäre in dieser Zeit.

Ingo Müller, *Furchtbare Juristen. Die unbewältigte Vergangenheit unserer Justiz*, Kindler Verlag 1987. Auch für Nichtjuristen eines der besten Bücher, um zu verstehen, wie sehr die Bundesrepublik sich auf frühere Nationalsozialisten stützte, um eine Demokratie aufzubauen. Kein Wunder, dass dies zu unerwünschten Konsequenzen führte.

Samuel Salzborn, *Kollektive Unschuld. Die Abwehr der Shoah im deutschen Erinnern*, Hentrich und Hentrich, 2020. Fasst den heutigen Stand der Wissenschaft zur nicht aufgearbeiteten Vergangenheit zusammen und ordnet Erkenntnisse gut und leicht lesbar ein.

3 »Gerade die Juden sollten es doch besser wissen.«

Israelkritik? Was ist das eigentlich?

Darf man Israel kritisieren? Bedenkt man, dass es kaum ein Land gibt, dessen Handeln weltweit so intensiv diskutiert und verurteilt wird, erscheint diese Frage merkwürdig. Zumal, da die schärfsten Kritiker im Land selbst leben. Es gibt hunderte großer und kleiner Bürgergruppen, die sich für oder gegen etwas einsetzen. Bürger marschieren auf den Straßen und protestieren, Juden und Araber oft miteinander. In der Knesset, dem Parlament, sitzen Abgeordnete, die kein gutes Haar an der Regierung lassen. Die Meinungsvielfalt spiegelt sich auch in der Heterogenität der Tageszeitungen. Wenn man regelmäßig die *Haaretz* liest, bekommt man ein extrem kritisches Bild des jüdischen Staates. Die Journalisten nahmen und nehmen nicht nur das aus ihrer Sicht oft nicht hinnehmbare Verhalten des früheren Premierministers Benjamin Netanjahu und der jetzigen Regierung unter die Lupe, sondern die Situation von Gruppen, die sie als sozial benachteiligt ansehen, wie die Araber oder die schwarzen Juden. Sie kritisieren die Politik in den Gebieten, über deren Zukunft noch nicht entschieden ist, genauso wie sie sich Waffenverträge, Kriegseinsätze oder Bewegungseinschränkungen vornehmen. Kurz, wie jedes gute Presseorgan lassen sie offizielle Stellen nicht ungeschoren davonkommen, sondern zerpflücken Stück für Stück deren Handeln. Oft stellt sich die Redaktion in politischen Disputen auf die Seite der Palästinenser. Und da *Haaretz* links der Mitte steht, kommen die konservativen Offiziellen nicht gut dabei weg. Über allem steht der Oberste Gerichtshof, der den Politikern immer wieder Grenzen setzt oder deren Verordnungen für ungültig erklärt.

In den verschiedenen Gremien der Vereinten Nationen, in den Vereinigten Staaten und stärker noch in Westeuropa, wird Israel kritisiert, angegriffen, angeklagt und schuldig gesprochen. Und Studien zeigen, dass die Medien sich mit kaum einem anderen Konflikt so intensiv beschäftigen wie mit der Auseinandersetzung zwischen Israelis und Palästinensern.[1] Dennoch suggerieren Nichtjuden gern, dass man Israel nicht kritisieren dürfe. In Leserforen wird diese Ansicht mit verschwörerischen Worten wie »Mal sehen, ob man sich traut, diesen Kommentar zu veröffentlichen.« angedeutet. Ähnlich interessant sind auch Hinweise darauf, dass jemand die in einem Schreiben dargelegte Meinung öffentlich nicht äußern dürfe, nachdem derselbe Mensch sie gerade auf etlichen Zeilen geäußert hat. Das prominenteste Beispiel dafür ist der verstorbene Literaturnobelpreisträger Günter Grass, der sich in einem, von ihm als Gedicht propagierten, 2012 weltweit veröffentlichten langen Kommentar fragt, warum er schweige, warum er dieses Land nicht beim Namen zu nennen vermöge.[2]

In ihrer Untersuchung zum Judenhass im Internet weist Monika Schwarz-Friesel auf die Ergebnisse einer Abfrage durch die Lexis-Nexis-Datenbank hin, die empirisch nachweise, dass die Behauptung, allen Kritikern Israels werde Antisemitismus vorgeworfen, schlicht und einfach falsch sei.[3] Wissenschaftler legen dar, dass das Behaupten dieses Kritiktabus trotz gegenteiliger Realität selbst schon das Stereotyp der mächtigen, den Ton bestimmenden Juden bediene und damit judenfeindlich sei.[4] Monika Schwarz-Friesel und Jehuda Reinharz, die in ihrem bereits zitierten umfangreichen, Jahre umspannenden Werk Briefe an den Zentralrat der Juden und die israelische Botschaft in Berlin ausgewertet haben, erkennen israelbezogenen Antisemitismus dann, »wenn es sich um antiisraelische Äußerungen handelt, die antisemitische Stereotype vermitteln und/oder Brachialverbalismen enthalten, die faktisch falsche Informationen vermitteln und/oder das Potenzial haben, eine judenfeindliche Stimmung zu erzeugen.«[5]

Redakteure wie auch Leser greifen in ihrer »Kritik« immer wieder zu antijüdischen Stereotypen, und zwar in einem Ausmaß, dass die bislang umfangreichste wissenschaftlich fundierte Studie, die den Judenhass im Internet untersucht hat, den israelbezogenen Antisemitismus »in allen Kommunikationsbereichen und auf allen Ebenen« als eine »vorherrschende Ausprägungsvariante von Judenhass« sieht, die geistig und emotional vom klassischen Antisemitismus beeinflusst werde.[6] Warum ist das so? Und, vor allem, warum ist es in der Bundesrepublik nicht anders? Kann es die Lehre aus der Schoah sein, mit Mahnmalen und Stolpersteinen die Trauer über tote Juden zu zeigen, und gleichzeitig den einzigen jüdischen Staat mit feindlichen Stereotypen zu brandmarken?

Der Jude unter den Nationen – Warum gerade Israel?

Diese Frage stellen Juden sich häufig. Bei all den Konflikten in der Welt – warum konzentriert sich das Interesse so häufig auf die Auseinandersetzung zwischen Israelis und Palästinensern? Auch Privatpersonen haben eine Begabung dafür, ein Gespräch mit einem Juden innerhalb kürzester Zeit auf dieses Thema hinauslaufen zu lassen. Zum Beispiel beim Gespräch mit dem Makler während eines Wohnungskaufs in Berlin. Nachdem man sich auf die Sanierung der Fenster und die Maklercourtage geeinigt hat, sagt er: »Wo ich Sie schon mal hier habe, was halten Sie eigentlich davon, was die Israelis mit den Palästinensern machen?« Oder eine Schulklasse in Norddeutschland, die etwas über das Leben der Juden lernen will. Eine kleinere Gruppe bittet mich um ein wenig Zeit. Ich freue mich, nehme an, sie wollen noch mehr wissen. »Was denkt ihr euch eigentlich dabei, wie ihr die Palästinenser behandelt?«, fragt der Wortführer stattdessen. Und ältere Menschen haben meinem Mann und mir nicht nur einmal gesagt, dass sie nicht mehr wirklich über den Holocaust nachdenken wollten, nachdem sie sähen, was die »Juden heute mit den Palästinensern machen«, oder, wie es ein Briefschreiber formulierte: »Ihr müsst euch nicht wundern, dass euch keiner mag.«

Solche Erfahrungen machen Juden in Deutschland täglich. In Studien gaben viele an, ihre Religionszugehörigkeit auch aus diesem Grund zu verschweigen.[7] Genau wie jüdische Schüler mehr als einmal erfahren mussten, dass der Nahostkonflikt selbst auf dem Schulhof ausgetragen wird.

Warum ist das so? Und warum werden das Land und der Zionismus an sich infrage gestellt, anstatt dass einzelne Handlungen oder Mitglieder einer Regierung kritisiert werden?

Ein permanenter Rechtfertigungsdruck

In einem Vortrag über die Entstehung der Unabhängigkeitserklärung Israels zitiert der Nahostexperte Martin Kramer den linksliberalen Politiker Mordechai Bentov, der sich in den Beratungen an einen Satz des späteren israelischen Präsidenten Chaim Weizmann erinnert: »Es ist unsere Tragödie, dass wir uns immerzu erklären müssen.«[8] Was Weizmann nur andeutete, beschrieb der israelische Kommunikationsexperte Ron Schleifer später ausführlich – dass sich nämlich die Notwendigkeit für die Juden, sich zu rechtfertigen und zu erklären, durch die gesamte jüdische Geschichte ziehe.[9] Es ist der Druck, anderen Menschen oder Nationen, die den Juden gegenüber feindlich oder auf unfaire Weise kritisch gegenüberstehen, das Judentum, jüdische Denkweisen und die Ethik und deren, wenn schon nicht Schönheit, so doch Legitimität, darzustellen und zu erklären. Warum? Weil den Juden über die Jahrhunderte mit Ablehnung, Verdacht, Zurückweisung und Verfolgung begegnet wird. So fängt der Rechtfertigungszwang bei Flavius Josephus an und geht über Moses Mendelssohn bis hin zu deutschen Rabbinern des 19. Jahrhunderts, egal ob orthodox oder Reformer. Im Hebräischen heißt Erklärung *Hasbara*, und dieser Begriff hat für Juden und besonders Israelis, wie wir sehen werden, eine wichtige Bedeutung. Im Fall der Staatsgründung besteht sie im Versuch, ein politisches Vorhaben in moralischen Kategorien zu erklären, zu begründen und zu rechtfertigen.

Dabei hatten viele Juden gehofft, mit der Gründung eines jüdischen Staates auch dem Antisemitismus etwas entgegensetzen zu können. So sagte Chaim Weizmann in einer Anhörung der britischen Kommission, die sich mit der Frage eines jüdischen Staates in Palästina beschäftigte, im November 1936: »Wir haben es geschafft, uns unsere Identität zu erhalten, doch diese Identität ist eine mit eigenen Charakteristika und unterscheidet sich von der anderer Nationen.« Nationen wie die deutsche oder französische hätten eine Sprache, Literatur und ein Land. Die Juden aber seien eine Minderheit, wo immer sie lebten. Nie stellten sie die Mehrheit. Sie seien teilweise genauso wie die anderen Bürger der Länder, in denen sie lebten, aber in anderer Hinsicht auch wieder nicht. Dieses beinahe geisterhafte Dazwischensein wecke Verdacht gegen sie, und Hass. Mit einem eigenen Staat, so sagt er, würde ihr Verhältnis zu anderen Ethnien und Nationen normaler werden. »Wir müssten nicht immer in der Defensive sein, oder andersherum, manchmal zu offensiv reagieren, wie es einer Minderheit passiert, die ständig in der Defensive ist.«[10] Dieselbe Hoffnung hatten Führer der frühen zionistischen Bewegung wie Leon Pinsker schon im 19. Jahrhundert geäußert. Er schrieb, dass das jüdische Volk nie frei sein werde, bevor es sich nicht von der »Psychose des Antisemitismus« befreit habe, die ihm in der Diaspora seit 2000 Jahren begegne.[11]

Im Mai 1948, als eine Gruppe von Politikern die letzte Version der Unabhängigkeitserklärung festklopfte, sah David Ben-Gurion die Erklärung, zumindest teilweise, als eine Übung in *Hasbara* an, wie Martin Kramer erläutert. Der Historiker zitiert Ben-Gurion, der einen Tag vor der Verkündigung des Textes sagt, »Dies muss ein Dokument sein, das eine fundierte, umfassende und grundlegende zionistische Hasbara beinhaltet, sowohl für die Juden – denn es gibt immer noch viele Zweifler – als auch für die Nichtjuden, die uns nicht hassen. Dies ist nicht der Platz für juristische Argumente – das Dokument muss politische Voraussetzungen darlegen.«[12]

Waren es bisher die Juden gewesen, die sich, seit es das jüdische Volk gibt, in jedem Land, in dem sie lebten, genötigt sahen, sich zu erklären, um jedenfalls geduldet zu sein, so war es bald der Staat Israel, der sich ohne Unterlass rechtfertigen musste. Offensichtlich hatten viele die negativen Attribute, die sie mit den Juden assoziierten, auf Israel übertragen. Und je stärker die offizielle Politik den offenen Antisemitismus verurteilte, umso stärker verlagerte sich das, was Menschen dennoch äußern wollten, auf den jüdischen Staat. Amos Oz wird über dieses Phänomen einmal sagen: »In den 1930er-Jahren sagten unsere Feinde: ›Juden ab nach Palästina‹. Jetzt sagen sie: ›Juden raus aus Palästina‹. Sie wollen uns nicht hier. Sie wollen uns nicht dort. Sie wollen nicht, dass wir sind.«[13]

Doch auch wenn Politiker wie Ben Gurion und Weizmann umsichtig agierten, weil sie neuen, nun gegen das noch fragile Staatsgebilde gerichteten Antisemitismus befürchteten, hätten sie wahrscheinlich in ihren schlimmsten Ängsten nicht vermutet, dass sechzig Jahre nach der Staatsgründung der jüdische Staat im Fokus der Antisemiten steht, dass im Jahr 2019 vierzig Prozent der Nachkommen der deutschen NS-Täter und -Mitläufer denken, dass Israel mit den Palästinensern dasselbe mache »wie die Nazis mit den Juden«.[14] Und dass »Brachialverbalismen«, wie Monika Schwarz-Friesel und Jehuda Reinharz diese Phrasen nennen, längst die Grenzen von legitimer Kritik an Israel überschritten haben und »judenfeindliches Gedankengut in die Mitte der Gesellschaft tragen«.[15] Dass also die Antipathie gegen den jüdischen Staat in Bürgertum und Akademikerkreisen genauso verbreitet ist wie bei bekennenden Antisemiten in links- und rechtsextremistischen Kreisen, für die Israel von Beginn an »eine ungeheure Provokation« dargestellt habe, wie die beiden Wissenschaftler schreiben. Kurz, dass »Israel zum Juden unter den Völkern« geworden ist, wie es Abe Foxman sagt, der frühere Chef der Anti-Defamation League, die seit Jahrzehnten den Menschenhass gegen verschiedenste Gruppen bekämpft.[16] Und noch weniger wären Israels Staatsgründer wohl auf die Idee gekommen, dass es heute oft progressive Juden sind, die den kleinen Staat in auffallend aggressiver Weise attackieren. Scharfsichtig und unaufgeregt erklärt der Politikwissenschaftler Joshua Muravchik, dass dies unvermeidlich gewesen sei, nachdem sich die progressive Linke seit dem Sechstagekrieg zunehmend gegen Israel positioniert habe, denn Juden hätten stets einen überproportionalen Teil der Linken ausgemacht.[17] Die richte ihre größte Empathie aber stets auf diejenigen, die sie als die Underdogs ausmache. Das hat nicht nur innerjüdische Implikationen, mit denen wir uns im letzten Kapitel beschäftigen werden, sondern eine starke Außenwirkung, da sich insbesondere in Deutschland Nichtjuden bevorzugt auf Juden als Kronzeugen gegen Israel berufen.

Der 3-D plus 1 Test

Wann aber wird aus legitimer Kritik illegitimer Hass? Natan Sharansky, neun Jahre lang politischer Gefangener im Gulag der Sowjetunion, nach seiner Ausreise Minister im israelischen Kabinett und wegen seines jahrelangen Kampfs gegen den kommunistischen Machtapparat einer der prominentesten sowjetischen Dissidenten und Menschenrechtskämpfer, hat den 3-D-Test entworfen. Danach lässt sich eine Kritik an Israel anhand dreier Kriterien auf ihren antisemitischen Gehalt hin überprüfen.[18]

Erstens: Dämonisierung

Wie Sharansky schreibt und wie wir in vorherigen Kapiteln gesehen haben, fanden und finden die Menschen immer einen Grund, die Juden zu verdammen, sei es wegen »Gottesmordes«, oder wegen Geldgier, Rachsucht oder anderer abstoßender Attribute, die ihnen kollektiv angedichtet wurden und werden. Daher ist es auch Antisemitismus, wenn Handlungen der israelischen Regierung so dargestellt werden, dass dabei alle normalen und gewöhnlichen Proportionen verloren gehen. So sieht man Superlative wie »die größte Gefahr für den Weltfrieden« besser mit Vorsicht an, genauso wie Fälle, in denen uralte antijüdische Bilder auf Israel projiziert werden, so der Begriff »Kindermörder«, ein Begriff, den man auf etlichen Demonstrationen in Deutschland hören konnte. Und ein weiterer Aspekt der Dämonisierung ist eben auch der Vergleich mit den Nationalsozialisten, wenn es um den Umgang der Israelis mit den Palästinensern geht.

Zweitens: Doppelte Standards

Dass die Vereinten Nationen israelische Aktionen verurteilen und Staaten wie Syrien, Iran, China oder den Sudan in Menschenrechtsberichten kaum erwähnen, sollte jedem neutralen Beobachter zeigen, dass etwas nicht stimmt. Im Jahr 2020 hat die UN-Generalversammlung 17 Resolutionen gegen Israel verabschiedet. Gegen andere Länder – Nordkorea, Iran, Syrien, Myanmar und die Krim – gab es im gesamten Jahr zusammen sechs Resolutionen. Diese surreale Einseitigkeit – und damit der doppelte Standard – habe nur ein Ziel, sagt Hillel Neuer, Chef der Beobachtergruppe UN Watch, nämlich den jüdischen Staat zu dämonisieren.[19] Gleiches gilt, wenn Otto und Anna Normalverbraucher ihren politisch kritischen Blick ausschließlich auf dieses Land richten. Wenn eingewandt wird, man habe eben andere Erwartungen an Israel als an Diktaturen, möchte man fragen, was dazu wohl ein junger homosexueller Iraner sagen würde, den seine Regierung gern an einem Baukran aufgehängt sähe. Und zum zweiten darauf hinweisen, dass Organisationen wie die UN gerade auch als Antwort auf das Verhalten undemokratischer Regierungen gegründet worden sind. Was im Übrigen auch für einige Menschenrechtsorganisationen gilt, die sich nun vor allem auf Israel fokussieren.[20] Wann immer Verhaltensweisen und Entscheidungen der israelischen Regierung mit einem anderen Blick angesehen werden als die anderer Länder, wird ein doppelter Standard angewendet. Und schon immer seien spezielle Gesetze für Juden oder das Beurteilen ihres Verhaltens anhand eines anderen Maßstabs ein eindeutiges Zeichen für Antisemitismus gewesen, schreibt der Menschenrechtler Sharansky. Das gelte heute genauso für Israel.

Drittens: Delegitimierung

Ein letztes Standbein für den Test, ob sich hinter Kritik in Wirklichkeit eine antijüdische Haltung versteckt, ist eine Haltung, die den Juden das Recht auf den eigenen Staat abspricht. Genauso antisemitisch wie die Daseinsberechtigung des jüdischen Volkes oder seiner Religion

infrage zu stellen, ist es, das Existenzrecht des jüdischen Staates anzu-
zweifeln. Dieser Delegitimierung ist kein anderes Land ausgesetzt,
wenn seine Politik kritisiert wird, wie die Anti-Defamation-League
(ADL) schreibt.[21] Damit werde eindeutig ein doppelter Standard verwendet. Jedes Volk hat das Recht, sicher in seinem eigenen Land zu
leben, wie Sharansky sagt, auch das jüdische. Er fügt hinzu, das gelte
besonders im Hinblick darauf, dass niemand auf die Idee käme, einen
der arabischen Staaten, die ebenfalls im 20. Jahrhundert in der Region
neu gegründet worden seien, infrage zu stellen.

Und ein neues Viertes: De-Realisierung

Das deutsche Bundesinnenministerium, dem das Amt des Antisemitismusbeauftragten angegliedert ist, hat die 3-D-Definition übernommen.[22] Monika Schwarz-Friesel und Jehuda Reinharz haben die
Kriterien durch die Hinzufügung eines *vierten D* konkretisiert, nämlich die De-Realisierung. Wenn Handlungen der israelischen Regierung verzerrt und in einer Weise dargestellt werden, die sich mit den
Geschehnissen in der Realität nicht decken, ist das ein Indiz für eine
antisemitische Haltung. Das trifft den beiden Wissenschaftlern zufolge beispielsweise zu, wenn jemand einseitig auf den Konflikt zwischen Israel und den Palästinensern schaut, wenn er unverhältnismäßige Vergleiche benutzt oder unangemessen übertreibt. Meist
führt eine solche de-realisierende Sichtweise zu einem der drei genannten Phänomene. Diese Menschen delegitimieren oder dämonisieren den jüdischen Staat oft oder legen einen vollkommen anderen
Maßstab an sein Handeln an als an das anderer Staaten oder seiner
Gegner.[23] Das Ministerium hat auch diesen Indikator angenommen.

Im Alltag überschneiden sich die Kriterien nicht selten oder lassen
sich gleichzeitig feststellen. Der Kommentar von Günter Grass im
Frühling 2012 zu einer deutschen U-Boot-Waffenlieferung an Israel,
das sich vom Iran bedroht sah – immerhin steht die Vernichtung des
jüdischen Staates auf der To-Do-Liste der Ajatollahs – war nach allen
von uns benannten 4-D-Kriterien antisemitisch. Seiner Auslegung
zufolge ist nicht der Iran, sondern Israel Verursacher der erkenn-

baren Gefahr, zudem gefährde es den Weltfrieden. Man hätte ihm damals zurufen mögen: »Geht es nicht eine Nummer kleiner?« Die meisten Leserkommentare allerdings unterstützten Grass' »Nundarf-ich-das-doch-trotz-der-jüdischen-Lobby-endlich-mal-sagen« Haltung.[24] Und auch Journalisten lobten Grass, dem man »danken« müsse, denn er habe etwas für alle Deutschen ausgesprochen, so Jakob Augstein im Spiegel.[25]

Keine Glanzleistungen der Vierten Gewalt

Gerade Journalisten haben in den vergangenen Jahren – wir waren darauf schon im ersten Kapitel eingegangen – eine nur schwach ausgeprägte Urteilskraft in Bezug auf judenfeindliche Stereotype gezeigt. So veröffentlichte die *Süddeutsche Zeitung* in den vergangenen Jahren mehrere Male antisemitische Karikaturen, ohne dass Redakteure, Ressortleiter oder Chefredaktion einschritten. Im Sommer 2013 rezensierte die Zeitung beispielsweise ein Buch des amerikanischen Autors Peter Beinart, der heute als Vertreter der Einstaatenlösung bekannt ist. Die Grafik zur Besprechung zeigt ein Monster mit zwei Hörnern auf dem Kopf und gezücktem Messer, dem eine bieder und harmlos aussehende Frau das Frühstück bringt. Darunter steht: »Deutschland serviert. Seit Jahrzehnten wird Israel, teils umsonst, mit Waffen versorgt. Israels Feinde halten das Land für einen gefräßigen Moloch. Peter Beinart beklagt, dass es dazu gekommen ist.« Zeichnung und Bildunterschrift zusammen ergeben einen eindeutigen antisemitischen Eindruck: Er ist derart dämonisierend, dass es einem ins Auge springt. Der Karikaturist selbst sagte, hätte er von der geplanten Veröffentlichung seiner Zeichnung in diesem Zusammenhang gewusst, hätte er nicht zugestimmt. Die Redaktion dagegen distanzierte sich von der Grafik nur, weil sie »zu Missverständnissen geführt« habe.

Noch erschreckender ist es vielleicht, wenn Wissenschaftler, die auf diesem Gebiet einmal viel geleistet haben, die Entwicklung des über Israel umgeleiteten Judenhasses nicht sehen wollen. »Fest steht leider, dass die Stimmung gegenüber Israel erodiert. Das ist aber nicht gleichbedeutend mit Antisemitismus«, sagt etwa der langjährige Leiter des Zentrums für Antisemitismusforschung, Wolfgang Benz.[26] Er sagt das in dem Sommer, in dem während des Gazakrieges auf deutschen Straßen »Hamas, Hamas, Juden ins Gas« gerufen wird, und Juden angegriffen werden, sobald sie als solche zu erkennen sind. Und in einem Sommer, in dem Monika Schwarz-Friesel bei einem Screening der Kommentare in deutschen Qualitätsmedien zu dem Gazakonflikt in 20 Prozent der Zuschriften antisemitische Äußerungen findet, fast die Hälfte davon klassische Stereotype.[27] Das bestätigt ihre Einschätzung, dass der israelbezogene Antisemitismus geistig und emotional vom klassischen Judenhass beeinflusst wird.

»Was wollt ihr im Nahen Osten?« Delegitimierung von Beginn an

Einige Zuschriften an den Zentralrat der Juden oder die israelische Botschaft, die Schwarz-Friesel und Reinharz in einer anderen Studie thematisieren, sind derart von offenem oder subtilem Hass gegen den jüdischen Staat (und Juden) erfüllt, dass es relativ einfach ist, in ihnen eine antisemitische Haltung zu erkennen.[28] Wie aber ist es mit Historikern oder Aktivisten, die unter dem Label der Freiheit der Wissenschaft unhaltbare Thesen aufstellen? Oder mit Sachentscheidungen internationaler Organisationen? Was bewegt beispielsweise die UNESCO, wenn die Erziehungs- und Wissenschaftsorganisation der Vereinten Nationen in einer Resolution jegliche jüdische Verbindung zu Jerusalem und zum Tempelberg bestreitet oder, wie es *Haaretz* nennt, »auslöscht«, indem sie sich allein auf die muslimische Verbindung zu dem Tempelberg bezieht und lediglich dessen arabische Bezeichnung erwähnt?[29] Oder wenn hochgebildete, linksliberale Freunde über den Angriffskrieg der arabischen Truppen gegen Israel nach dessen Staatsgründung im Jahr 1948 sagen: »Wenn jemand mir mein Land wegnähme, würde ich mich auch wehren«? In einem lesenswerten Beitrag setzt sich der Haaretz-Redakteur Uri Misgav damit auseinander, dass linke Kritiker Israels allzu gern die Augen

davor verschlössen, dass es eben die Araber waren, die diesen Angriffskrieg begannen und damit letztendlich die Ursache für die heutige Situation schufen.[30]

Wir werden in diesem Kapitel auf Ereignisse eingehen, die oft ignoriert werden, deren Kenntnis für ein Verstehen des Konflikts und
für dessen Beurteilung aber unerlässlich sind. Und wir werden sehen,
wie deren bewusste oder unbewusste Weglassung dazu dienen, antisemitische Äußerungen zu stützen. Bei allem beziehe ich mich auf
historische Tatsachen. Wie sich die hier beschriebene nichtjüdische
Wahrnehmung und Einschätzung Israels auf das Leben der Juden in
Deutschland auswirkt, sehen wir im fünften Kapitel.

Es wird erzählt, dass der damalige israelische Verteidigungsminister Moshe Dayan sich auf erschreckende Weise physisch veränderte, nachdem ihm im Jahr 1973 das Ausmaß der ägyptischen und
syrischen Angriffe auf Israel klar wurde. Sein Gesicht sei blass gewesen, die Hände hätten gezittert und er sprach wiederholt davon,
dass »der dritte Tempel in Gefahr« sei.[31] Die Syrer und Ägypter hatten
an Yom Kippur angegriffen, dem heiligsten Tag der Juden, den die
meisten in der Synagoge verbringen, betend und fastend. Arglos und
somit hilflos. Die scheinbar aussichtslose Lage erklärte die Verzwei-
lung des Ministers, der zuvor Warnungen vor möglichen Attacken
nicht ernst genug genommen hatte. Es ging um alles. Würden sie in
diesem Krieg unterliegen, das zeigt Dayans Wortwahl, wäre es nicht
nur eine Niederlage. Sie würden den Tempel, diesmal in Gestalt ihres
Landes, ein drittes Mal verlieren.

Solche Sätze, geäußert im kleinen Kreis, nicht auf Außenwirkung
bedacht, lassen das tiefe Gefühl der historischen Verbundenheit mit
dem Land erkennen. Etwas Ähnliches beschreibt Yossi Klein Halevi,
der sich in einem Buch an einen fiktiven palästinensischen Nachbarn
wendet, mit dem er Frieden schließen, ihm aber auch seine, eine jüdische Sicht der Dinge und Gefühle, vermitteln möchte.[32] Nachdem
die Israelis im Sechstagekrieg den Tempelberg mit der Westmauer
eingenommen haben, schreibt Klein Halevi, habe es keine Gesten des
Triumphes gegeben, sondern eine ungläubige Dankbarkeit, die sich
am besten in dem berühmten Foto ausdrücke, auf dem drei junge

Soldaten umschlungen an der Mauer stehen und hochblicken. Mit »Ehrfurcht« auf ihren Gesichtern, so schreibt der Autor, wie »nach einer langen Pilgerreise«.[33] Seit dem Unabhängigkeitskrieg 1948 hatten Juden nicht mehr an der Westmauer beten können, dem heute heiligsten Ort im Judentum. Der prominente amerikanische Rabbiner Meir Soloveichik weist darauf hin, dass der eigentlich heiligste Ort natürlich nicht die Mauer, sondern immer noch der Tempelberg selbst sei, wo es Bereiche gebe, die Juden seit dem aktiven Tempeldienst aus religiösen Gründen nicht betreten dürfen.[34]

Stures Leugnen von Fakten und Verleugnung jüdischer Heiligtümer

Auf dem Platz, an dem die Reste der letzten Tempelanlage stehen, treffen sich Menschen aus aller Welt. Die Mauer ist ein Teil der Außenwand, die den vor über 2000 Jahren von Herodes erbauten Tempel umgab. Zuvor hatte dort der erste, von Salomon errichtete jüdische Tempel gestanden, bis die Chaldäer 587 vor unserer Zeitrechnung Jerusalem eroberten, Priester, wohlhabende Bürger und Handwerker in ihre Hauptstadt Babylon deportierten und den Tempel zerstörten. Schon fünfzig Jahre später konnten die Juden zurückkehren und einen neuen Tempel bauen. Über die nächsten Jahrhunderte blühten Religion und Kultur. Mit den Gelehrten in Babylon, wo unter dem neuen persischen König nicht wenige Juden zurückgeblieben waren, entwickelte sich ein lebendiger Dialog. Doch Zentrum waren und blieben Jerusalem und der Tempel. Im Jahr 70 plünderten und verwüsteten ihn die Römer. Zeugnis von ihrem Raubzug legt ein Relief auf dem Titusbogen im Forum Romanum ab, das die Soldaten mit ihrer Beute darstellt, unter anderem einer Menora. Beim Besuch 2008 stand daneben der Satz: »Am Ysrael chai! – Das jüdische Volk lebt!« Auch heute beziehen Juden diese Geschehnisse auf sich und ihren Glauben. Jedes Jahr, an Tischa b'Av, dem neunten Av des jüdischen Jahres, dem Tag der Zerstörung, fasten und trauern religiöse Juden weltweit, und beklagen den Verlust der beiden Tempel. Sie sitzen an diesem Tag barfuß in der Synagoge und lesen Klagelieder.

Dutzende archäologische und andere wissenschaftliche Untersuchungen bestätigen, dass der jüdische Tempel auf dem Tempelberg stand. Als die muslimische Aufsichtsbehörde Waqf, der die Israelis nach dem Sechstagekrieg die Aufsicht für den Tempelberg weiterhin überlassen hatten, im Jahr 1999 einen riesigen Notausgang für eine von ihnen neu errichtete Moschee auf dem Tempelberg baute und Bulldozer dafür eine 40 Meter lange und zwölf Meter tiefe Grube freischaufelten, wurden israelische Archäologen viel zu spät darauf aufmerksam. Während die Waqf ihnen direkte Grabungen des Tempelgeländes stets untersagt hatte, weil sie den Felsendom und die Al-Aqsa-Moschee beschädigen könnten, hatte sie nun selbst hunderte Lastwagen Schutt und Steine in ein Tal schütten lassen. Allein in dieser nicht fachmännisch gewonnenen Erde, deren Untersuchung 2004 genehmigt wurde, fanden die Forscher im Laufe der Jahre etliche Belege für jüdisches Leben, unter anderem Münzen aus der Zeit beider Tempel und das Siegel eines Tempelbeamten. Eine Münze aus dem Jahr 70, in dem Israel noch mit den Römern kämpfte, trägt die hebräische Inschrift »Freiheit für Zion«.[35] Aus frühen Ausgrabungen sind Inschriften in Steinen erhalten, mit Warnungen für Nichtjuden darauf, das Innere des Tempelplatzes nicht zu betreten. Bereits 1968 gruben Forscher den Wegweiser »Zum Trompetenplatz« aus. Man weiß von dem Historiker Flavius Josephus, dass zum Schabbat an allen vier Enden des riesigen Tempelplatzes Trompetenbläser Beginn und Ende des Ruhetags ankündigten. Es gibt einen Stempel, der genauso aussieht wie diejenigen, die der Talmud beschreibt, und mit denen den Juden bescheinigt wurde, dass ihre Opfer für den Tempel rituell rein waren. »Sauber für G'tt« lautet die aramäische Inschrift. Bei einer der unzähligen Mikwen, die das Areal umgeben, haben Archäologen das vollständige Bewässerungssystem mit ausgegraben. Die Mitarbeiter der Waqf lehnen Rückschlüsse aus diesen Funden auf die Existenz jüdischer Tempel dennoch als Propaganda ab. Jeder Stein sei muslimisch, sagt ein Sprecher.[36] Für die seriöse Archäologie ist die Frage nach einem Beweis für die Existenz der Tempel geklärt. Er komme sich »dämlich vor, das überhaupt noch zu kommentieren«, sagt Yuval Baruch, einer der führenden Archäologen Israels, dazu in einem *Haaretz*-Bericht, der ausführlich auf diverse Nachweise eingeht.[37]

Bis weit in das zwanzigste Jahrhundert hatte das die gesamte muslimische Welt ebenfalls so gesehen. Der *Haaretz*-Artikel zitiert den »Kurzen Führer zum Al-Haram-Al-Sharif«, wie Muslime den Tempelberg nennen. Diese Übersicht wurde 1925 vom Obersten Muslimischen Rat auf Englisch veröffentlicht. In ihr heißt es: »Der Ort gehört zu den ältesten in der Welt. Seine Heiligkeit lässt sich auf früheste Zeiten zurückführen. Es gibt keine Frage, dass an dieser Stelle der Tempel Salomons stand. So, wie der obere Platz auf dem Berg, dessen Existenz man möglicherweise 5000 Jahre zurückverfolgen kann, für die Juden heilig ist, heiligen ihn auch die Muslime als den Ort, an dem der Prophet Mohammed in den Himmel aufgefahren ist.«

Wenn nicht einmal hundert Jahre später Mitgliedsländer der Vereinten Nationen in UNESCO-Entscheidungen dieses wissenschaftlich fundierte Wissen ignorieren und den jüdischen Charakter selbst von solchen Orten negieren, die seit Jahrtausenden im Zentrum des Judentums stehen, ist das Antisemitismus. Nicht nur delegitimieren sie damit den jüdischen Staat. Zudem versagen solche internationalen Schritte dem jüdischen Volk die Wurzeln seiner Identität. Auch wenn die in erster Linie spirituell und religiös sein mögen, haben sie immer noch einen tiefen Einfluss auf jüdisches Denken und Handeln, in welchem Heimatland auch immer die Juden leben.

Zionismus kommt von Zion

Im Jahr 2009 setzte sich Rabbiner Leo Trepp in einem umfangreichen Aufsatz mit dem Verhältnis des Volkes Israel zu seinem Land und zu Gott auseinander.[38] Er hielt damit den Stimmen, die seit der Staatsgründung die Verbindung der Juden nicht nur mit dem Tempelberg, sondern dem Land Israel anzweifeln, jahrhundertealtes jüdisches Denken entgegen. Er analysiert die Struktur der jüdischen Gebete, Psalmen und etlicher Bibelstellen und zeigt, wie viele von ihnen sich durchgehend auf Israel, Zion und Jerusalem beziehen. Durch die Gebete, schreibt er, ziehe sich das jüdische Bewusstsein, dass »Eretz Jisrael – das Land – den Juden als Erbbesitz« zuerteilt worden sei. Dieses Wissen bilde »ein geistig-physisches Element im Judentum«. Dreimal am Tag beten religiöse Juden um die Rückkehr ins verlorene Land. Etliche Psalmen vermitteln die spirituelle Verbundenheit mit diesem Flecken Erde. Zum Abschluss des Seders am Pessachabend beten Juden weltweit »nächstes Jahr in Jerusalem«, und es gibt kaum eine Synagoge, die architektonisch nicht so ausgerichtet ist, dass die Gemeinde in diese Richtung betet. Der Berichterstatter für die Peel-Kommission, die 1937 eine Dokumentation über die Situation in Palästina für den englischen König anfertigt, schreibt, man könne das innige Verhältnis der Juden zu dem Land vielleicht am besten illustrieren, wenn man erzähle, dass »sie, wo immer sie auf der Welt sein mögen, für Regen beten, als seien sie in Israel.« Weiter heißt es, die Verbindung habe sich keineswegs nur spirituell geäußert. »Juden lebten immer oder fast immer in dem Land.«[39]

Auch wenn sich die Juden nach dem Fall des zweiten Tempels vorwiegend in der Diaspora einrichteten, blieb eine Minderheit in Israel. Jüdische Gemeinschaften siedelten im gesamten Nahen Osten und Nordafrika. Sie handelten mit Waren, bebauten Ländereien und kultivierten Pflanzen. In dem Landstrich, der heute Israel und die palästinensischen Gebiete umfasst, konzentrierte sich die jüdische Bevölkerung auf ihre historisch wichtigen Stätten. In der Nähe von Tiberias redigierten Gelehrte unter Aufsicht des berühmten Rabbiners Yehuda Ha-Nasi im zweiten Jahrhundert die Mischna, das Kernstück des Talmuds. Die Rabbiner, die in Babylonien, dem heutigen Irak, geblieben waren, ergänzten den ersten Teil mit eigenen Gedanken und Entscheidungen und schufen so den babylonischen Talmud. Natürlich waren ihre Kollegen in Palästina nicht weniger diskussionsfreudig: Im vierten Jahrhundert wurde der Jerusalemer Talmud fertiggestellt. Unentwegt trugen gelehrte Botschafter rabbinische Entscheidungen, Meinungen und Erkenntnisse in die Diasporagemeinschaften und umgekehrt. Die Juden blieben in Palästina, als sich Anfang des siebten Jahrhunderts in Mekka die neue Religion des Islam etablierte, die sich schnell im Nahen Osten verbreitete. Nachdem die Muslime Konversionen erzwungen und hunderte von Juden, die sich widersetzten, getötet hatten, sollte es allerdings Jahrzehnte dauern, bis jüdische Gemeinschaften verschiedene Abmachungen mit muslimischen Führern schließen konnten, die sie zwar Geld kosteten, aber auch einigermaßen schützten. Die Kreuzzügler dezimierten ihre Zahl noch einmal erheblich. Doch immer wieder gab es Neuankömmlinge aus Spanien und Osteuropa. 1204 beerdigten die Juden Maimonides, einen ihrer bis heute einflussreichsten Gelehrten in Tiberias. Den Schulchan Aruch, ein wichtiges Gesetzbuch und sozusagen das Nachschlag-Einmaleins der Gebote und Gebräuche für Juden, schrieb Joseph Karo im 16. Jahrhundert in Safed, das zu einer Hochburg des Lernens geworden war und eine eigene Druckerei betrieb.

Wer sich tiefgehender informieren möchte, kann zu dem brillant geschriebenen und, wie es der *Guardian* formuliert, »ungemein aufschlussreichen« Werk greifen, in dem der britische Historiker Simon Schama die Geschichte der Juden erzählt, angefangen 1500 Jahre vor dem Christentum bis hin zum Jahr 1900.[40] Um eine schnelle und profunde Information über Menschen, Land und Religion zu bekommen, gehört das Standardwerk von Leo Trepp immer noch zur besten Wahl. Und ich schreibe das, nicht weil, sondern obgleich es um meinen Mann geht.[41] Die BBC hat aus dem Buch von Simon Schama eine Dokumentation erstellt, die es auch auf Deutsch gibt. Die DVD ist für Privatpersonen und Lehrzwecke sehr zu empfehlen. Beide Filme zusammen dauern insgesamt fünf Stunden, aber man kann leicht einzelne Segmente herausnehmen und besprechen.[42] Traurig, aber notwendig zu erwähnen, ist, dass sich unter dem Trailer des Films sofort hasserfüllte Kommentare aus verschiedenen Richtungen fanden.

Wenn auch die Zahlen zunächst gering gewesen seien und es 1842 in Palästina vielleicht nur 12 000 Juden gegeben habe, könne man die Bedeutung ihrer Anwesenheit für die Diasporajuden nicht hoch genug einschätzen, heißt es in dem Peel-Bericht. Besonders die oft verfolgten Gemeinschaften in Osteuropa seien glücklich gewesen, dass ein kleiner Teil ihres Volkes einen Fuß in der Tür hielt, für den Tag, an dem der Messias kommen werde. »Arme und sonst ungebildete Juden in den Gettos Osteuropas fühlten sich repräsentiert.« Man kann es als Ironie bezeichnen, dass den Enkelkindern dieser besitzlosen, von Pogromen bedrohten Ostjuden heute vorgeworfen wird, als Kolonialisten nach Palästina gekommen zu sein.

Es gibt nur eine Heimstätte – Uganda ist es nicht

Betrachtet man die Fotos und Berichte im kleinen Yifat Museum im Jezreel-Tal, die die Geschichte der ersten Kibbuzniks in der nordisraelischen Gegend zwischen Tiberias und dem Mittelmeer erzählen, kommt einem so gar nicht das Bild von Kolonialisten in den Sinn. Von der offenen Scheune, in der die Trecker der Pioniere stehen, erstreckt sich der Blick auf die weite grüne Ebene, mit Baumgruppen und Weizen- und Gemüsefeldern. Das Tal gilt als einer der »Brotkörbe« Israels. Um es fruchtbar zu machen, gaben dutzende europäische junge Juden allein in diesem Kibbuz ihr Leben. Schon vor der zionistischen Bewegung begannen palästinensische Juden mit der Unterstützung wohlhabender Gönner, neue Gemeinschaften in dem Land zu etablieren, mit Häusern und Produktionsstätten, die Arbeit schufen. Immer noch gilt der britische Geschäftsmann und Banker Moses Montefiore als eine Art Vaterfigur für die vorzionistische Zeit. Von 1855 an schuf er neue Ansiedlungen und steckte viel Geld in die Verbesserung der Erziehung und des Gesundheitssystems. Während im Jahr 1800 rund 7000 palästinensische Juden in dem Gebiet lebten, das die Vereinten Nationen später zwischen ihnen und den Arabern teilen sollten, waren es 1882 schon 24000 und zu Beginn des Ersten Weltkriegs 94000. Diese Zahl hatte sich 1931 auf 175000 vervielfacht und ein Jahr vor der Staatsgründung Israels auf 630000.[43]

Bereits 1862 veröffentlichte Moses Hess *Rom und Jerusalem*, sein aus sozialistischer Sicht geschriebenes Buch über die Notwendigkeit eines eigenen Staates.[44] Als drei Jahrzehnte später Theodor Herzl sein Buch *Der Judenstaat* publizierte und für 1897 den ersten Zionistenkongress einberief, hatte er bei Weitem nicht alle Juden in Deutschland und Österreich auf seiner Seite. Die Religiösen lehnten Pläne für einen Staat kategorisch ab, weil man für die Ankunft des Messias und somit die Rückkehr nach Zion nur beten, aber nichts unternehmen dürfe. Und die säkularen oder nur mäßig religiösen Juden hatten Angst, dass eine solche Bewegung als Affront gegen ihre jeweiligen Heimatländer gesehen werden und sie in einem unpatriotischen Licht erscheinen lassen könnte. In Osteuropa konnte man sich den Luxus solcher Befindlichkeiten nicht leisten. In Westeuropa beschränkte sich der Antisemitismus auf sozialen Ausschluss und gesellschaftliche Ablehnung oder Ächtung, Vandalismus und körperliche Angriffe. Man lebte damit. In Russland und Polen dagegen starben Menschen.

1903 ermordeten die nichtjüdischen Bürger in Kischinew 49 Juden und verletzten hunderte Männer, Frauen und Kinder so schwer, dass sie für immer gezeichnet sein würden. An der Jagd beteiligten sich Notare genauso wie Priester, nicht ein Polizist habe eingegriffen, um die Opfer zu schützen, die vom Mob »erstochen oder geköpft« und denen »bei lebendigem Leib die Zungen herausgerissen« wurden, wie ein Augenzeuge an einen Freund in Odessa schrieb, der den Brief der *New York Times* kabelte.[45] Die unbeschreiblichen Grausamkeiten dieses Pogroms, eines von 600 in wenigen Jahren, brachten Herzl dazu, auf dem sechsten Zionistenkongress in dem selben Jahr vorzuschlagen, den jüdischen Staat in Uganda zu errichten. Das war ihm von den Briten angetragen worden, die wenig Aussichten in Palästina sahen. Die Empörung war riesig. Zwei Jahre später entschied der Kongress ein für alle Mal, dass es eine jüdische Heimstätte nur in Palästina geben könne.[46]

Kolonialisten sehen anders aus

Wirkliche politische Fortschritte machte der Plan aber erst, als nach dem Ersten Weltkrieg die Briten die Kontrolle über die Region übernahmen, die zuvor jahrhundertelang von den Türken beherrscht worden war. Zu der Zeit hatten die Juden, die seit Generationen in Städten wie Jerusalem lebten, und Neuankömmlinge vor allem aus Russland und Polen mithilfe von Privatleuten wie Montefiori und zionistischen Organisationen wie den Jewish National Fund (JNF) bereits Grundflächen erworben. Von Beginn an habe die Zionistische Bewegung vorgehabt, Palästina »käuflich zu erwerben«, schreibt Tom Segev, einer der sogenannten linken »Neuen Historiker«, die einige Narrative der Staatsgründung kritisch infrage stellten und änderten.[47] Der JNF hatte sich eigens gegründet, »um mit Spenden des jüdischen Volkes Land für das Volk zu erwerben«, wie der Autor es formuliert. Das Gebiet war zu der Zeit dünn besiedelt, viele Böden lagen brach. Es gibt mehrere Dokumente ab 1882, der Zeit also, als die ersten 25 000 nicht-palästinensischen Juden in das Land kamen. Sie orientieren sich an Darstellungen von Augenzeugen, die erstaunt bis fassungslos berichten, wie leer das Land sei und wie viele Dörfer verlassen dalägen, weil Malaria, skrupellose Verpächter und gewalttätige Beduinenclans die Bewohner vertrieben hatten.[48] Mark Twain berichtet 1867 von einer Reise, auf der sie tagelang keine lebende Seele gesehen hätten. Die Böden wurden von Fellachen bearbeitet, einfachen Bauern, die kaum ein Auskommen hatten. Die Eigentümer, in den meisten Fällen arabische Großgrundbesitzer, lebten längst in Städten wie Damaskus und waren gern bereit, Flächen zu verkaufen. So sah zumindest die Praxis aus. Ideologisch allerdings hätten die Araber »den jüdischen Landerwerb in Palästina von Anfang an abgelehnt«, wie Segev feststellt. Die »Marktkräfte« seien allerdings stärker gewesen. Schnell erkannte man zudem, wie wichtig den Juden der Landkauf war: Nicht nur zahlten sie hohe Preise für das Land (die Juden kauften so unwirtschaftlich, wie es sonst niemand auf der Welt tue, wie ein Araber dem Peel-Report zufolge sagt), zudem entschädigten sie die Fellachen, die das Land bisher beackert hatten, »mit beträchtlichen Summen, ohne rechtlich dazu verpflichtet zu sein«, heißt in einem Regierungsbericht.[49] Oft bekamen die Erwerber für ihr Geld nur brachliegende Flächen.

Kilometer um Kilometer breiteten sich in diesen Gegenden Sümpfe aus. Das Malaria-Fieber bedrohte alle, die das Land kultivieren wollten. In dem eingangs erwähnten Kibbuz im Jezreel-Tal starben etliche der jungen Menschen, die diese Aufgabe mit Begeisterung angefangen hatten. In einem anderen Kibbuz waren nach 20 Jahren die

Hälfte der 540 Pioniere gestorben, die 1890 dorthin gekommen waren.[50] Wie sehr die Zionisten auf das »verseuchte« Land[51] angewiesen und bereit waren, es trotz allem zu kaufen und zu beackern, zeigt der Vergleich einer Karte von 1920, die die am schwersten von Malaria betroffenen Regionen darstellt, mit einer Karte von 1947 mit der größten Dichte jüdischer Neuansiedlungen, die dann auch in etwa dem Teilungsplan der Vereinten Nationen entspricht. Die Karten sind fast deckungsgleich.[52] Die Vorwürfe der Araber, dass die Juden zu viel gutes Land bekommen hätten, seien nicht gerechtfertigt, schreiben die Verfasser des Peel-Berichts 1937: »Die meisten Flächen, auf denen heute Orangen gedeihen, waren brachliegende Sanddünen und Sümpfe, als die Juden sie kauften.«[53] Innerhalb weniger Jahrzehnte hatten sie das Land kultiviert, Wälder angebaut und Dörfer errichtet. Letztendlich, das betonten zionistische Führer immer wieder, sollte das allen Menschen in Palästina nutzen. Wenn es bald auch verschiedene Fraktionen innerhalb der Zionistischen Bewegung gab, die in Bezug auf das Verhältnis zu den Arabern und auf die allgemeinen Ziele unterschiedliche Haltungen entwickelten, verabschiedeten doch alle gemeinsam auf dem Zionistischen Kongress 1921 eine Resolution, in der es hieß: »Das jüdische Volk ist entschlossen, mit dem arabischen Volk in Harmonie und gegenseitigem Respekt zu leben und die gemeinsame Heimat zu einer blühenden Gemeinschaft zu machen.«[54]

Auch im arabischen Lager hatte es anfangs Stimmen gegeben, die Vorteile für ihre Gemeinschaft durch die Immigration von Juden sahen, doch sie wollten weder ein weiteres Wachsen der jüdischen Bevölkerung noch Juden, die an der Macht beteiligt waren. Unterdessen war die Zahl der nichtjüdischen Bewohner, die meisten von ihnen Muslime, stark angestiegen. Im Jahr 1880 war sie noch auf 250 000 bis 400 000 geschätzt worden, nach der Jahrhundertwende bereits auf 650 000. In Niederschriften aus der Zeit lässt sich die Vielfalt der Kulturen ablesen – unter ihnen Türken, Griechen, Algerier, Bosnier –; seit Generationen hatte sich die Bevölkerung ständig verändert. Um 1911 konnte man in Palästina 50 verschiedene Sprachen hören.[55] Besonders in den ersten Jahren hatten vor allem die zahlreichen Unternehmungen der Juden Zigtausende von Arabern nach Palästina gebracht, denn dort erhielten sie wesentlich höhere Löhne und profitierten von einem Gesundheitssystem, das von Jahr zu Jahr effizienter arbeitete.

Pogrome gegen die jüdischen Nachbarn

Die Resolution der Zionisten von 1921 stieß nicht auf Gegenliebe. In demselben Jahr ermordete ein arabischer Mob in Jaffa 47 Juden und verletzte 146, etliche schwer. Es habe zudem eine »Orgie von Plünderungen« gegeben, zitiert Tom Segev aus dem Bericht der Untersuchungskommission.[56] Die Federn von Bettdecken bedeckten die engen Gassen. Das kannten die Juden von den Pogromen in Russland, und auch die beschriebenen Grausamkeiten ähnelten den russischen. Seit 1886 hatten Araber jüdische Siedlungen attackiert. Dass sich die Angriffe nun mehrten, zeige den wachsenden Hass gegen die Juden, schreibt Benny Morris.[57] Als das traumatischste Erlebnis bezeichnet der Historiker das Pogrom von 1929 in Hebron, bei dem arabische Nachbarn und Besucher aus Nachbardörfern 66 ultraorthodoxe Juden – die keine Zionisten waren – abschlachteten und eine jahrhundertealte Gemeinschaft zerstörten. Man könne die Gewaltausbrüche nicht wirklich als Reaktion auf die jüdische Immigration sehen, heißt es im Bericht der Peel-Kommission. Zum einen hätten die Araber insgesamt sehr von dieser profitiert, obgleich die Verbesserung der wirtschaftlichen Situation nicht zu einer Akzeptanz der Juden, sondern zum Gegenteil geführt habe, und zum zweiten seien die Angriffe 1920 und 1921 in eine Zeit gefallen, in der die Einwanderung stark nachgelassen habe.

Die Briten mussten einen Spagat machen, den sie selbst zu verantworten hatten. Obgleich sie mit der Balfour-Erklärung 1917 zum ersten Mal die Ziele des Zionismus, und damit das Recht auf eine jüdische Heimstätte in Palästina, offiziell anerkannten, hatten sie auch den Arabern nationale Eigenständigkeit versprochen, wenn sie im Ersten Weltkrieg auf der englischen Seite stehen würden. Mittlerweile war allen Beteiligten klar, dass die Araber eine jüdisch kontrollierte Region in Palästina nicht dulden würden, egal, auf wie viel Land. Wobei die Briten einen großen Teil des Gebietes, das es zum Zeitpunkt der Balfour-Erklärung als potentiellen jüdischen Staat gab, seit 1922 ohnehin schon allein den Arabern zugesprochen hatten. Dieser Teil, Transjordanien auf der östlichen Seite des Flusses Jordan, hatte eine jahrtausendealte jüdische Geschichte, war knapp bevölkert, und die Zionisten hatten gehofft, ihn kultivieren zu können. Doch die Briten, die von der Liga der Nationen 1922 offiziell als Mandatsmacht für Palästina eingesetzt worden waren, fühlten sich den Arabern verpflichtet. Und die drangen auf schnellste Umsetzung ihrer Unabhängigkeit.

Die Angriffe im Jahr 1929, darunter Hebron, hatte der Mufti von Jerusalem, Haj Amin al-Husseini, angeheizt. Die Massaker, neben Hebron auch in Safed und einem Kibbuz, schockierten den zuständigen Hochkommissar für Palästina bis ins Mark. »Ich glaube nicht, dass die Geschichte in den letzten zweihundert Jahren viele Schrecken gesehen hat, die schlimmer waren als diese«, schrieb er in sein Tagebuch.[58] So hatte es unter den insgesamt 135 Ermordeten auch geköpfte und zerhackte Babys gegeben. Doch verhindern konnte das britische Reich die Morde nicht. Und dem arabischen Aufstand, der im April 1936 begann, wussten sie ebenfalls wenig entgegenzusetzen. Die neuen, schweren Attacken, die sich gegen die Briten und Juden gleichermaßen richteten, führten zur Gründung der Kommission um Lord Peel, deren Berichte wir des Öfteren erwähnen.

Bereits in den 30er-Jahren hatten verschiedene Regierungskommissionen als einzige Lösung für die Spannungen vorgeschlagen, Palästina zu teilen. Auch die Peel-Kommission kam zu dieser Lösung, verwirklicht wurde sie jedoch nicht. Erst am 29. November verabschiedeten die Vereinten Nationen den offiziellen Teilungsplan. Insgesamt sprach der Plan den Juden 55 Prozent Palästinas zu, darunter den Teil des Landes, auf dem sie schon Fläche erworben hatten, daneben gehörten zu dem den Juden zugesprochenen Areal 70 Prozent staatliches Land – ein Großteil davon Wüste. Dennoch stimmten die Juden dem Plan sofort zu. Die Araber lehnten ihn ab. Als die Briten abzogen, am 14. Mai 1948, erklärten die Juden die Unabhängigkeit des Staates Israel.

Wenn man durch die zahlreichen Berichte geht und Bücher liest, die sich mit der Geschichte des jüdischen Staates beschäftigen, hinterlassen diese nicht nur Wissen, sondern auch viele Eindrücke und Gefühle zurück, unter anderen, dass hier ein kleines Volk, das auf dem Weg zum eigenen Staat sicherlich Fehler gemacht hat – obwohl die angesichts des Hasses und der Gleichgültigkeit, die ihm von allen Seiten entgegenschlugen, sogar nachzuvollziehen sind –, dass aber dieses Volk auf dem Weg dorthin in manchen Situationen bis zur Selbstverleugnung versucht hat, Empathie und Verständnis für andere Menschen und Gegner aufzubringen. Was einem in keiner Minute einfällt, ist der Begriff »kolonisieren«.

»Gemeinhin ist Kolonialismus definiert als Politik und Praxis einer imperialen Macht, die sich die Kontrolle über ein anderes Land aneignet, um es mit seinen Leuten zu besetzen und wirtschaftlich auszubeuten«, schreibt der Historiker Benny Morris. Gemessen an jedem objektiven Maßstab treffe diese Definition auf den Zionismus nicht zu. Die Juden seien an einen Ort zurückgekommen, den sie einst beherrscht und bevölkert hätten. Zu keiner Zeit hätten ihre Ansiedlungen dem Zweck gedient, »einem imperialistischen Mutterland politisch und strategisch zu helfen oder das andere Land in seinem Dienst wirtschaftlich auszubeuten«. Die Juden seien sich bewusst gewesen, dass es in dem Land keinerlei natürliche Ressourcen gab.[59]

Wider besseres Wissen. Warum BDS antisemitisch ist

Erst einmal: BDS (BDS steht für Boycott, Divestment und Sanctions) ist eine hochorganisierte Bewegung, die eine professionelle Medien- und Lobbyarbeit leistet. Sie hat es geschafft, Gewerkschaften hinter sich zu versammeln – Kirchenvertreter wie Desmond Tutu, Künstler wie den Pink Floyd-Musiker Roger Waters oder weltbekannte Aktivisten und Intellektuelle wie Angela Davis. Ein solcher Erfolg ist immer mit einer Geschichte verbunden. Werbeanalysten nennen das *Brand Storytelling*. Das Problem ist, dass politische Konflikte extrem komplex sind. Man braucht Zeit, um den israelisch-palästinensischen

Konflikt zu durchdringen. Mit BDS braucht man die nicht, denn die Website und die gesamte Organisation reduzieren die Nahostgeschichte auf zwei Nenner: Täter und Opfer. Um die Opfer – aus dieser Sicht die Palästinenser – zu befreien, soll der Staat Israel von allen Seiten in die Knie gezwungen werden. Das soll passieren durch den Boykott israelischer Firmen und kultureller sowie öffentlicher Institutionen – darunter Universitäten und Forschungsinstitute. Unternehmen und öffentliche Einrichtungen anderer Länder sollen nicht investieren oder sich wirtschaftlich in dem Staat engagieren. Tun sie es, werden auch sie boykottiert. Und drittens soll es Sanktionen gegen Israel geben. Zwei der wesentlichen Vorwürfe, mit denen die Kampagne operiert, sind Kolonialismus und Apartheid. Die Besucherin der Website kann sich durchklicken durch dieses Narrativ. Die Seite ist gut gemacht.[60] Das Problem ist nur, dass fast alles, was geschrieben wird, dem Faktencheck von Historikern nicht standhält. So gehen die Verfasser davon aus, dass Israel 1948 gegründet wurde durch die »brutale Vertreibung von fast 800 000 Palästinensern«. Die zionistische Bewegung habe ihre »Pläne der ethnischen Säuberung« verwirklicht, »auch bekannt als al-Nakba, die Katastrophe«.

Historisch betrachtet ist das falsch. Ja, arabische Palästinenser haben ihre Häuser und Dörfer verlassen. Das UN-Flüchtlingswerk UNRWA, das eigens für Palästinenser gegründet wurde und nur für sie zuständig ist – alle anderen Flüchtlinge werden von der UNHCR betreut –, geht davon aus, dass es 1950 rund 750 000 Flüchtlinge gab. Für deren Flucht allerdings gab es nie einen politischen Plan, und nie war eine Vertreibungspolitik die offizielle zionistische Haltung. Nach Durchsicht der offiziellen Dokumente könne man nicht zu einer anderen Schlussfolgerung kommen, schreibt der Historiker Benny Morris, von dem man nicht gerade behaupten kann, dass er ein Liebling der Zionisten sei: Sie haben ihn als extrem links eingestuft und nach der Veröffentlichung seines ersten Buchs über die Entstehung des Flüchtlingsproblems heftig angegriffen. Morris hatte anhand öffentlich zugänglicher vor allem israelischer und britischer Militär-Dokumente untersucht, was nach dem Teilungsplan 1947 zwischen Juden und Arabern passiert war.[61] Und war zu dem Schluss ge-

kommen, dass die Araber auch aus Angst vor den jüdischen Briga-
den geflohen waren und nicht nur, wie es bis dahin das zionistische
Narrativ war, weil die arabischen Militärs es ihnen befohlen oder geraten hatten.

In der überarbeiteten Fassung des Buches bleibt Morris bei dieser
These und macht auch die Verantwortung der Führer der Hagana,
der Vorgängerin des israelischen Militärs, deutlich. Doch genauso
klar bleibt er dabei, dass es keine offizielle Politik der Vertreibung
gab. Zwar habe es diese Gedanken immer wieder gegeben, schon bei
Herzl und anderen Vätern des Zionismus, was in den 20er- und 30er-
Jahren allerdings nichts Ungewöhnliches war. Zum einen hätten sich
die Araber in Palästina selbst als »südsyrische Araber« gesehen und
seien so gesehen worden. Von daher sei ein Transfer beispielsweise
von Hebron nach Transjordanien oder Syrien nichts gewesen, was
man mit »einem Exil aus dem Heimatland« beschreiben würde. Zum
zweiten sei der Transfer von Menschen in andere Gebiete in diesen
Jahren häufiger vorgekommen und nicht als verwerflich angesehen
worden, führt Morris aus. Dennoch seien den Zionisten stets moralische Zweifel gekommen, wenn sie solche Ideen hatten. Ihre Skrupel
nahmen zu, nachdem die palästinensischen Araber ein nationales
Selbstverständnis entwickelt hatten. Lange habe man geglaubt und
gehofft, einfach in Frieden mit ihnen leben zu können.[62]

Unter Dauerbeschuss

Doch gleich nachdem die UN den Teilungsplan verkündet hatte,
machten die arabischen Staaten klar, dass sie eine jüdische Regierung
auch in einem kleinen Teil Palästinas nicht akzeptieren würden. Die
Arabische Liga bereitete sich militärisch vor. Und schon 1947 diskutierten ihre Mitgliedstaaten verschiedene Boykotte. Unter anderem sollten Staaten, die das zu gründende Israel unterstützten, keine
Öllieferungen mehr bekommen.[63] Vor diesem Hintergrund, so
schreibt der Historiker, müsse man auch die Vorkommnisse 1947 und
1948 sehen. »Der Jischuv [die jüdische Bevölkerung vor der Gründung Israels] stand in jeder Beziehung mit dem Rücken zur Wand.«

Die ununterbrochenen arabischen Überfälle auf Wagenkolonnen machten viele Straßen unpassierbar. Dazu muss man wissen, dass in dem künftigen jüdischen Teil 400 000 Araber lebten, auf zahlreiche Dörfer verteilt. Die Angriffe waren entsprechend leicht zu planen und durchzuführen. Kibbuzim standen unter Dauerbeschuss, und die Juden kämpften um ihr Leben. Der Angriff der arabischen Staaten auf den Staat, der noch nicht einmal gegründet war, konnte das Ende bedeuten.[64] Wenn es auch nur eine Chance für die Juden geben sollte, mit dem Angriff fertigzuwerden, den die Arabische Liga im Falle der Ausrufung eines jüdischen Staates bereits angekündigt hatte, mussten sie vorher die militanten Feinde im Inneren bekämpfen. »Erst in dieser Situation und vor diese Wahl gestellt, entwarfen die Führer der Haganah im frühen März 1948 den Plan Dalet«, schreibt Morris. Die Blaupause sah vor, die Dörfer und Städte zu befrieden, die als Basis von Anschlägen dienten, und nach Kenntnissen der Hagana, so Morris, seien das fast alle gewesen.

Da sich die feindlichen Milizen gut verteilt hatten und von den Bewohnern aktiv unterstützt wurden, habe man bei gewalttätigem Widerstand auch Vertreibung und Zerstörung der Dörfer als Möglichkeiten angesehen. »Doch niemand in der Armee verstand das als Freischein für Vertreibungen.« Und nichts in den Dokumenten deute darauf hin, dass es so gemeint gewesen sei. »Es war keine Anweisung zur Vertreibung.« Und einige der Kommandeure hätten trotz des Plans D ihre Männer aufgefordert, arabische Bewohner in Ruhe zu lassen. Es ist schmerzhaft, das Buch des Historikers zu lesen, weil es die Vorgänge deutlich benennt: Es hat auch auf jüdischer Seite Massaker gegeben. Penibel listet Morris auf, wann und wo Kämpfer der vorstaatlichen Hagana oder des extremeren Irgun und später auch einige Soldaten Zivilisten töteten, und wie viele.[65] Insgesamt könne man in der 14-monatigen Zeit des Krieges – der bis zur Gründung Israels ein Bürgerkrieg gewesen sei – von einer Zahl von 800 bis 900 ermordeten Zivilisten und Gefangenen ausgehen, wobei viele schon im ersten halben Jahr durch die Hände jüdischer militärischer Verbände gestorben seien, und von etwa 300 auf der arabischen Seite. Und er erklärt die Diskrepanz so: »Die Juden gewannen den Krieg und eroberten rund 400 arabische Dörfer. Die Araber dagegen nahmen nur wenige Kibbuzim oder Dörfer ein.« Doch ihre Gewalttaten seien nicht weniger brutal gewesen.

Morris lässt keinen Zweifel, was passiert wäre, wenn die Araber gewonnen hätten. »Sie hätten die Juden ausgelöscht. Dies war ein Jihad«, sagt er in einem Vortrag.[66] Und man dürfe den Antisemitismus vieler arabischer Führer nicht unterschätzen. Morris zufolge hätten sie klargemacht, dass es nicht um das Territorium ging, sondern vor allem um Religion, um einen Kampf gegen die Ungläubigen. »Das ist offensichtlich für jeden, der die Dokumente liest.« Insgesamt seien in mehreren Wellen rund 700 000 palästinensische Araber geflohen, hunderttausende davon als Binnenflüchtlinge in Gebiete von Palästina, hauptsächlich das Westjordanland und Gaza. In seinem zweiten, revidierten Buch, für das er neu freigegebene Unterlagen einsehen konnte, beschreibt Morris ausführlich, wie Unsicherheit und die Angst vor Massakern die Menschen dazu brachten zu fliehen, aber auch – in wesentlich mehr Fällen als zuvor angenommen – direkte Aufforderungen arabischer Militärs an die Bewohner, erst einmal das Feld zu räumen und wiederzukommen, wenn sie die Israelis bezwungen hätten.

Schon in den ersten Kriegsmonaten forderten Araber, in das Land zurückkehren zu dürfen, das im Mai 1948 Israel werden sollte. Die Mehrheit der zionistischen Führer wollte eine solche Entscheidung Benny Morris zufolge bis nach Kriegsende aufschieben. 1949 und 1950 verhärteten sich die Fronten. Die Mehrheit der Führung realisierte, dass man die geflohenen Araber gar nicht zurückkommen lassen könne, sagt Morris in seinem Vortrag. »Sie wären die fünfte Kolonne gewesen.« Sie hätten ihre Feindschaft gegenüber diesem Staat bereits gezeigt gehabt, indem sie ihn aktiv bekämpften oder die Milizen versteckten, die Juden angriffen. Zum anderen waren in den Kämpfen auch zahlreiche jüdische Häuser zerstört worden, die Familien waren geflohen und kamen nun zurück. Und zum dritten hatten schon im Herbst 1949 über 200 000 Immigranten das Land erreicht, die meisten aus Europa und aus arabischen Staaten, die begonnen hatten, alle Juden zu vertreiben. Man brachte sie in Notlagern unter, doch sie mussten irgendwo leben können. Eine Rückkehr der Araber wurde immer unwahrscheinlicher.[67] Die Israelis entschieden aber, die rund 150 000 Araber, die geblieben waren, nach der Staatsgründung als Bürger zu integrieren.

Wenn falsche Geschichtserzählungen zur Waffe werden

Von dieser Komplexität liest man auf der BDS-Website nichts. Man findet ebenfalls nichts über den damaligen Generalsekretär der Arabischen Liga, der im Oktober 1947 sagte, er persönlich hoffe, die Juden zwängen die Araber nicht zu diesem Krieg, denn »es würde ein Vernichtungskrieg werden, und ein folgenschweres Massaker«.[68] Auch der Großmufti von Jerusalem, Haj Amin al-Husseini, wird nicht erwähnt. Dieser ließ sich von Adolf Hitler versprechen, die arabischen Länder von den Juden zu befreien, wenn er mit ihnen in Europa fertig sei.[69]

Stattdessen stellt die Seite ausführlich dar, warum Israel nicht nur eine Kolonialmacht, sondern zudem ein Apartheidstaat sei. Immerhin lehnt sich die gesamte BDS-Kampagne seit 2004 an dem Modell des Boykotts an, mit dem Widerständler und Gesellschaften versuchten, das Apartheidsystem in Südafrika zu Fall zu bringen. Demzufolge versucht BDS, Israel dem damaligen Rassistenstaat gleichzustellen.

Auch das passiert durch Weglassungen vieler Fakten und durch grobe Verfälschungen. Die meisten Zustände, die BDS-Organisatoren kritisieren, sind dem Charakter Israels als einem jüdischen Staat geschuldet. Gibt es Rassismus in Israel? Ja. Wie es ihn in den meisten Ländern gibt, selbst in solchen mit schwarzen Regierungen wie dem heutigen Südafrika, was Immigranten aus anderen afrikanischen Staaten dort schmerzhaft erfahren müssen.[70] Die 140 000 äthiopischen Juden in Israel beklagen Rassismus besonders von der Polizei, doch niemand von ihnen zweifelt an der grundsätzlichen Bereitschaft des Staates, sie als gleichwertige Bürger anzusehen. Immerhin spannen sich die großen Parteien mittlerweile gegenseitig die äthiopischen Mitglieder der Knesset aus.[71] Und immerhin setzte Israel 1984 in einer krimireifen Aktion alles daran, auch die letzten 8000 äthiopischen Juden aus dem Sudan zu retten, in den sie geflohen und wo sie dem Hungertod preisgegeben waren, um ihnen in Israel ein neues Zuhause zu geben.[72]

Derzeit dienen zehn arabische Abgeordnete in der Knesset, denen vom Obersten Gerichtshof das Recht zugesprochen wurde, sich explizit gegen den Staat zu stellen, ohne dass es Auswirkungen auf ihre Abgeordnetenprivilegien haben darf. Seit 2021 ist mit der Ra'am Partei (Vereinigte Arabische Liste) zum ersten Mal eine arabische Partei Teil der Regierungskoalition. Einer der ranghöchsten Polizisten im Land ist ein Araber. Als Generalmajor Jamal Hakroosh auf einer Sicherheitskonferenz in Genf Ende 2019 sein Land repräsentierte, stellte er dar, wie sehr sich die Situation der arabischen Jugendlichen verbessert hätte, von denen viele ganz selbstverständlich nach der Schule die Universität besuchten.[73] Und wenn man am späten Freitagnachmittag durch Jerusalem läuft, rufen aus allen möglichen Richtungen die Muezzins zum Gebet: Allein in der Stadt operieren über 70 Moscheen, landesweit sind es 400. Dass es Rassismus gegen arabische Bürger in Israel gibt, besonders in den ultrareligiösen Gemeinschaften, bestreite ich nicht. Das ist ein Thema, mit dem sich weltweit viele Juden auseinandersetzen, unter anderem die Gemeinschaften der Reformjuden. Diskriminierungen gegen arabische Bürger Israels wie auch gegen schwarze jüdische Israelis bekämpft der Staat selbst seit Jahren mit gesellschaftlichen und gesetzlichen Veränderungen.[74] Mit solchen Problemen muss sich jede Demokratie auseinandersetzen.

Für den Nachweis, dass in den umstrittenen[75] Gebieten Apartheid herrsche, zitieren die BDS-Autoren unter anderem aus einem Bericht des UN-Komitees gegen Rassendiskriminierung, der sich mit Israel beschäftigt. Allerdings muss man auch hier das zitierte Dokument selbst lesen, um zu verstehen, dass das erwähnte Komitee Zustände kritisiert, die Israel oft gar nicht ändern kann, wenn es die Sicherheit seiner Bürger (und zwar der jüdischen wie der arabischen) schützen will.[76] Das erwähnt die BDS-Website nicht. Und auch die zahlreichen Anerkennungen der UN-Beobachter verschiedener Bemühungen und Schritte Israels, die es unternommen hat, um die Chancen der arabischen Bevölkerung zu verbessern, tauchen nirgends auf. Statt-

dessen wird den Israelis Rassentrennung vorgeworfen, da in den besetzten Gebieten auf jüdische Staatsbürger ziviles Recht und auf die
Palästinenser Militärrecht angewendet werde. Das aber ist nicht einer
Trennung nach Religion oder Rasse geschuldet, sondern der Tatsache, dass in den Gebieten und aus den Gebieten heraus regelmäßig
Anschläge auf Israelis verübt worden sind und werden. Ansonsten
leben die meisten Palästinenser unter Verwaltung ihrer Autonomiebehörde und sind keine israelischen Bürger.

Um zu verstehen, wie es zu der heutigen Situation im Westjordanland und in Gaza kam, brauchen wir ein paar Wissenskoordinaten:
Im Mai und Juni 1967 marschierten die Armeen von Ägypten, Syrien, Jordanien und dem Irak mit Panzern und fast 250 000 Soldaten
an den Grenzen Israels auf und setzten ihre Luftwaffe in Gefechts-
bereitschaft. Gleichzeitig verwies Ägypten die UN-Friedenstruppen
außer Landes und blockierte Israels Zugang zu internationalen Ge-
wässern. Nicht nur war offensichtlich, dass die arabischen Streit-
kräfte jederzeit angreifen würden, die Staatsführer hatten zudem
klargemacht, dass man die Juden diesmal auslöschen werde.[77] Infolgedessen griff die israelische Luftwaffe am 5. Juni fast alle ägyptischen Luftwaffenstützpunkte an, während die Armee sich auf den
Sinai fokussierte.

Die Israelis siegten so schnell, dass sie es selbst nicht fassen konnten. Wie Michael Oren beschreibt, hatte die Niederlage der Ägypter
auch mit deren Propaganda und Ego zu tun.[78] Denn obgleich die
syrischen, jordanischen und irakischen Truppen bereit waren, ihnen
zu helfen, griffen sie nicht ein, da Ägypten verlautbaren ließ, dass
man auf ganzer Linie gewinne. Als die Jordanier die Israelis auch
von den Anhöhen Jerusalems aus angriffen, nahmen die Israelis in
der Gegenoffensive nicht nur die Stadt ein, sondern drängten die
Jordanier aus dem gesamten Westjordanland hinaus, das diese, wie
auch Jerusalem, seit 1948 besetzt hatten. In Jerusalem hatten sie in
der Zeit jahrhundertealte jüdische Stätten wie Synagogen und Fried-
höfe vollständig zerstört. Nach dem Ende des Sechstagekrieges hatte
Israel nicht nur das Westjordanland, sondern auch die Golanhöhen
sowie die Sinaihalbinsel und den Gazastreifen eingenommen.

Dem Frieden keine Chance

Im September desselben Jahres traf sich die Arabische Liga im suda-
nesischen Khartoum und verkündete ihre berühmten drei No's: Kei-
nen Frieden mit Israel. Keine Verhandlungen. Keine Anerkennung.
Über die Jahrzehnte änderte sich an dieser Haltung nicht viel, bis vor
Jahren erste inoffizielle Gespräche zwischen Israel und einzelnen
Staaten stattfanden. Mittlerweile haben die Vereinigten Arabischen
Emirate und Bahrein diplomatische Beziehungen zu Israel aufgenommen und Marokko und der Sudan haben ihre Beziehung zum
jüdischen Staat ebenfalls normalisiert.[79] Selbst nach den diversen
Friedensabsprachen von Oslo ab 1993, für die Premierminister
Yitzhak Rabin und der damalige Chef der Palästinensischen Be-
freiungsorganisation (PLO), Jassir Arafat, den Friedensnobelpreis erhielten, und der Rabin das Leben kostete, als ihn ein fanatischer Israeli 1995 erschoss, ging der Friedensprozess nicht in die vereinbarte
Richtung. Der Vertrag sollte den Palästinensern innerhalb von fünf
Jahren den eigenen Staat bringen. Dafür verpflichteten sie sich, Israel
als jüdischen Staat zu akzeptieren, der in Frieden leben kann, Menschen nicht mehr aufzuhetzen und sich von Gewalt und Terrorismus
loszusagen.

Wie vereinbart zogen sich die Israelis aus den im Vertrag genannten Gebieten im Westjordanland und in Gaza zurück und über-
ließen die Verwaltung der Palästinensischen Autonomiebehörde. Die
palästinensischen Anschläge dagegen hörten in den Jahren nach Oslo
nicht auf. Bis heute finanziert die palästinensische Autonomiebehörde die Familien von Selbstmordattentätern sowie von in-
haftierten Palästinensern. Und weiterhin erziehen die palästinensischen Schulbücher in den umstrittenen Gebieten zum Hass gegen
Juden.[80]

In Camp David verhandelte der damalige US-Präsident Bill Clinton im Sommer 2000 letzte Schritte für eine endgültige Einigung beider Parteien. Der israelische Ministerpräsident Ehud Barak bot
95 Prozent des gesamten Westjordanlands an, den Gazastreifen und
Ostjerusalem als Hauptstadt. Außerdem sollten die palästinensischen

Flüchtlinge 30 Milliarden Dollar erhalten. Arafat gab keine Antwort und machte kein Gegenangebot.[81] Auf mehreren Seiten beschreibt Bill Clinton in seiner Biografie seine Ungläubigkeit über die Verweigerungshaltung Arafats, die er einen Irrtum historischen Ausmaßes nennt.[82] Die Enttäuschung darüber war Thomas Friedman zufolge einer der Hauptgründe dafür, dass die Mehrheit der Israelis ein Jahr später die Arbeiterpartei ab- und den konservativen Likud in die Regierung wählte.[83] Auch Dennis Ross, der unter verschiedenen Regierungen an Friedensverhandlungen beteiligt war, hält das »Nein« von Arafat und die darauffolgende zweite Intifada für etwas, von dem sich Israel bis heute nicht erholt habe. Über den Verlust so vieler Leben hinaus, schreibt Ross, habe die Intifada die israelische Friedensbewegung vollkommen diskreditiert. Die Israelis seien überzeugt gewesen, dass, wenn die Palästinenser nicht auf die bis dahin großzügigste Regierung zugehen konnten, die ihnen in wesentlichen Fragen Zugeständnisse gemacht habe, »sie keinem Friedensangebot zustimmen würden«.[84]

Der konservative Likud Ministerpräsident Ariel Sharon räumte 2005 den gesamten Gazastreifen und überließ ihn den Palästinensern. Wegen des Widerstands in den eigenen Reihen gründete Sharon eine neue Partei, Kadima. Nachfolger als Likud-Chef wurde Benjamin Netanjahu. Die jüdischen Siedler hatten im Gazastreifen unter anderem Gemüse und Gewürze für den Export produziert. Um den 3500 Palästinensern zu helfen, die für die Siedler gearbeitet hatten, und um die High-Tech-Gewächshäuser funktionstüchtig zu erhalten, sprangen amerikanische Juden mit 14 Millionen Dollar Hilfe ein. 2006 erlangte die radikalislamische Hamas, ein Ableger der ägyptischen Muslimischen Bruderschaft, die Mehrheit in den Gremien der Palästinensischen Autonomiebehörde, 2007 die Mehrheit bei den Wahlen in Gaza.

Und in den Jahren danach verwirklichte sich, was Thomas Friedman 2005 befürchtete, als er schrieb, nur ein konservativer Falke wie Sharon könne derartige Risiken für die Sicherheit der israelischen Bürger eingehen: »Gelingt es, kann es gut sein, dass er sich auch weiter aus dem Westjordanland zurückzieht« ... doch wenn »Gaza eher ein Mogadischu« werden solle, warnte Friedman, könne selbst »Sharon die israelische Bevölkerung nicht überzeugen«, weitere Schritte zu gehen. »Der Friedensprozess wäre eingefroren.«[85] Gaza hat sich seitdem zu einem Brennpunkt der Gewalt entwickelt. Israel kontrolliert zusammen mit Ägypten die Grenzen des Streifens. In dem Gebiet gibt es unter der Hamas-Regierung weder demokratische Institutionen noch Religions- und Pressefreiheit oder irgendeinen Schutz für Minderheiten. Ebenfalls 2006 wird PLO-Chef Jassir Arafat von der norwegischen Zeitung *Dagen* zitiert, derzufolge er auf einem Treffen von Arabern in Stockholm sagte, strategisches Ziel sei nun, das israelische Lager zu spalten. Innerhalb von fünf Jahren werde man sechs oder sieben Millionen Araber im Westjordanland haben. »Wir werden Israel durch einen palästinensischen Staat ersetzen. Juden kann ich nicht gebrauchen. Sie sind und bleiben Juden.«[86] Und immer noch ist umstritten, ob das Ziel, Israel zu zerstören, wirksam aus der PLO-Charta herausgenommen wurde. Da es sich um eine Verfassung handelt, aus der man nicht so einfach Passagen »herausnehmen« kann, wie Jassir Arafat angab, es getan zu haben, gehen die meisten Beobachter davon aus, dass die geplante Eliminierung Israels noch aktuell ist. Das bestätigen offizielle Sprecher der Fatah, der größten Gruppe in der PLO, wenn sie vehement ablehnen, den Passus zu streichen.[87]

Auch Kadima-Premierminister Ehud Olmert erhielt 2008 vom Arafat-Nachfolger Mahmoud Abbas keinerlei Reaktion, als er ihm Gaza, sowie 94 Prozent des Westjordanlands anbot, samt Landtausch für die restlichen sechs Prozent und eine geteilte Hauptstadt Jerusalem unter internationaler Verwaltung. Und die Antwort auf das im Jahr 2014 unter Präsident Barack Obama ausgehandelte Angebot steht ebenfalls bis heute aus. 2017 veröffentlichte *Haaretz* den Inhalt von Dokumenten, die zeigen, wie weitreichend die Zugeständnisse waren, die der israelische Ministerpräsident Benjamin Netanjahu damals zu machen bereit war.[88] Es ist bemerkenswert, dass 2020 selbst ein ranghohes Mitglied der saudi-arabischen Herrscherfamilie die Palästinenser heftig kritisierte, die nach über 70 Jahren trotz aller Unterstützung keinen eigenen Staat hätten, weil ihre Führer »Versager« seien.[89] Unter Netanjahu sind weitere jüdische Siedlungen im Westjordanland ausgebaut worden – was in der Situation nicht hilfreich ist. Doch wie Dennis Ross und David Makovsky ausführen, liegen die meisten der Bauten so, dass man immer noch zu einer Zweistaatenlösung kommen kann.

Die beiden Nahostexperten kritisieren Ministerpräsident Netanjahu, der in einigen Fragen der Autonomiebehörde gegenüber hätte offener sein und ihr damit auch seinen guten Willen hätte zeigen sollen. Das erinnert an Netanjahus Zugeständnisse in den Verhandlungen mit Obama. Als sich die Gespräche unter Präsident Obama in Nichts auflösten, setzte Netanjahu alles daran, dass seine weitreichenden Konzessionen an die Palästinenser nicht öffentlich wurden – so viel zu einer Regierung, die sich in einer rechten Koalition gefangen sieht. Aber auch diese Konstellation hat, wie wir gesehen haben, viele Gründe.[90] Ross und Makovsky werfen Obama im Übrigen vor, nach dem Scheitern dieser Verhandlungen die Schuld dafür allein den Israelis und dem Siedlungsbau zugeschrieben, die Verantwortung der Palästinenser aber vollkommen übersehen und damit den Druck, endlich Zugeständnisse zu machen, von ihnen genommen zu haben. Es ist eine für friedliebende Bürger auf beiden Seiten leidvolle Situation, die ihre Geschichte und ihre Opfer hat. Ein System der Apartheid allerdings können darin nur diejenigen finden, die Geschichte einseitig umschreiben wollen.

Wer ist ein Flüchtling?

Der Vorwurf der Apartheid, der jeder faktischen Grundlage entbehrt, dämonisiert die jüdische Seite in dem Konflikt und ist antisemitisch. Dennoch ist er nur eine der gefährlichen Waffen in dem Kampf der Boykottbewegung gegen Israel. Weitreichendere Folgen hat die Forderung der Organisation, den arabischen Flüchtlingen ein Recht zur Rückkehr in das heutige Israel einzuräumen. Auch das soll der verordnete Boykott erpressen. Wobei der alle Israelis trifft, egal, wo sie politisch stehen, gleichgültig, ob sie Ärzte, Sänger oder Philosophen sind. Man will sämtliche Institutionen, besonders aber Lehre und

Forschung und Kultur, solange boykottieren, bis der jüdische Staat seiner eigenen Auflösung zugestimmt hat. Denn nichts anderes würde die Rückkehr dieser Menschen bedeuten, da BDS zu den Flüchtlingen auch die Nachkommen der Palästinenser zählt, die Dörfer im heutigen Israel verlassen haben. Damit sind sie für diese Organisation die einzige Flüchtlingsgruppe, deren Status auf die folgende Generation vererbt wird. Laut Angaben des BDS sind das mittlerweile über sieben Millionen Menschen.[91] Die UNRWA ging im Dezember 2019 von rund 5,6 Millionen Flüchtlingen aus.[92] Derzeit leben in Israel neun Millionen Bürger, zwei Millionen davon sind Araber. Selbst wenn nicht alle Flüchtlinge nach Israel gehen würden, wäre Israel innerhalb weniger Jahre kein jüdischer Staat mehr. BDS-Mitbegründer Omar Barghouti macht daraus auch gar keinen Hehl. Er wisse, sagt er in einem Interview, dass »sich das Rückkehrrecht nicht mit der Zweistaatenlösung vereinbaren lässt. Das ist der Elefant im Raum, und die Leute ignorieren es einfach – die Rückkehr der Flüchtlinge würde Israels Existenz als jüdischer Staat beenden.«[93]

Keine Regierung könnte auf eine solche Forderung eingehen. Detailliert beschreiben der frühere Knesset-Abgeordnete der Arbeiterpartei, Einat Wilf, und der ehemalige *Haaretz*-Redakteur Adi Schwartz, wie diese Forderung im Laufe der Jahrzehnte von palästinensischer Seite eingesetzt und wie ihr ausgerechnet in den Jahren der Osloer Verhandlungen ein zuvor nicht dagewesener Stellenwert eingeräumt wurde.[94] In einer Zeit also, in der die Palästinenser einem eigenen Staat Seite an Seite und gleichberechtigt neben Israel näher waren als je zuvor, unterstützte die PLO die Bildung zahlreicher Organisationen, die unerbittlich auf ein Rückkehrrecht pochten und keinerlei Kompromisse einzugehen bereit waren. Die israelische Seite dagegen sei davon ausgegangen, dass die Palästinenser eine Heimat in ihrem eigenen neuen Staat finden würden und man höchstens eine symbolische Anzahl von ihnen nach Israel kommen lassen würde.

Genauso akribisch beschreiben die Autoren, die dem linksliberalen Lager in Israel nahestehen, anhand zahlreicher UN-Dokumente, wie sich im Laufe der 60er- und 70er-Jahre die Vereinten Nationen der arabischen Mehrheit beugten und eine Resolution nach der anderen verabschiedeten, die Israel als allein schuldige Partei an dem Konflikt abstempelten. Irgendwann gab es sogar eigene Resolutionen für das Rückkehrrecht der Flüchtlinge – etwas, das zuvor nie dagewesen war und völkerrechtlich nicht einmal auf einem Bein stand. Das einzige Recht, das Flüchtlingen weltweit damals zugestanden habe, sei gewesen, dass man sie nicht gegen ihren Willen zur Rückkehr in ein Gebiet zwingen konnte, auf dem man ihnen nun vielleicht feindlich begegnete, so Wilf und Schwartz. Obendrein erkannten die UN die PLO 1974 als Vertretung des palästinensischen Volkes an, und damit eine Organisation, die »nicht nur die Massaker ganzer Familien und an Schülern zu verantworten hatte, sondern für die Auslöschung des jüdischen Staates kämpfte«, wie die beiden Autoren schreiben.[95]

Die BDS-Organisation bezieht sich auf diese UN-Resolutionen und suggeriert gleichzeitig, entgegen der Einschätzung aller seriösen Historiker, dass es von jeher ein palästinensisches Nationalgefühl gegeben habe. Doch das Nationalbewusstsein der Araber im britischen Mandatsgebiet, die, wie wir gesehen haben, eine sehr heterogene Gruppe waren, entwickelte sich erst nach dem Ersten Weltkrieg und bezog sich zunächst vor allem auf Syrien. Noch auf ihrem ersten Kongress 1919 forderten die palästinensischen Araber laut Benny Morris, dass Palästina Syrien zugeschlagen werde. Daneben schafft BDS es, auf einer umfangreichen Website, die anderen Flüchtlinge dieser Jahre vollkommen zu ignorieren: Mit keinem Wort erwähnt sie die rund 850 000 Juden, die nach 1948 aus arabischen Staaten vertrieben wurden.

Über diese Geflüchteten spricht niemand

Schon nach dem Fall des ersten Tempels im sechsten Jahrhundert vor unserer Zeitrechnung waren Juden nicht nur nach Babylonien, dem späteren Irak, gegangen, sondern hatten sich im gesamten Nahen Osten und Nordafrika niedergelassen. Zwar blieben sie in allen Staaten kleine Minderheiten, doch im Laufe der Jahrhunderte entwickelten sich reiche mizrachische (orientalische) Traditionen. In allen nun muslimisch dominierten Ländern lebten Juden als Dhimmis, waren also gesellschaftlich in jeder Weise niedriger gestellt als Muslime, durften ihren Glauben aber leben. Oft hatten sie hohe Sondersteuern zu entrichten und spezielle Kleidung zu tragen. Auf der anderen Seite aber ließ man sie, von gelegentlichen – dann aber exzessiven und extrem brutalen – Pogromen abgesehen, im Wesentlichen in Ruhe, solange sie ihre minderwertige Position akzeptierten. Die Juden hätten am Geschäftsleben teilnehmen und als Kaufleute und Händler Gewinne machen können, schreibt der Historiker Mark Cohen, der ihre Situation im Mittelalter erforscht hat.[96] Es gab jüdische Ärzte und Intellektuelle. Manche Juden brachten es zu großem Wohlstand. Insgesamt deute alles darauf hin, dass jüdische Bürger zumindest bis zum 13. Jahrhundert weit weniger unter Verfolgung gelitten hätten als in christlich regierten Ländern, so Cohen.

Allerdings gibt es andere Quellen, die von kaum erträglichen Demütigungen und vom Hass gegen die Juden im 12. Jahrhundert berichten, wie beispielsweise der berühmte Gelehrte Maimonides.[97] In den folgenden Jahrhunderten gab es immer wieder Anfeindungen und willkürliche Drangsal. Nichts allerdings hätte die Juden darauf vorbereiten können, was passierte, nachdem sich im 20. Jahrhundert arabische Nationalbewegungen entwickelten und die Kolonialmächte sukzessive abzogen. Tausende jüdischer Männer, Frauen und Kinder wurden in Pogromen getötet, zighunderte davon Jahre, bevor es den Staat Israel gab. Wobei es unter den mizrachischen Juden ohnehin nur wenige Zionisten gab. Dennoch hatte schon zwei Wochen, bevor die UN am 29. November 1947 den Teilungsplan für Palästina verkündete, Heykal Pasha, der ägyptische Vertreter in der UN-Vollversammlung, darauf hingewiesen, dass die Juden, sollte es zur Verwirklichung dieses Planes kommen, aus ihren Ländern ausgewiesen werden könnten, dadurch »wären eine Million Juden, die in muslimischen Ländern leben, gefährdet«. Der irakische Außenminister Fadil Jamali warnte, in diesem Fall könnten »die Massen in der arabischen Welt wohl kaum zurückgehalten werden«.

Im Mai 1948 titelte die *New York Times*: »Juden in allen muslimischen Staaten in größter Gefahr. 900 000 Menschen in Arabien und Asien sind der Wut ihrer Feinde ausgeliefert.«[98] Im Laufe der nächsten Jahre flüchteten die Juden aus den Ländern, die seit Jahrtausenden ihre Heimat gewesen waren, wurden ausgewiesen, oder man erschwerte ihre Lebensbedingungen derart, dass sie keine andere Wahl hatten als zu gehen, wie der tunesische Schriftsteller Albert Memmi seine eigene Erfahrung in einem Essay beschreibt.[99] In fast allen Fällen mussten Juden ihren Besitz zurücklassen, oder er war ihnen bereits vorher weggenommen worden. Schätzungen der Werte verlorener Grundstücke, Bankkonten und Geschäfte variieren, liegen aber stets bei mehreren hundert Milliarden Dollar. Michael Fischbach hat die Verluste der Flüchtlinge für jedes einzelne Land erforscht, was besonders interessant für Länder wie den Irak oder Ägypten ist, in denen es einflussreiche und wohlhabende jüdische Familien gab.[100]

Man hört heute wenig von diesen Menschen. Ihre »Schwestern und Brüder«, wie sie eine Frau aus Libyen in einem Gespräch mit mir nannte, haben ihnen geholfen, in einer neuen Heimat in Israel oder den Vereinigten Staaten neu anzufangen. Erst in den letzten zwanzig Jahren versuchen sie und andere, auf ihr Schicksal aufmerksam zu machen. Die Boykottbewegung allerdings will nicht einmal akzeptieren, dass es sie gibt. Mit einem Narrativ, das Fakten außen vor lässt, andere verbiegt und die zwei Konfliktparteien mit einem derart unterschiedlichen Maßstab misst, dass man die reale Welt nicht mehr zu erkennen vermag – mit diesem Narrativ also will die Initiative dem jüdischen Volk ein Recht nehmen, das jedem anderen Volk zusteht – das Recht nämlich, in seinem eigenen demokratischen Staat ein selbstbestimmtes Leben zu führen. Mitglieder des Nationalen BDS-Komitees wie die Hamas haben sich das Ziel der Vernichtung des jüdischen Staates auf ihre Fahnen geschrieben. Das als Judenfeindlichkeit zu brandmarken, entspricht dem weltweiten Stand der seriösen Antisemitismusforschung und der anerkannten Definition dieses Phänomens. Das hat der Deutsche Bundestag getan, als er auf einen parteiübergreifenden Antrag (bis auf AFD und LINKE) hin die Aktivitäten der BDS-Bewegung verurteilte und unter anderem anregte, denjenigen Projekten die staatliche Förderung zu versagen, die sie unterstützen. Auch Künstler und Referenten, die BDS unterstützen, sollen nicht mehr eingeladen werden, wenn eine Veranstaltung mit Steuergeldern finanziert wird.[101] Wenn sie rechtlich auch nicht bindend ist, so bezieht diese Erklärung doch eine klare Position der politischen Führung der Bundesrepublik, die man nur begrüßen kann, wenn man die Bekämpfung des Antisemitismus in allen seinen Formen ernst nimmt.

Eine Strategie der Zerstörung durch Storytelling

Der Politikwissenschaftler Gil Murciano hat die internationale Delegitimierungskampagne gegen Israel untersucht, die »seit zwei Jahrzehnten die neue Arbeitsweise für diejenigen« geworden sei, die »Israels Existenzrecht bestreiten«, unter anderen die BDS-Bewegung.[102] Eine Schlüsselstrategie diverser Organisationen, die Delegitimierung Israels zu etablieren, sei es, die Unterschiede zwischen Kritik an israelischer Politik mit der grundsätzlichen Infragestellung der (Existenz-) Berechtigung zu vermischen, schreibt der Nahostexperte. »Das schließt Versuche ein, Komponenten der Delegitimierungs-Agenda zu einem normalen Teil der politischen Debatte über Israel zu machen.« Die Kampagne versuche, den Kampf gegen die Apartheid in Südafrika zu imitieren und damit Israels Legitimität zu unterminieren, »und zwar so, dass es zur Isolation und irgendwann zu einem Zusammenbruch« des Landes führen werde. Neben dem Vorwurf des Kolonial- und Apartheidstaats gebe es diverse Schritte, Israel vor internationalen Gerichten anzuklagen, so Murciano.[103] Ein weiterer Versuch, den jüdischen Staat in eine Reihe mit Paria-Staaten zu stellen. Immerhin schaffe es die Kampagne so, dass junge Palästinenser in Führungspositionen sich weg vom Zweitstaatenmodell hin zur Ablehnung Israels als Staat entwickelten und sich die Gesellschaft radikalisiere. Zudem habe sie »einigen Erfolg gehabt, die landläufige Diskussion in progressiv-liberalen westlichen Kreisen zu ändern«. Schritt für Schritt wolle man Kritiker auf der linken progressiven Seite zu Mitstreitern für die Delegitimierungskampagne machen.

Die Tendenz, das Selbstbestimmungsrecht Israels infrage zu stellen, nimmt auch in Deutschland spürbar zu. Als gäbe es die Vergangenheit dieses Landes, aber mehr noch, als gäbe es die Erkenntnisse der Forschung zum anti-israelischen Antisemitismus nicht, stellten sich deutsche Kulturinstitutionen und Intellektuelle im Frühjahr 2020 hinter den kamerunischen Philosophen Achille Mbembe, der eingeladen war, die Ruhrtriennale zu eröffnen. Nachdem der Antisemitismusbeauftragte der Bundesregierung, Felix Klein, auf antisemitische Haltungen Mbembes und dessen Unterstützung des BDS aufmerksam gemacht und seine Beteiligung auf Staatskosten infrage gestellt hatte, brach ein Sturm der Entrüstung los, der darin gipfelte, dass sich einflussreiche Einrichtungen wie das Goetheinstitut oder das Humboldtforum als Opfer eines falsch verstandenen Kampfes gegen Antisemitismus sahen und um ihre Meinungsfreiheit bangten.[104]

Delegitimierung – Dämonisierung – Doppelter Standard – und unwahr

Wen aber verteidigten sie da so furios?

Im Jahr 2003 veröffentlichte die Duke University den Aufsatz *Necropolitics* von Mbembe, in dem er unter anderem schreibt, Israel versinnbildliche eine Macht, die andere Völker kolonisiert habe, um sie als »lebende Tote« unter Kontrolle zu halten. Wörtlich schreibt er: »Die versierteste Form der Todesmacht ist die derzeitige koloniale Besetzung von Palästina.«[105] Damit wirft Mbembe den Juden nicht nur vor, in einer Reihe erschreckender Beispiele das erschreckendste zu sein (Dämonisierung), sondern unterstellt ihnen, sich das Land widerrechtlich angeeignet zu haben, in der Manier einer Kolonialmacht (Delegitimierung). Weil er Beobachtungen und Gedanken oft bei Andeutungen belässt, wird in seinem Essay Necropolitics nicht wirklich klar, ob Mbembe den Akt der Kolonisierung in der Etablierung des jüdischen Staates sieht oder davon ausgeht, dass die Verwaltung der umstrittenen Gebiete durch Israel nach dem Krieg 1967 diesen Tatbestand erfüllt.[106] Es scheint, als schließe er beides ein. Geht man davon aus, dass der Zionismus und die Gründung des jüdischen Staates selbst ein koloniales Gebilde sind, wäre das die »Ursünde«, aus der sich alles Leiden der Palästinenser ergibt, wie es Benny Morris sagt, der darauf hinweist, dass die Gleichung Zionismus und Apartheid ebenfalls in der Palästinensischen Nationalcharta von 1964 stehe.[107] Das palästinensische Beispiel zeige, dass es in diesen Fällen beim Töten der Kolonisierten keine Unterschiede mehr gebe, schreibt Mbembe, »Im Visier stehen ganze Bevölkerungen«.[108] Damit wirft er den Israelis geplanten Völkermord vor.

Doch es gibt die Freiheit der Wissenschaft. Zum Glück. Mbembe kann das also ohne Probleme schreiben. Wie er in einem anderen Aufsatz auch die These vertreten kann, dass Israels Verhalten wesentlich schlimmer sei als das der Weißen während der Apartheid in Südafrika.[109] »Die apokalyptischen und katastrophalen Elemente« seien »komplexer und Teil eines längeren historischen Horizonts als die Elemente, die den südafrikanischen Calvinismus unterstützten«. Letzteres bezieht sich wohl auf die Hebräische Bibel, die er auch an anderer Stelle wegen ihrer Grausamkeit verurteilt. Letztendlich richte sich die Zerstörung der Israelis darauf, »das Leben der Palästinenser in Ruinen zu verwandeln, oder einen Abfallhaufen«, der gesäubert werden solle. All das darf man schreiben, veröffentlichen und darüber diskutieren. Auch in Deutschland. Genauso darf man die BDS-Bewegung unterstützen, wie er es ebenfalls getan hat, indem er das Vorwort für das Buch *Apartheid Israel* schrieb, dessen gesamte Erlöse der Kampagne zugutekommen.[110] Mbembe beschreibt in seinem Vorwort »die Besatzung Palästinas« als den »größten moralischen Skandal unserer Zeit«. Da die Israelis bereit seien, bis zum Ende zu gehen, schreibt er, Massaker, Zerstörung und zunehmende Auslöschung eingeschlossen, sei die Zeit für globale Isolierung gekommen.

Viele seiner Aussagen sind antisemitisch, und zwar nicht nur, weil sie Israel delegitimieren und den Juden das Recht auf einen eigenen Staat absprechen, sondern auch, weil sie Israelis und die israelische Regierung mit Metaphern angreifen, die dämonisieren und zudem faktisch falsch sind. Und Felix Klein musste das ansprechen. Wenn eine Gesellschaft nicht achtsam bleibt, können Meinungen, deren Ursprung hasserfüllte Ressentiments sind, irgendwann zu gesellschaftsfähigen Diskussionsbeiträgen werden. Jeder kleine Schritt dahin ist ein BDS-Sieg. Und als 2021 verschiedene Intellektuelle und Wissenschaftler eine neue Definition von Antisemitismus forderten – eine, die den Hass gegen den jüdischen Staat nicht mehr berücksichtigen soll – war das für die Bewegung, die anstrebt, diesen Staat auszulöschen, ein Triumph.[111] Dass zu den Unterzeichnern dieser »politisch motivierten Deklaration« – so der Autor Alex Feuerherdt – auch die Leiterin einer bundesweit agierenden Einrichtung zur Erforschung des Antisemitismus gehört, sollte vor allem der Politik zu denken geben.[112]

Heute werden ganze Bücher geschrieben, deren einziges Ziel es ist, nachzuweisen, dass es kein Antisemitismus ist oder ihn nicht fördert, wenn man Stimmen, die sich die Vernichtung des jüdischen Staates zum Ziel gesetzt haben, in die Diskussion einbezieht. Eine These, die man von der empirischen Forschung als widerlegt ansehen kann.[113] Ironischerweise spielen ausgerechnet Israels Stärken seinen Gegnern in die Hände. Das Land ist eine streitbare Demokratie. Bürger thematisieren Missstände und Ungerechtigkeiten, sorgen sich um die Rechte der Palästinenser und jüdische Menschenrechtsgruppen wie »Breaking the Silence«, sorgen dafür, dass alles thematisiert wird, was aus ihrer Sicht problematisch ist, selbst wenn ihre Angriffe oft ungerechtfertigt sind.[114] Wenn ausländische Medien nach israelischen Stimmen suchen, die Regierungskritik betreiben, müssen sie sich nicht lange umsehen. Von der *Haaretz*-Redaktion ganz zu schweigen, deren Berichte sich manchmal lesen wie eine Sammlung von Miseren, die den jüdischen Staat durch sein eigenes Handeln befallen. Einige der Redakteure vertreten darüber hinaus offen Positionen der BDS-Bewegung. Das alles kann einem gefallen oder nicht. Auf jeden Fall ist es das Gegenteil von dem bleiernen Schweigen auf der palästinensischen Seite, zu dem auch deren eigene Führung beiträgt. »Verräter« laufen auf der arabischen Seite Gefahr, hingerichtet zu werden.

Wenn die israelische Seite sich den Palästinensern gegenüber offen und empathisch zeigt, gilt das auch und besonders für den Konflikt. Spätestens seit Israels »Neue Historiker« in den achtziger Jahren den Israelis – und der Welt – eine bis dahin oft ignorierte Perspektive auf ihn eröffneten, haben die meisten Israelis dieses Narrativ akzeptiert.

Wie den Wissenschaftlern selbst sei den meisten Israelis der Frieden wichtig genug gewesen, um bereit zu sein, das Leiden auf der anderen Seite ebenfalls zu sehen. Und mittlerweile seien Erkenntnisse über Schwächen und Fehler der Israelis während der Staatsgründung, die einst kontrovers gewesen seien, Bestandteil der Schulbücher, schrieb Ethan Bronner in der *NYT* 2003.[115] Es ist allgemein akzeptiert, wenn Juden Ungerechtigkeiten ansprechen, die »ihren Nachbarn« widerfahren. So nennt Yossi Klein Halevi die Palästinenser in einem Buch, in dem er seine, nämlich die jüdische Sicht auf den Konflikt erzählt. »Wir müssen das Recht des Anderen respektieren, die eigene Geschichte zu erzählen«, schreibt er. Er hoffe, dass in einer Antwort der Nachbar dessen Sicht auf die Geschichte mit Klein Halevi teilen werde.[116] In seiner Buchbesprechung wischt der moderate palästinensische Anwalt Raja Shehadeh diese Haltung beiseite. Da man auf zwei völlig verschiedenen Seiten stehe – in Kurzform: Opfer/Täter – könne es eine Verständigung auf dieser Ebene nicht geben.[117]

Schon 2003 beklagte die New York Times in dem Beitrag von Ethan Bronner, dass die jüdische Annäherung unerwidert geblieben sei. Es habe keine palästinensischen »Neuen Historiker« gegeben, die beispielsweise Fragen nach der Richtigkeit der Kollaboration mit den Nazis gestellt hätten. »Nur wenige Muslime fragten, ob es moralisch richtig ist, Selbstmordattentäter in israelische Cafés zu schicken.« Keinen arabischen Fernsehsender habe es interessiert, dass David Ben-Gurion militanten Zionisten entgegengetreten sei. Israels Offenheit sei von arabischen Intellektuellen nicht als Anstoß zur Selbstkritik gesehen worden, sondern als weiterer Beweis dafür, dass der Zionismus ein Verbrechen sei. Und fast eine Generation später bedauert Benny Morris, dass er immer noch kein Gegenüber auf der palästinensischen Seite habe. Jahrelang, so schreibt er, habe er darauf gewartet und manchmal gedacht, dass der Historiker Rashid Khalidi die Tür für eine realistischere Sichtweise auch auf der anderen Seite öffnen könne. Stattdessen aber sei dessen neues Buch *The Hundred Years' War on Palestine* wieder nur »die manchmal etwas schwülstige Litanei des traditionellen palästinensischen Narrativs, mit dem Mantra, dass alles, was den Palästinensern zugestoßen sei, die Schuld des

Westens und der Zionisten sei. Das verbindet er mit einer leiden-
schaftlichen Beteuerung der palästinensischen Unschuld.«[118] Kurz:
Da es keine Partner auf der palästinensischen Seite gibt, die auch
deren Fehler, Sünden und Versäumnisse benennen, dienen die israelischen oder auch nur jüdischen Kritiker lediglich als Kronzeugen,
um unterstellte Sünden und Bösartigkeiten Israels zu unterstreichen.
Eine Diskussion stößt man so nicht an. Man zementiert lediglich den
palästinensischen Opferstatus. Selbst jemand wie der auf westlicher
Seite gepriesene und oft verehrte Edward Said nannte die Verträge
von Oslo das »palästinensische Versailles« und plädierte für eine Einstaatenlösung.

Die Medien in Deutschland haben mithin eine reiche Auswahl an
»Israelkritikern«. Einerseits. Andererseits scheint die Langzeit-
strategie der BDS-Befürworter, wie sie Gil Murciano beschreibt, auf-
zugehen. Die Kampagne, die Israels Existenz als jüdischer Staat an
sich infrage stellt, hat im letzten Jahrzehnt erfolgreich daran gearbeitet, Grenzen der Kritik graduell zu verwischen. So beziehen liberale Redaktionen mittlerweile auch die Einstaatenlösung als eine
der adäquaten Lösungen für den Konflikt mit ein.[119] Die überwältigende Mehrheit der Israelis lehnt diese Lösung und das Rückkehrrecht der Palästinenser allerdings ab.

Menschen, die um Israel besorgt sind, fragen sich oft, warum die
PR des Landes so schlecht sei. Worauf der Kommunikationsexperte
Ron Schleifer einige interessante Antworten gibt. Unter anderem
schreibt er es der Demokratie zu, die Offenheit auch in der Kritik zu-
lasse (wie gerade erörtert), zudem einem Agieren aus der Defensive
heraus – man erkläre sich, anstatt anzugreifen –, und zum Dritten
der weit in die biblische Geschichte zurückreichenden Zurück-
haltung der Juden, grundsätzliche Eigenschaften oder Werte der Gegner infrage zu stellen.[120]

Doch vielleicht sollte man die Frage ohnehin umdrehen: Warum
muss ausgerechnet der einzige jüdische Staat eine PR-Maschine
unterhalten? Warum muss er Marketing in eigener Sache machen?
Warum reicht es nicht, dass Menschen sich über die Hintergründe
und Ursachen für Konflikte und Gebietsstreitigkeiten informieren

und dann ihr Urteil bilden bzw. warum scheinen das nur wenige Menschen zu tun? Warum sind nicht mehr Journalisten bereit, auch die jüdische Seite des Konflikts zu erzählen? Doch vielleicht geht es gar nicht um eine historisch korrekte Betrachtung, sondern um Israel als *das* Symbol für jüdisches Leben. Man kommt nicht umhin, die Spur des Antisemitismus zu erkennen, die sich wie eine rote Linie durch die Geschichte zieht. Die Hartnäckigkeit, Juden trotz belegter gegenteiliger Fakten zu verurteilen als etwas, das sie nicht sind, weil man Fakten nicht sehen, sondern lieber seine Stereotype im Kopf behalten will, nennt man Antisemitismus. Wenn nun genau das Gleiche mit dem jüdischen Staat passiert, sollten wir es mit dem gleichen Namen benennen.

Zum Merken

Im zweiten Jahrhundert bezwangen die Römer die Juden endgültig. Der damalige Herrscher Hadrian benannte das Gebiet um, von Judäa in Palästina. Somit verschwand das Land Juda oder (griechisch) Judäa, das den Juden ihren Namen gegeben hatte. In den Jahrhunderten danach lebten die nun palästinensischen Juden unter stetig wechselnden Mächten, bis Großbritannien das Mandat übernahm.

Juden haben einen historischen Bezug zu dem Land, in dem sie immer gelebt haben. Das ist archäologisch nachweisbar. Daneben ist das religiöse jüdische Leben ohne eine Beziehung zu Jerusalem und Eretz Israel, dem Land Israel, nicht vorstellbar.

Das zu leugnen und den Juden als einzigem Volk der Welt ein eigenes Land abzusprechen, ist antisemitisch. Doch den Staat Israel und damit die Juden im Kollektiv antisemitisch anzugreifen, scheint von vielen Kreisen in der Gesellschaft zunehmend akzeptiert zu werden.

Oft wird diese Judenfeindschaft als »Israelkritik« bezeichnet. Doch die Grenzen zwischen Kritik und Antisemitismus sind klar gezogen, und die Stichworte dafür sind Dämonisierung, Delegitimierung, doppelter Standard und De-Realisierung.

Um qualifiziert an Diskussionen um die BDS Bewegung (Boykott, De-Investment und Sanktionen) oder Definitionen für den Antisemitismus teilnehmen zu können, muss man sich vorher gut informieren. Dazu gehört zumindest ein Grundwissen über die Entstehung des Staates Israel und den israelisch-palästinensischen Konflikt. Am besten informiert man sich durch Originaldokumente. Die meisten lassen sich heute im Internet finden.

Zum Weiterlesen

Der britische Historiker Simon Schama hat die Geschichte der Juden erzählt, angefangen 1500 Jahre vor dem Christentum bis hin zum Jahr 1900: Simon Schama, *The Story of the Jews*. Band 1: *Finding the Words, 1000 BC–1492 CE*; Band 2: *Belonging, 1492–1900*, Random House, 2013 und 2017.

Dazu gibt es eine *BBC*-DVD, auch auf Deutsch. Sie ist für Privatpersonen und Lehrzwecke zu empfehlen. *Die Geschichte der Juden – Die Kinder der Tora*, 2 DVDs, von und mit Simon Schama, BBC.

Die qualitativ beste Übersicht über das jüdische Volk, seine Geschichte und auch seine Beziehung zu Israel bekommt man auf Deutsch immer noch von Leo Trepp, *Die Juden, Volk, Geschichte, Religion*, Rowohlt 1998. Eine Neuausgabe des Buches erscheint im Februar 2022 im Verlag Hentrich & Hentrich.

Wunderbar für den Unterricht: Monika Schwarz-Friesel stellt die Unterschiede zwischen Israelkritik und Antisemitismus in einem gut verständlichen Beitrag zusammen. Schwarz-Friesel, Monika: »Israelbezogener Antisemitismus und der lange Atem des Antijudaismus – von ›Brunnenvergiftern, Kindermördern und Landräubern‹«, Institut für Demokratie und Zivilgesellschaft (Hg.), *Wissen schafft Demokratie, Schwerpunkt Antisemitismus*, Band 8, Jena. https://www.idz-jena.de/wsddet/wsd8-5/

Alex Feuerherdt, Florian Markl, *Alter Hass in neuem Gewand*, Hentrich und Hentrich, 2020. Eine gelungene Auseinandersetzung mit der BDS-Bewegung.

Es gibt kaum Bücher, die sich mit der Vertreibung der Juden aus arabischen Ländern beschäftigen. Doch ich empfehle mit Nachdruck, sich auf der Website von Jimena (einheimische Juden des Nahen Ostens und Nordafrikas) umzusehen. Sie erzählt ausführlich und lebendig die jahrtausendelange Geschichte der Juden in den verschiedenen arabischen Staaten. https://www.jimena.org/

Zu empfehlen, wenn man sich über Ereignisse im Nahen Osten und darüber hinaus informieren und/oder dazu lehren will: die Website des Middle East Media Research Instituts. Mitarbeiter aller Religionen und Kulturen übersetzen Zeitungsberichte, TV-Interviews und vieles mehr. Oft hören sich Aussagen von Politikern im Original anders an als in englischer Sprache. https://www.memri.org/

4 »Beschneidung ist echt barbarisch.«

**Vermeintliche Religionskritik – und ein kleiner Blick
ins Judentum**

Wie wir in den vorherigen Kapiteln gelesen haben, speisen sich viele
antisemitische Äußerungen aus denselben Stereotypen, die auch
schon vor hunderten von Jahren den Judenhass antrieben. Das gilt
natürlich auch und vor allem für judenfeindliche Haltungen, die mit
Religion zu tun haben, also oft aus dem Denken des alten Antijudaismus stammen. Dieses Kapitel soll uns die jüdische Kultur und Religion näherbringen, die durch diese Stereotype nicht nur angegriffen,
sondern auch als Mittel genutzt werden, um sich gegen Juden zu
positionieren und sich von ihnen als »den Anderen« zu distanzieren.
Denn so sehen viele die Juden immer noch – und zwar mit negativer
Konnotation. Immerhin sind laut einer Studie der Friedrich-Ebert-
Stiftung von 2019 bundesweit fast 17 Prozent der Befragten in
Deutschland mehr oder minder überzeugt davon, dass Juden »einfach etwas Besonderes und Eigentümliches« an sich hätten und
»nicht so recht zu uns« passten.[1]

Besonders die bürgerliche Bildungsschicht nutzt vermeintliches
Wissen über die jüdische Kultur und ihre Kritik daran, um Anti-
pathien auszudrücken. Darum ist es umso bedenklicher, wenn man
in Medien unreflektierte Äußerungen liest oder hört, die Juden
immer noch als Christusmörder und Anhänger einer veralteten Religion darstellen. So konnte man in einer Sendung im *Deutschlandfunk*
im März 2020 einen Essay[2] hören, der sich mit den letzten Tagen Jesu
beschäftigt und in dem es zum Beispiel heißt, dass der »Messias Is-

raels« zunächst noch in Hochform gewesen sei, jemand, der zupacken und mitreißen und »alle starren, sinnlosen Regeln über den Haufen« werfen konnte. Später zitiert die Autorin die Stelle aus dem Markus-Evangelium, in der Jesus voraussieht, dass er den »Hohepriestern und Schriftgelehrten überantwortet« werden wird und sie »ihn zum Tode verurteilen und den Heiden überantworten« werden. Ohne die Römer oder Pontius Pilatus, der Jesus schließlich zum Tod durch das Kreuz verurteilte, auch nur zu erwähnen, wird die letzte Zeit Jesu bis zur Kreuzigung geschildert. Ich wäre ohne eigenes Hintergrundwissen keine Sekunde lang auf die Idee gekommen, dass nicht die Juden, sondern die Römer für den Tod des Mannes, den die Christen als ihren Heiland ansehen, verantwortlich sind.

Das ist besonders frustrierend, weil auch moderne Bürger die Idee der Juden als Christusmörder aufgreifen und in antisemitischen Stellungnahmen verwenden, und zwar nicht als Chiffre, sondern direkt. So sind Schwarz-Friesel und Reinharz in ihren Auswertungen der Briefe an den Zentralrat und die jüdische Botschaft immer wieder auf Zuschriften gestoßen, in denen die Adressaten als Christusmörder angegriffen wurden, entweder als Vertreter der jüdischen Gemeinschaft oder persönlich.[3] Wobei die Wissenschaftler darauf hinweisen, dass solche Zuschriften in den wenigsten Fällen an religiöse Überzeugungen gebunden seien, sondern vielmehr der generellen Entwertung dienten. Natürlich kann man argumentieren, dass Autoren in einem bewusst feuilletonistischen Beitrag wie in dem oben genannten Beispiel aus dem *Deutschlandfunk* auf Zusammenhänge, die das gezeichnete Bild vervollständigen, nur mit Schwierigkeiten eingehen können. Doch kann das ein Grund sein? Dann könnte man in jeder Reportage wesentliche Tatsachen unterdrücken, weil sie den schönen Fließtext zerdeppern. Und als wesentlich sollte man Informationen einordnen, wenn die Gefahr besteht, durch ihre Weglassung hasserfüllte Ressentiments, in diesem Fall antisemitisches Gedankengut, zu verstärken.

Und nur mal angenommen, man ließe die feuilletonistische Ästhetik als Grund gelten – sollte man dann nicht zumindest erwarten, dass die verantwortlichen Redakteure das Ganze vor oder nach dem gesendeten Stück einordnen? Sonst kann man sich Aufgeregtheiten über den wachsenden Judenhass auch in anderen Sendungen sparen. Denn innerhalb weniger Minuten können durch derartige Beiträge stereotype Bilder im Kopf zahlreicher Hörer bestätigt und auf diese Weise die monate- und jahrelange Arbeit gegen Antisemitismus konterkariert werden. Nach einer solchen Sendung denkt man nur: Was für eine vertane Chance! Sonst hätten Hörer beispielsweise erfahren können, dass die Juden damals überhaupt nicht die Befugnis hatten, Todesurteile auszusprechen. Das durften nur die Römer, die nicht-römische Bürger häufig mit der Kreuzigung bestraften.

Dieses Kapitel wird zeigen, wie stark der Antijudaismus der Kirchen zu negativen Wahrnehmungen von Juden beigetragen hat, die sich heute noch hartnäckig halten, auch wenn sie zum Teil in anderer Form reproduziert werden. Und wir werden an den Beispielen Beschneidung und Schächten sehen, wie unverschlüsselt selbst gebildete und liberale Menschen Juden und ihre Religion auch heute noch angreifen.

Das auserwählte Volk – und was das eigentlich heißt

Es gibt einen unter Juden gern erzählten Witz: Sitzen zwei Juden in den späten zwanziger Jahren in einem Wiener Kaffeehaus. Einer liest die lokale jüdische Zeitung, der andere den *Stürmer*, das judenfeindliche Blatt, das der fränkische Gauleiter Julius Streicher von 1923 bis 1945 herausgab. Der erste fragt: »Warum, um alles in der Welt, liest du diesen antisemitischen Dreck?« Der zweite antwortet mit einem breiten Lächeln: »Na, hör mal. Du liest die jüdische Presse. Was findest du da? Juden stecken in tiefen Schwierigkeiten. Wir sind uns nicht einig. Wir assimilieren uns und heiraten Christen. Unsere Gemeinschaft droht zu zerfallen. Und dann lese ich dieses Journal. Und was finde ich? Juden kontrollieren die Medien. Die Wirtschaft ist in jüdischen Händen. Wir beherrschen die Welt. Ich sage dir, wenn du mal gute Nachrichten über uns lesen willst, wende dich an die Antisemiten!«

»Ihr wollte doch immer was Besonderes sein.«

Warum wird dieser Witz auch heute noch erzählt? Weil das Prinzip, das hinter ihm steht, weiterhin gilt. Die Wahrnehmung von Juden hat bei nicht wenigen Bürgern in der Mehrheitsgesellschaft mit der Realität nichts zu tun. Stereotype bestimmen die Einordnung, und viele davon sind jahrhunderte-, manche jahrtausendealt. Immer noch hält sich etwa hartnäckig das Gerücht, dass Juden sich als die besseren Menschen ansähen, weil sie das auserwählte Volk seien. Auf seinem Blog schildert der Journalist Richard C. Schneider eine Diskussion über Israel, in der er irgendwann fragt, warum man denn nicht andere Länder ebenso heftig angriffen. Weil man von Israel anderes erwarte, lautet die Antwort. Und Schneider fragt, warum das so sei und ob denn die Juden immer besser sein müssten. Ja, lautet die Antwort, denn die Juden hielten sich doch für das auserwählte Volk. »Echt jetzt?«, fragt er zurück. Und wieder wird es bejaht: »Ihr haltet euch doch immer für etwas Besonderes.«[4] Zu Recht sieht nicht nur Schneider die Basis für diesen Mechanismus im Antisemitismus. Denn das Stereotyp der jüdischen Besonderheit bedeutet, wenn man es herumdreht, natürlich auch, dass von Juden mehr erwartet wird. Sie sollen moralische Leitfiguren sein. Und wenn sie das nicht sind, darf man sie deshalb umso heftiger kritisieren.

Vor allem, wenn es um die Schoah oder den Nahostkonflikt geht, unterstellen andere Menschen den Juden oft eine Haltung, die der Phantasie dieser Menschen entspringt. Wie wir gesehen haben, wird Juden im Zusammenhang mit der Schoah oft vorgeworfen, dass sie besondere Ansprüche an die Gesellschaft hätten, oder dass sie aus einem Opferstatus heraus Privilegien zu gewinnen versuchten. Im Nahostkonflikt lautet der Vorwurf immer wieder, dass »die Israelis« – ein Begriff, der, wie wir gesehen haben, oft als Synonym für »die Juden« benutzt wird – glaubten, mit den Palästinensern alles machen zu können, weil sie sich als die besseren Menschen fühlten. Hinter solchen Angriffen steckt ebenfalls die Vorstellung, dass sich Juden anderen, auf welche Weise auch immer, überlegen fühlten. Hinzu kommt in Bezug auf Israel der direkte Vorwurf, Juden hielten sich für das auserwählte Volk und erhöben deshalb Anspruch auf das Land. Und auch unabhängig von konkreten Ereignissen werfen Nichtjuden den jüdischen Bürgern immer wieder vor, herausstechen zu wollen und sich entsprechend zu verhalten.

In Leserkommentaren, die sich mit Aussagen von Antisemitismusforschern beschäftigen, liest man Sätze wie diesen: »Wenn ein Volk glaubt, es sei von Gott auserwählt worden und sich auch im Alltag so verhält und von anderen erwartet, dass sie das respektieren, kann das zu Problemen führen.«[5] Was im Umkehrschluss wohl heißt, wäre das, was der Verfasser dieser Zuschrift als gegeben annimmt, nicht so, dann gäbe es keine Probleme mit der Judenfeindschaft. Und in vielen der von Schwarz-Friesel und Reinharz ausgewerteten antisemitischen Briefe an den Zentralrat und die Jüdische Botschaft wurden die Juden als »arrogante und freche Störenfriede« bezeichnet, wie die zwei Autoren den betreffenden Abschnitt überschrieben.[6] Und es ist wirklich schon beinahe komisch, wenn ein mittlerweile gelöschter Amazon Kommentar, der das Buch als »alte Leier« ablehnt, in jedem Satz noch einmal die von den Autoren genannten Stereotype bestätigt und zu unserem hier behandelten Thema schreibt: »Wer sich gegenüber anderen Völkern für auserwählt durch Gott hält und sich ihnen gegenüber auch so verhält, der muss sich nicht wundern, wenn er immer wieder was auf die unschöne Kippa bekommt.«

Was sagt die Tora – und was meinen die Rabbiner?

Nun sagt die Bibel tatsächlich, dass die Juden das auserwählte Volk seien. Und wenn sie daran glauben – ist das dann nicht wirklich Ausdruck einer gewissen Arroganz oder kann zu einem Gefühl der Überlegenheit führen? Interessanterweise haben auch viele liberale Juden Schwierigkeiten mit dem Begriff »auserwähltes Volk«, weil er ihnen unangenehm ist. Selbst sie, wie der amerikanische Reformrabbiner Alan Lurie schreibt, verbinden ihn mit einem in der Realität nicht existierenden Gefühl der Überlegenheit oder halten ihn für polarisierend und offensiv.[7] Dabei hat der Ausdruck »auserwähltes Volk« mit all dem nichts zu tun und ist weder von orthodoxen noch von liberalen Lehrern je so eingeschätzt worden. Im Original heißt der Text im fünften Buch der Tora, Devarim oder Deuteronium, Kapitel 7, Vers 6 ff. in der Buber/Rosenzweig-Übersetzung: »Denn ein heiliges Volk bist du Ihm, Deinem Gott. Dich erwählte Er, dein Gott, ihm ein Sonderguts-Volk zu sein, aus allen Völkern, die auf der Fläche des Erdbodens sind. Nicht weil euer ein Mehr wäre gegen alle Völker, hat Er sich an euch gehangen, hat euch erwählt, denn ihr seid das Minder gegen alle Völker: Sondern weil Er euch liebt und weil Er den Schwur wahrt, den Er euren Vätern zuschwor.«

Insgesamt sind sich die jüdischen Denker einig, dass es darum geht, dass die Juden den Bund mit Gott einzuhalten gewillt sind und sich der Gedanke des Auserwähltseins aus dieser Verbindung ergibt. So heißt es bereits im zweiten Buch der Bibel, Shemot oder Exodus, Kapitel 19, Vers 5 ff. in der Buber/Rosenzweig-Übersetzung: »Und jetzt, hört ihr, hört auf meine Stimme, und wahrt meinen Bund, dann werdet ihr mir aus allen Völkern ein Sondergut.«

Worauf sich Gott hier bezieht und was er den Juden zugesagt und eingehalten hat, ist, sie aus der Gefangenschaft und Sklaverei in Ägypten in die Freiheit zu führen. Und von nun an soll es ihre Aufgabe sein, die Gesetze, deren Einhaltung sie diese Freiheit zu verdanken haben, auf Dauer über die Generationen hinweg zu wahren und ihr Leben danach auszurichten. Will heißen, sie müssen gemäß den Geboten der Tora, den Mitzwot, leben, deren Zahl im Talmud auf 613 fixiert ist. Bedeutet das, dass alle Juden, weil sie demzufolge die Mitzwot einhalten müssen, gute Menschen sind? Fleißig? Fromm? Und friedliebend? Selbstverständlich nicht. Das zu glauben, wäre naiv. Genauso wenig, wie alle Juden intelligent sind oder dunkelhaarig, sind sie alle gut, wohlmeinend und aufmerksam gegenüber ihren Mitmenschen. Sie sind einfach Menschen.

Davon zu unterscheiden ist die Lehre des Judentums, die jüdische Religion, die von ihnen in der Tat ein ethisches, dem Leben und dem Wohlergehen Anderer zugewandtes Leben erwartet. Diesen Anspruch erfüllen zu sollen, bedeutet es, als Jude »auserwählt« zu sein. Demnach ist es also eher eine Verantwortung und Verpflichtung, die zwar nicht alle einzugehen bereit sind, immerhin aber bekennen sich überraschend viele zu diesem Denken. Denn man kann davon ausgehen, dass die befragten Israelis im Herbst 2018 an dieses Konzept dachten, als in einer Befragung 56 Prozent von ihnen angaben, dass sie daran glaubten, einem auserwählten Volk anzugehören. Nicht nur Anhänger rechts-konservativer Parteien, unter denen traditionell besonders viele gläubige Juden sind, bejahten die Frage mit 79 Prozent. Auch in der Mitte des politischen Spektrums antworteten 41 Prozent positiv, und selbst bei den Linken waren es noch elf Prozent.[8]

Stolz auf Errungenschaften und ein gesundes Selbstbewusstsein – warum nicht?

Manche Juden entscheiden, mit Religion nichts mehr zu tun haben zu wollen oder sind schon säkular aufgewachsen. Andere fühlen sich von der Ethik der jüdischen Lehre angesprochen und entscheiden sich bewusst für sie. Das können geborene Juden sein, die nicht religiös aufgewachsen sind und sich plötzlich für die Werte ihrer eigenen Tradition interessieren. Oder es können Nichtjuden sein, die in diesen Werten einen Sinn sehen und die jüdische Religion für sich wählen. Schon die Möglichkeit zu konvertieren, zeigt, wie irrational und fehlgeleitet der Antisemitismus ist: Rabbiner Leo Trepp hat einmal jemandem, der ihn fragte, warum denn alle Juden so reich seien, geantwortet, er habe eine Idee: »Ich konvertiere Nichtjuden. Lernen Sie also fleißig und kommen in einigen Jahren wieder. Dann mache ich Sie zu einem Juden, und Sie werden genauso reich wie alle.« Besser lässt sich dieses Stereotyp wohl nicht kontern. Jeder kann sich dem Judentum anschließen, solange er bereit ist, intensiv zu lernen und die Mitzwot mehr oder minder strikt zu beachten. Die konkreten Anforderungen hängen dabei davon ab, welcher Richtung das Bet Din angehört, das Rabbinatsgericht, das die Kandidaten prüft und aufnimmt. Die Autorin hat diesen Schritt gewählt, gerade weil sie der hohe Anspruch des jüdischen Gottes an den einzelnen Menschen angezogen hat. Gott erwartet aktives Tun in jeder Hinsicht. Glaube allein hat keinen großen Stellenwert.

In den folgenden Zeilen soll es noch einmal um die Annahme gehen, die Juden stellten sich oder ihre Religion über andere Menschen oder andere Religionen. Auch wenn diese nicht immer einer antisemitischen Haltung entspringen mag, stellt sich dennoch die Frage: Was steckt dann dahinter? Ich möchte mit eigenen Erfahrungen antworten. Zu meinem sechzigsten Geburtstag habe ich mir statt Geschenken Spenden für Magen David Adom gewünscht, sozusagen das israelische Rote Kreuz und ein Rettungsdienst, der weit über das Land hinaus tätig ist. Oft gehören die Magen David Adom-Mitarbeiter zu den ersten Helfern bei internationalen Notfällen, wie dem Tsunami oder dem Erdbeben in Haiti. Ich finde das für eine winzige Nation wie Israel beachtlich und hatte das auch entsprechend auf die Einladungskarten geschrieben. Nur, um von einem nichtjüdischen Freund gefragt zu werden, warum ich so etwas denn betone. Schließlich sei es für eine Hilfsorganisation normal. Warum wird so selten akzeptiert, dass Juden auf etwas stolz sind, oder sagen wir, zumindest ein gutes Gefühl gegenüber etwas haben, das mit ihrer Religion oder dem jüdischen Staat zu tun hat?

Dürfen nicht vielleicht auch sie ein klein bisschen stolz auf ihre Kultur sein? Auf die Beiträge, die eine winzige Minderheit zum Wohl aller geleistet hat? Juden hüten sich meist, so etwas überhaupt zu erwähnen. Man fürchtet die Reaktionen der Umwelt. Und die kommen prompt, schon bei Kleinigkeiten. Als eine Freundin von mir ein Musikprogramm gestaltete, das sich mit dem Werk von Else Lasker-Schüler beschäftigte, sagte sie eines Nachmittags: »Stell dir vor, heute hat jemand behauptet, Lasker-Schüler sei nicht jüdisch gewesen, und als ich es nachweisen konnte, fragte sie, warum es für Juden wichtig ist, das zu betonen.« Davon abgesehen, dass man das Werk der Expressionistin kaum ohne ihr Judentum verstehen kann, zeigt dieses Beispiel das tiefe Missverstehen der jüdischen Identität. Wenn Juden bewusst Juden sind; wenn sie die Welt, wie es Leo Trepp sagte, mit jüdischen Augen sehen, bezieht das stets die Anderen ein. Die jüdische Religion hat es von Beginn an auf einzigartige Weise verstanden, das Partikulare des jüdischen Daseins mit den universalistischen Ansprüchen der Menschheit und mit den nationalen Anforderungen der Staaten zu verbinden, in denen Juden in der Diaspora leben. Das Judentum fordert die Juden auf, als Juden in die Welt zu gehen und sie freier und menschlicher zu gestalten. Oder, wie es Albert Einstein 1938 auf säkulare Weise sagte: »Das Band, das Juden für tausende von Jahren zusammengehalten hat, und das sie heute verbindet, ist vor allem das demokratische Ideal sozialer Gerechtigkeit, verbunden mit dem Ideal gegenseitiger Hilfe und Toleranz zwischen den Menschen.«[9]

In meinem Fall war ja die Hochachtung vor dieser Kultur überhaupt der Grund, mich ihr anzuschließen. Man muss nur einmal Leo Baecks Ausführungen über den sozialen Charakter des Judentums lesen, der sich zunächst »durch die Anerkennung des Menschen durch den Menschen« zeige, wie Baeck schreibt, um zu verstehen, warum Juden auch heute noch in ihren Gesellschaften oft zu den führenden Kräften gehören, wenn es darum geht, das soziale Miteinander und die Situation einzelner Menschen zu verbessern.[10] Und warum hätte mein verstorbener Mann als Rabbiner nicht stolz darauf sein dürfen, dass es seine Religion und Ethik waren, die den Menschen den freien Tag in der Woche, den Schabbat, gegeben haben, an dem alle Menschen zur Ruhe kommen sollen, auch die Mägde und Knechte? Ein Tag, der somit das »Religiöse und das Soziale, die Vergeistigung der Alltagsarbeit und die Förderung der grundlegenden Menschenrechte« verband, wie Leo Trepp schrieb?[11] Warum soll es keine Leistung sein, der Menschheit ein Buch vermacht zu haben, das mit den zehn Geboten die Basis für ein menschliches Miteinander geschaffen hat, und auf dessen Säulen sich zwei weitere Weltreligionen gründen? Auf diesen Gott der Freiheit und Gerechtigkeit zu setzen und über Jahrtausende alles zu tun – und zu erleiden –, damit seine Gesetze weiterhin gelten und erfüllt werden?

Rabbi Moses ben Maimon, genannt Maimonides, war einer der größten Denker des Mittelalters, der von 1135 bis 1204 in Spanien und Ägypten lebte. Warum sollte es mich nicht mit bewunderndem Erstaunen erfüllen, zu lesen, dass dieser jüdische Philosoph schon im 12. Jahrhundert mit einem Gedanken spielte, den ich als Konvertitin im 21. Jahrhundert hatte und zunächst für neu und fast häretisch hielt; dass nämlich Gott nicht Abraham – und mit ihm das jüdische Volk – auserwählt hat, sondern Abraham Gott suchte? Dass es Menschen waren, die sich in einer Zeit der Götzen und der verbreiteten Menschenverachtung auf die Suche machten nach Werten, die den Menschen und dessen individuelles Leben achteten? Maimonides zufolge begründet Abraham den ethischen Monotheismus. In seiner Schrift *Mischne Tora* beschreibt er, wie der Urvater der Juden den Götzendienst verwarf und den einen Gott fand, der sich wiederum ihm zuwandte.[12] Maimonides' Gedanken und Interpretationen, die stark von der aristotelischen Philosophie beeinflusst waren, sind für das frühe Mittelalter und selbst heute noch modern. Immer wieder gibt es im Judentum Denker, die ihren Gott auch infrage stellen, was im Umkehrschluss bedeutet, dass der jüdische Gott es zulässt, infrage gestellt zu werden. Abraham, Moses und Jakob ringen mit Gott. Und die Gelehrten im Talmud führen das fort. Nur so konnten sie die Todesstrafe so erschweren, dass es, wie wir sehen werden, fast unmöglich wurde, sie zu verhängen.

Darf man das nicht kraftvoll finden und, ja, großartig und zeitgemäß? Und ein klitzeklein wenig stolz darauf sein? Das Leben hat immer noch oberste Priorität. Das Gebot der Lebenserhaltung ist das wichtigste im Judentum. Von einigen essentiellen Gesetzen wie dem Verbot zu morden abgesehen, darf fast jedes Gesetz gebrochen werden, um nur ein Menschenleben zu retten. Auch in den Gemütern der säkularsten Juden muss dieser kollektive Respekt vor dem Leben noch vorhanden sein. Denn nach wie vor stellen die Juden unter den Kapitalverbrechern überproportional den kleinsten Anteil. Das ist zumindest in Staaten wie Kanada so, die Kriminalitätsdelikte nach Religion aufschlüsseln. Man kann davon ausgehen, dass es in anderen Ländern ähnlich ist.[13]

Wenn die Juden all dies nicht einmal mit Selbstbewusstsein erwähnen dürfen, ohne dass man ihnen Arroganz oder Überheblichkeit vorwirft, verweigert man ihnen die Anerkennung eines wesentlichen Teils ihrer Kultur. Und die Frage muss schon erlaubt sein: Warum? Denn sie setzen deswegen Angehörige anderer Religionen ja nicht herab. Im Gegenteil. Wie der 2020 verstorbene ehemalige britische Hauptrabbiner, Sir Jonathan Sacks, schreibt: »Das Judentum schließt nicht aus. Es lässt Platz für die Anderen«.[14] Und überhaupt bekommen Nichtjuden in der Tora »eine wirklich gute Presse«, wie Sacks sagt. Er denkt dabei an Menschen wie Zippora, die zunächst nichtjüdische Frau von Moses, oder ihren Vater Jethro, der sich den um Moses versammelten Hebräern nie ganz anschließen wird. Doch die Tora beschreibt ihn als gerechtigkeitsliebenden Menschen, der Moses unentbehrliche Ratschläge gibt. Beide, Jethro und seine Tochter, begegnen uns als wichtige Persönlichkeiten. Die Tora schreibt wiederholt an den verschiedensten Stellen vor, den Fremden zu lieben und zu schützen. An jedem Seder am Vorabend des Pessachfestes, das die Befreiung aus der Sklaverei feiert, sagen wir: »Wir selbst waren Fremde in Ägypten.« Den Juden, auch den säkularen, die ebenfalls in überwältigender Zahl Pessach mit einem Seder feiern, wird dieses Bewusstsein aus ihrer Tradition heraus vermittelt. Und explizit sagen die Rabbiner, dass jedem, auch dem Nichtjuden, der Weg zum Himmel offen steht, wenn er die sieben Noachidischen Gebote einhält, die Gott in der Tora allen Menschen gegeben hat. Dazu gehören beispielsweise das Gebot, für soziale Gerechtigkeit einzutreten, nicht zu töten oder zu stehlen.

Es ist eine wunderbare Ethik, und je mehr ich mich mit dem Judentum beschäftige, desto mehr liebe ich es. Und das möchte ich sagen können, ohne deshalb bei anderen auf Ablehnung zu stoßen. Und interessanterweise geht das am besten bei Menschen, die in ihrem eigenen Glauben ruhen, den sie ebenso liberal leben, wie ich es mit meinem tue. So geschieht es, dass wir an einem Freitagabend zum Kiddusch und Abendessen dutzende klebrige süße Teigwaren zum Nachtisch haben, weil es das Ende des Ramadans für die türkische Freundin ist und das Zuckerfest beginnt. Oder dass ich meine Chanukkia mitnehme, wenn ich während des Chanukkafestes zu christlichen Freunden eingeladen werde, die gleichzeitig Kerzen ihres Adventskranzes oder Tannenbaums anzünden. Die Werte verschiedener Religionen sollten Menschen verbinden und nicht trennen. Diskussion? Immer. Doch lieber mit Wissen und mit Argumenten. Und Respekt.

Uraltes Klischee: Der Rachegott des Alten Testaments

Wenn Journalisten oder andere, die sich mit Kriegen und Konflikten auseinandersetzen, ihrer deutlichen Missbilligung von Handlungen Ausdruck verleihen wollen, benutzen sie gern eine Formulierung aus der hebräischen Bibel, der Tora: »Auge um Auge. Zahn um Zahn«. Das Nachrichtenmagazin *Der Spiegel*, das zu den Meinungsmachern in der Bundesrepublik gehört, veröffentlichte in den letzten fünfzig Jahren immer wieder Berichte über Juden, Israel oder den Nahostkonflikt, die mit der Überschrift »Auge um Auge« versehen waren. Aus den Texten ging dann klar hervor, was damit gesagt werden sollte: Mit der Redewendung, die zu den überstrapazierten gehört, soll meist erklärt oder noch einmal besonders betont werden, dass Gleiches mit Gleichem zu rächen zu nichts führt als zu weiterer Zerstörung oder weiteren Konflikten und Toden. Und immer steckt darin auch ein Vorwurf gegen die Juden. Ziemlich unverblümt in einem Spiegel-Artikel aus dem Jahr 1969, in dem anderthalb Jahre nach dem Siebentagekrieg die bestehenden Konflikte zwischen den Israelis, den Palästinensern und ihren Nachbarländern beschrieben werden.[15] Nachdem unter anderen der damalige Verteidigungsminister Moshe Dajan zitiert wird, resümiert das Blatt, »im gelobten Land« gelte »wieder der Atavismus: Auge um Auge, Zahn um Zahn«. 2002 lautete eine Titelgeschichte über den Nahostkonflikt »Auge um Auge, Zahn um Zahn«.[16] In einem anderen Beispiel fällt den Redakteuren wieder nichts Besseres als die Überschrift »Auge um Auge« ein, diesmal, als sie 2004 eine Umfrage zu der Erwägung des damaligen Innenministers Otto Schily machen, während einer akuten Bedrohung Terroristen gezielt töten zu lassen.[17] Und auch in anderen Zusammenhängen, sei es der Atomdisput mit dem Iran oder der Terror der NSU, macht sich der Spruch aus Sicht der Redakteure offensichtlich immer gut.[18]

Nahostkonflikt – biblisch interpretiert?

In all diesen Geschichten wird tatsächlich schnell klar, was die Betreffenden damit sagen wollen: »So, wie es die Juden machen und/ oder lehren, die nach dem Prinzip ›Wie du mir, so ich dir‹ verfahren, kann man in einer Welt, die um Frieden bemüht ist, nicht agieren.« Nicht umsonst ist dieses Klischee so beliebt, wenn man auf den Punkt bringen will, welche Rolle Israel aus Sicht der jeweiligen Verfasser im Nahostkonflikt spielt.[19] Nicht nur einmal habe ich mir als Wirtschaftsredakteurin von Kollegen, die die aktuelle Situation im Nahen Osten kommentierten, angehört, dass es nun mal nirgends hinführe, sicher nicht zum Frieden, wenn man nach dem »Auge-um-Auge Prinzip« des Alten Testaments handle. »Aber was hast du dagegen einzuwenden, der Satz steht doch nun mal im Alten Testament?«, erwiderte eine christliche Freundin, als ich mit ihr über das Manuskript für dieses Buch sprach. Stimmt. Und es stimmt auch, was sie gleich im nächsten Satz hinzufügte, nämlich: »Und Jesus hat dann gesagt, das sollt ihr nicht mehr tun.« So steht es zumindest Martin Luther zufolge in Matthäus 5, Vers 38 und 39: »Ihr habt gehört, dass gesagt ist: ›Auge um Auge, Zahn um Zahn.‹ Ich aber sage euch, dass ihr nicht widerstreben sollt dem Übel, sondern, wenn dich jemand auf deine rechte Backe schlägt, dem halte auch die andere hin.« Doch muss es deshalb auch die richtige Übersetzung und Interpretation des hebräischen Textes sein?

Gegensätze schaffen, die es nicht gibt

Sie sehen schon, wohin uns unser kleiner semantischer Ausflug führt. Wenn wir uns ernsthaft mit dem derzeitigen Antisemitismus auseinandersetzen wollen, dürfen wir den Antijudaismus nicht außer Acht lassen. Da wir innerhalb dieses Rahmens keine Gelegenheit haben, die Bibel der Christen zu interpretieren, müssen Sie das an anderer Stelle nachholen. Eines aber wissen wir bereits, nämlich dass Christen in der Geschichte jede Möglichkeit genutzt haben, sich von der jüdischen Gemeinschaft abzusetzen. So muss man auch diese

Aussage im Matthäus-Text lesen. Und es hat funktioniert: Das Bild des jüdischen Rachegottes und des friedliebenden Christentums ist seit Generationen im kollektiven Bewusstsein verankert. Und wie wir an den Beispielen gesehen haben, beeinflusst dieses Bild die Art und Weise, wie Nichtjuden Ansichten und Handlungen von Juden bewerten. Und seit Jahrzehnten ist es einer der Faktoren, die eine Rolle dabei spielen, wie sie Politik und Reaktionen der Israelis im Konflikt mit den Palästinensern einordnen.

Der Haken ist nur, dass dieses Bild, das eine verbohrte Ausrichtung auf Rache mit dem Glauben und Bewusstsein der Juden verbindet, nichts mit der Realität zu tun hat. In einem stimmen jüdische Gelehrte seit Jahrtausenden überein: »Auge um Auge« steht nicht und stand nie für ein Prinzip der Vergeltung. In Wirklichkeit steht dieser Satz nicht einmal in der Tora. Dort heißt es nämlich »Auge für Auge«. Und im Gegensatz zu den diskriminierenden Ansichten verbesserte dieser Rechtssatz die Regeln, die bis dahin gegolten hatten. Zwar hatte schon der babylonische König Hammurabi im 16. Jahrhundert vor der Zeitrechnung in Fallbeispielen angeordnet, dass eine Strafe nicht schwerer sein darf als das verübte Verbrechen, also nicht unverhältnismäßig. Der Täter durfte laut dem Kodex des Hammurabi zum Beispiel nicht mehr einfach getötet werden, wenn er eine Körperverletzung begangen hatte. Zwar musste er in diesen Fällen immer noch körperlich bestraft werden, doch musste es eine gleichwertige Strafe sein. So heißt es zum Beispiel: »Gesetzt, ein Mann hat das Auge eines Freigeborenen zerstört, so wird man sein Auge zerstören. Gesetzt, ein Mann hat einem anderen ihm gleichgestellten Manne einen Zahn ausgeschlagen, so wird man ihm einen Zahn ausschlagen.«[20]

Konflikte entschärfen

Die Juden entwickelten diese Rechtsgedanken im Sinne ihrer Religion weiter und vom Talionsprinzip, also dem Anstreben eines Gleichgewichts zwischen Opfer und Täter, weg. Sie legten einen verkürzten Satz gemäß den Prinzipien der Tora aus, die sich auf das

Leben und die Erhaltung des Lebens und der Gesundheit richten. Wenn jemand einen anderen verletzt hatte, musste er ihn von nun an finanziell entschädigen. Nie habe es irgendwo ein Bet Din gegeben, ein Rabbinergericht, das geurteilt habe, jemandem das Auge auszuschlagen, weil er selbst jemandem das Augenlicht genommen hatte, schreibt der Rabbiner David Bollag in einem Beitrag für das Schweizer Magazin *Tachles*.[21] Den Satz anders auszulegen, als der Talmud es tut, widerspreche jedem Prinzip der Gerechtigkeit und jeder Vernunft. Die Lehrer des Talmuds, auch sie bereits konfrontiert mit antijüdischen Angriffen, hätten viele juristische Fälle diskutiert, die alle klarmachten, dass jede Auslegung, derzufolge man »Gleiches mit Gleichem« vergelten solle, sinnlos und ungerecht sei.

Zu der Herangehensweise der Rabbiner in solchen Fällen schreibt Leo Trepp in seinem Buch *Die Juden*: »Das Prinzip ›Auge um Auge‹ war im Altertum bei den Juden durch die Entwicklung der Religion schon lange überwunden. Es kam in der Frühzeit aus dem Codex des Hammurabi in die Bibel. Es war ungerecht, denn was sollte man zum Beispiel mit einem Schuldigen tun, der nur ein Auge besaß und einem anderen das seinige blendete? Der Schuldige wäre ja dadurch ganz blind geworden, eine Strafe, die viel schwerer wäre als seine Tat, da der andere ja noch auf einem Auge sehen konnte. Die Rabbinen konnten, im Gegensatz zu der modernen Auffassung, jedoch nicht zugeben, daß irgendein Wort in der Schrift überholt sei. Es war ja das ewige Gotteswort. Es bestand daher nur die Möglichkeit, die Schrift so zu deuten, daß sie in Einklang mit dem Rechtsgefühl des Judentums gebracht wurde. Das bedeutete allerdings, daß man bei schwieriger Interpretation zeigen mußte, daß der göttliche Gesetzgeber niemals eine wörtliche Auslegung des Satzes im Auge hatte, sondern lediglich meinte: Das Auge des Schuldigen muß von nun an im Dienste des Geschädigten stehen und muß als dessen Auge dienen, mit anderen Worten, der Schuldige muß durch seine Arbeitskraft den Verlust des Geschädigten finanziell tragen.«[22]

Wenn die Vorschrift eigentlich anders gemeint ist – warum sagt die Tora es dann nicht klarer? Diese Frage stellt der amerikanische orthodoxe Rabbiner Shmuel Goldin, dessen Interpretationen auch von nichtorthodoxen Juden gern gelesen werden. Seine Antwort ist: Der Text in der schriftlichen Tora symbolisiere die Wertigkeit und Schwere der Tat und das, was eine solche Tat als Folge verdient habe. Schließlich habe das Opfer ein Körperteil oder ein Organ verloren, man könne verstehen, wenn eine solche schwerwiegende Verletzung danach rufe, dass dem Täter Ähnliches angetan werde. Doch könne jüdisches Denken natürlich nicht rechtfertigen, dass, nur weil jemand schwer verletzt worden ist, ein anderer Mensch mit Absicht ebenfalls schwer verletzt werde. Also musste in der mündlichen Tora, dem Talmud, ein anderer Weg gefunden werden, nämlich der Schadenersatz.[23] Damit äußert Goldin einen Gedanken, der das heutige moderne Recht, auch das deutsche Strafrecht, durchzieht: Es gibt einen Unterschied zwischen dem Gefühl eines Bürgers und dem, was ein Rechtssystem vertreten soll und muss. Und beides muss das Recht versuchen darzustellen. So wird Mord dem deutschen Gesetz nach mit lebenslanger Freiheitsstrafe verurteilt. Die meisten Mörder aber sitzen nicht lebenslang im Gefängnis. Das eine ist das Gerechtigkeitsgefühl, das andere ist Gerechtigkeit in einem humanen und sozialen System, das letztlich Freiheit verspricht und den Bürgern eine zweite Chance gibt, wenn sie sie verdienen.

Rabbiner Leo Trepp argumentiert, dass die Auslegung durch die Rabbiner für sie schon in der Tora selbst angelegt war. Er schreibt: »Der Talmud Baba Kamma 83a bis 84b bringt eine lange Diskussion der Rabbinen … Hier ist es nun von besonderer Wichtigkeit, im Sinn zu behalten, dass die Rabbinen *nicht* von der Idee einer ethischen Weiterentwicklung des Gesetzes bestimmt sind. Was sie aus der Schrift lesen, war ja schon immer darin, auch die Interpretation ist Gottes Wort. Das bedeutet dem traditionsgebundenen Juden, dass eine körperliche Strafe niemals bestand, sondern dass Gott unmittelbar den Sinn des Gesetzes ›Auge um Auge‹ als Geldersatz für verlorene Verdienstkraft bestimmte. Selbst das Verhängen der Todesstrafe wurde durch Deutung der Schrift so erschwert, dass ein Gerichtshof, der sie einmal in 70 Jahren verhängte, als ›zerstörend‹ galt, das heißt, sie war praktisch abgeschafft.«[24] Darüber werden wir später noch gesondert sprechen.

Das Judentum führte damit neue, zu jener Zeit revolutionäre Standards ein. Im Talmud erörtern die Gelehrten ausführlich, wie der Schadenersatz in der Praxis aussehen soll. Dabei hatten sie zahlreiche Einzelfälle zu berücksichtigen, für die ein gleiches Prinzip gefunden werden musste. Eine Komponente davon: Gemäß den Prinzipien der Tora musste gleiches Recht für alle gelten. Von nun an war es also egal, ob der König dem Bettler ein Auge ausschlug oder umgekehrt. Das eine war nicht weniger wert als das andere. Der zu zahlende Betrag war derselbe. Auch machte es keinen Unterschied mehr, wenn das Opfer ein Außenstehender war, ein Fremder, oder ein Sklave. Jeder hatte denselben Anspruch auf Ersatz seines Schadens. Und wie wir es heute noch in unserem Rechtssystem kennen, konnte das Opfer neben dem Schadenersatz auch Schmerzensgeld erhalten, außerdem mussten ihm Arbeitsausfall und Heilungskosten ersetzt werden.

Diese Debatten darüber, wie Entschädigungen aussehen sollen, nehmen im Talmud viele Seiten ein. Und sie machen etwas Wesentliches im Judentum deutlich: Nicht nur hat Gott die Menschen erwählt. Diese haben sich genauso bewusst für ihn entschieden und treten ihm aus freiem Willen gegenüber. Im Falle des »Auge für Auge« gingen die Juden davon aus, dass die Tora keine Prinzipien aufstellt, die jedem Gerechtigkeitssinn widersprechen. Textpassagen in der Hebräischen Bibel, die in ihrer Auswirkung zu hart erscheinen, mussten und müssen also menschenfreundlich interpretiert werden.

Auch heute werden Gesetze im Interesse der Menschen ausgelegt, selbst wenn die betreffende Frage nicht im Talmud erörtert wird. So finden nicht nur liberale Rabbiner, sondern auch ihre orthodoxen Kollegen Möglichkeiten, um den Menschen die Einhaltung der Mitzwot zu erleichtern. Während der Corona-Krise im Frühjahr 2020 konnte man das gut beobachten. Normalerweise darf man am Schabbat keine elektronischen Geräte benutzen. Die Orthodoxen halten sich ausnahmslos daran. Bei den Liberalen haben sich manche, besonders junge, Juden dem Tech-Schabbat verschrieben, das heißt, sie legen ihre Geräte Freitagabend beiseite und kramen sie am Samstagabend nach Schabbat wieder heraus. Doch als nun Pessach in die Zeit der staatlich auferlegten Isolation fiel, erklärten etliche der sephardischen (orthodoxen) Rabbiner in Israel, dass die Gemeindemitglieder ihren Seder per Videokonferenz halten können. Der Grund war offensichtlich: Nur auf diesem Weg waren auch die älteren, von dem Virus besonders bedrohten Familienmitglieder in der Lage, am Familienseder teilzunehmen. Ihr psychisches Wohl wurde als wichtiger erachtet als die Einhaltung der Regeln. Das war für viele orthodoxe sephardische Juden in Israel eine kühne Geste und ein Zeichen, dass die Gesundheit des Menschen Priorität hat.

Todesstrafe? Im Prinzip ja – aber!

Ähnlich ausführlich wie mit dem Schadenersatz beschäftigen sich die Rabbiner mit der Todesstrafe, die an mehreren Stellen in der Tora vorgesehen ist. Auf ihre oftmals überraschenden Gedanken, Erkenntnisse und Lösungen kann an dieser Stelle nicht ausführlich eingegangen werden. Doch da auch die Todesstrafe in der hebräischen Bibel besonders von Journalisten immer wieder als Beleg für die Rückständigkeit und das Rachedenken der jüdischen Religion genannt wird, scheint eine kleine Entgegnung in diesem Rahmen angebracht.

Denn über die Todesstrafe kann man im Judentum ebenfalls nicht sinnvoll sprechen, ohne zu erwähnen, wie sie im Talmud behandelt wird. Dort nämlich bauten die Rabbiner ein »großes juristisches Bollwerk« um diese Praxis herum, wie es ein Rabbiner nennt. Wenn sie diese Form der Bestrafung damit auch nicht völlig eliminierten, so hätten sie deren Anwendung dadurch doch minimiert. Was uns nicht erstaunen sollte, nachdem wir bereits wissen, dass in der jüdischen Lehre das Leben und die Lebenserhaltung über allem stehen und beinahe jedes andere Gebot umwerfen.

So steht in der Tora beispielsweise, dass jemand, der am Schabbat Holz sammelt und wegträgt, gesteinigt werden soll. Laut den Rabbinern im Talmud kann das aber nur passieren, wenn er es mit Absicht getan hat, wenn ihn zudem vorher jemand gewarnt hat, es nicht zu tun, und wenn es zwei Zeugen für sein Vergehen gibt. Derart kompliziert Vorbedingungen für die Todesstrafe gibt es in allen Fällen, in denen sie in der Hebräischen Bibel eigentlich angeordnet ist. Dass die Rabbiner ihre Interpretationsfreiheit ganz bewusst in diesem Sinne genutzt haben, zeigt eine berühmte Stelle in der Mischna, der Gesetzessammlung, die zusammen mit der Gemara, deren Ergänzung und Erläuterung, den Talmud ausmacht. Fälle, in denen die Todesstrafe infrage kam, mussten von einem Sanhedrin, einem rabbinischen Gericht, entschieden werden, das mit 23 Richtern besetzt war.[25] Wenn sie den Angeklagten schon nach kurzer Zeit einstimmig verurteilen wollten, mussten sie ihn freisprechen. Denn der Talmud schreibt vor, dass im Falle einer Mehrheit für die Verurteilung das Gericht eine Nacht vergehen lassen muss, ehe sie das Urteil verkünden.[26] In dieser Nacht, so schreiben die Rabbiner in dem Talmudtraktat, könnten Richter, die sich für einen Schuldspruch entschieden hatten, immer noch Gründe für die Unschuld des Angeklagten finden, und dies könne letztlich zum Freispruch führen. Wenn aber alle Richter einer Meinung seien, gebe es diese Möglichkeit nicht, denn es gebe ja überhaupt niemanden, der für diesen Menschen eintrete. Kurz, es gebe keine Gegenargumente, die ein unsicherer Richter reflektieren könnte. Von solchen Hürden finden sich viele. Darum galt unter den Rabbinern ein Sanhedrin, der alle sieben Jahre jemanden zum Tode verurteilt, als mörderisch. Einer der Rabbiner erläutert, dass es heißen solle, »einmal in siebzig Jahren«. Und Rabbiner Akiva, oder auch Akiba, einer der bedeutendsten jüdischen Weisen, sagt zusammen mit dem ebenfalls berühmten Rabbiner Tarfon, »Hätten wir auf der Richterbank gesessen, hätte es niemals eine Todesstrafe gegeben.«[27]

Auch wenn es von dieser roten Linie in besonders gelagerten Fällen Ausnahmen gibt, ist die jüdische Skepsis gegen die Todesstrafe geblieben. Im Staat Israel hat die Knesset sie schon 1954 als Strafe für Mord abgeschafft. Sie gilt immer noch für Holocaustverbrechen, bestimmte Militärverbrechen und Angriffe gegen das Land, doch ist sie nur einmal vollsteckt worden: 1962 wurde der frühere SS-Offizier Adolf Eichmann hingerichtet, ein Nationalsozialist, der in führender Rolle für die Schoah verantwortlich war. Obgleich die Todesstrafe theoretisch auch gegen terroristische Mörder verhängt werden könnte, ist das noch nie passiert.

In ihrer privaten Haltung haben die Juden die jahrtausendealte Lehre ebenfalls verinnerlicht. In einer Gallup-Umfrage aus dem Jahr 2016 stellten die jüdischen US-Bürger die größte Gruppe derer, die die Todesstrafe als moralisch inakzeptabel ansah, nämlich 46 Prozent. Selbst unter den Atheisten gab es mit 38 Prozent weniger Befragte, die in der schwerwiegendsten aller Strafen ein moralisches Problem erkannten.[28] Ausgerechnet die Menschen also, denen andere wegen eines falsch ausgelegten Bibelwortes seit Jahrhunderten besondere Rachsucht unterstellen, können mit diesem Gedanken am wenigsten anfangen.

Die Sorge um die jüdische Vorhaut

Im Juni 2012 erklärte das Landgericht Köln medizinisch nicht notwendige Beschneidungen für rechtswidrig.[29] Im strittigen Fall hatte es bei einem vierjährigen muslimischen Jungen Nachblutungen gegeben, die im Krankenhaus behandelt wurden. Die Staatsanwaltschaft hatte von dem Vorfall gehört und Anzeige erstattet. Der aufsehenerregende Richterspruch führte zu hitzigen Diskussionen. Vorrangig ging es um die Abwägung zwischen dem Recht des Kindes auf Unversehrtheit gegenüber dem Erziehungsrecht der Eltern und dem Grundrecht auf Religionsfreiheit. So sagte der Strafrechtler Holm Putzke nach dem Kölner Urteil, er hoffe, dass es auch bei Angehörigen der betroffenen Religionen zu »einem Bewusstseinswandel führen« werde und dazu, »Grundrechte von Kindern zu respektieren«.[30] Schon für sich genommen konnte das Angehörige der besagten Religionen vor den Kopf stoßen, deutet seine Aussage doch an, dass Juden und Muslime sich bisher – offensichtlich im Gegensatz zu Eltern, die diesen Religionen nicht angehören – um die Rechte ihre Kinder wenig gekümmert hätten. In diese Richtung gingen dann auch die Debatten sehr schnell. Dabei zeigte die Wortwahl vieler Kommentartoren zu dem Thema, dass es ihnen nicht nur um den Eingriff ging, sondern vor allem um die Juden an sich, auf die sich die Diskussion nach Beobachtungen der Autorin bald fokussiert hatte, und um deren Werte.

Das Wohl des Kindes

Nach Gesprächen mit offiziellen Vertretern der jüdischen und islamischen Gemeinschaft entschied der Deutsche Bundestag im Dezember 2012 mit großer Mehrheit, dass die Beschneidung von Jungen zulässig ist, wenn der Eingriff nach den Regeln der ärztlichen Kunst ausgeführt wird. In den ersten sechs Monaten dürfen die Kleinen auch von Angehörigen einer Religionsgemeinschaft beschnitten werden, wenn diese dafür extra ausgebildet sind. Diese Entscheidung heizte die Auseinandersetzungen noch einmal an. Mehrere hundert Mediziner und Juristen appellierten vor der Verabschiedung des Gesetzes an die Politiker, dem Kinderschutz Priorität einzuräumen. In einer Umfrage stimmten nur 24 Prozent der Bundesbürger dem neuen Gesetz zu.[31]

Was ist daran nun antisemitisch? Zunächst einmal gar nichts. In der jüdischen Gemeinschaft selbst wird die Beschneidung diskutiert. Vielleicht machen wir zum besseren Verständnis an dieser Stelle einen kleinen Abstecher in die Geschichte dieser Tradition. Wie wir in der Hebräischen Bibel lesen, schließt Gott einen Bund mit den Juden und trägt Abraham auf, sich als Zeichen dieser ewig geltenden Verbindung zu beschneiden. Als Symbol für den Bund sollen dies in Zukunft alle Männer tun: »Dies ist mein Bund, den ihr wahren sollt, zwischen mir und euch und deinem Samen nach dir: Beschnitten unter euch sei alles Männliche. Am Fleisch eurer Vorhaut sollt ihr beschnitten werden, das sei zum Zeichen des Bundes zwischen mir und euch. Mit acht Tagen soll alles Männliche unter euch beschnitten werden, in allen Geschlechtern«, so übersetzen Martin Buber und Franz Rosenzweig diesen Abschnitt der Tora. Die hebräische Bezeichnung für die Beschneidungszeremonie ist deshalb Brit Mila – der Bund der Beschneidung.

Verpflichtungen, die den Menschen in der Tora auferlegt werden, haben oft reale, praktische Hintergründe. In allen Generationen haben Rabbiner und Philosophen das Gebot der Beschneidung auf verschiedene Weise erklärt. Der jüdische Denker Philo, der im 1. Jh. vor der Zeitrechnung im ägyptischen Alexandria lebte, nannte als Erster auch hygienische Gründe für den Eingriff.[32] Mit diesem Argument begründen heute auch zahlreiche nichtjüdische Eltern, dass ihren Söhnen die Vorhaut entfernt wird. Für Juden wurde die Beschneidung dagegen zu einem identitätsstiftenden Brauch, der nun seit über 3000 Jahren praktiziert wird. Wie Louis Jacobs schreibt, betrachtete selbst Baruch Spinoza, der im 17. Jahrhundert so ausgefallene Wege ging, dass die jüdische Gemeinschaft ihn ausschloss, die Beschneidung als zentrales Element der jüdischen Identität.[33] Manche Reformjuden lassen die Prozedur von einem jüdischen Arzt, der sich als Mohel (Beschneider) betätigt, unter Segen und Gebeten in einem Krankenhaus ausführen. Viele aber, vor allem orthodoxe Juden, haben die Brit Mila zu Hause oder in der Synagoge. Familie und Freunde versammeln sich und sagen das Glaubensbekenntnis sowie verschiedene Psalmen. Der Vater spricht den Segen für die Zeremonie, die Mutter dankt Gott, dass sie die Geburt gut überstanden hat. Dann entfernt der Mohel die Vorhaut des Jungen, der das Ganze mehr oder minder aufgeregt auf dem Schoß seines Paten erlebt und anschließend offiziell seinen hebräischen Namen bekommt. Ist das Kind krank oder gibt es medizinische Bedenken, darf der Eingriff nicht vorgenommen werden. Die Gesundheit und Erhaltung des Lebens haben, wie gesagt, im Judentum höchste Priorität.

Gleichberechtigung

Im Zug der Gleichberechtigung wollen immer mehr Eltern, egal welcher religiösen Richtung sie angehören, auch ihre Töchter auf besondere Weise in die Gemeinschaft aufnehmen. In den letzten Jahrzehnten haben sich dafür verschiedene Bräuche entwickelt, wie das rituelle Waschen der Füße als heiliger Willkommensgruß, das kurze Eintauchen in die Mikwe oder das Einhüllen in einen Tallit, den Gebetsschal. Während der Zeremonie, die Simchat Bat oder Brit Bat genannt wird, die Freude oder der Bund der Tochter, bekommt diese ebenfalls ihren hebräischen Namen. Gemeinsam mit der Familie und Freunden empfangen die Eltern die Kleine in den Bund, sprechen Segen und Gebete. Oft wird die Zeremonie vereinfacht und der weibliche Säugling wird in den Gottesdienst gebracht, um dort, umgeben von der Gemeinde, vom Rabbiner gesegnet zu werden und seinen hebräischen Namen zu bekommen.[34]

Da es keine offiziellen Erhebungen gibt, lässt sich über die Akzeptanz der Brit Mila lediglich Folgendes sagen: Für Anhänger der Orthodoxie ist es keine Frage, dass Söhne am achten Tag durch diese Zeremonie in den Bund aufgenommen werden. Der Brit ist so wichtig, dass er selbst am Schabbat vollzogen werden muss. Unter liberalen Juden hat sich in den letzten Jahren eine Diskussion über die Notwendigkeit der Beschneidung entwickelt. Manche, besonders diejenigen, die mit Nichtjuden verheiratet sind, äußern Zweifel und entscheiden sich erst nach langen Diskussionen – manchmal für, manchmal gegen die Beschneidung. Andere diskutieren, ob nicht eine ähnliche Zeremonie wie für die Mädchen auch für Jungen ausreichend wäre. Es gibt Foren, in denen Befürworter und Gegner der Beschneidung argumentieren oder in persönlichen Berichten ihre jeweiligen Entscheidungen erklären. Einige stellen die körperliche Unversehrtheit ihrer Kinder in den Vordergrund, andere die Möglichkeit für ihre Kleinen, von Beginn an Teil eines Ganzen zu sein und, eingebettet in Tradition und Gemeinschaft, als Mitglied einer Minderheit eine stabile religiöse Identität zu entwickeln. Oft sehen in diesen Debatten selbst säkulare Juden die formale Aufnahme ihrer Söhne in den Bund mit Gott durch eine Beschneidung als heilige Handlung an, die essentiell und grundlegend für die jüdische Identität ist. Als Zeichen dieses Bundes ist die Zeremonie für sie unverzichtbar. Anders gesagt: In einem Land, in dem es legal nicht mehr möglich wäre, ihre Söhne zu beschneiden, könnten die meisten Juden nicht leben.

Argumentationen von Juden für und gegen die Beschneidung zeigen, wie man darüber sprechen, den Vorgang kritisieren und gleichzeitig den Respekt voreinander wahren kann. Zumindest geht jede Seite davon aus, dass auch die andere Seite nur das Beste für die

Söhne will. Davon könnte der Tenor vieler Beiträge in der Debatte in Deutschland, die das Kölner Urteil entfacht hatte, nicht weiter entfernt sein. Ihre Einwände gegen die religiös motivierte Entfernung der Vorhaut verbanden viele Bürger mit einem grundsätzlichen Urteil über das Judentum, das als »archaisch« oder »brutal« dargestellt wurde. Insgesamt erschien die jüdische Religion in den Diskussionen meist als rückständig, als nicht mehr relevant und als unbarmherzig. So begründete ein hessischer Arzt, der einen offiziell zertifizierten Mohel, Rabbiner David Goldberg, wegen Misshandlung von Schutzbefohlenen angezeigt hatte, seinen Schritt in einem Interview mit der *Frankfurter Rundschau* im September 2012 damit, dass der Mohel weiterhin beschneiden wolle: »Es bestand akute Gefahr, dass Herr Goldberg Säuglinge weiter quält, ich wollte mich da nicht durch Stillschweigen mitschuldig machen.«[35] Er habe die Anzeige aufgrund des »besonderen historischen Erbes für deutsche Ärzte erstattet, keine Verletzungen an wehrlosen Menschen durchzuführen oder zu dulden, gleichgültig durch wen diese begangen werden. Ich habe während meiner Tätigkeit in der Psychiatrie die historischen Folterkeller und menschenverachtenden Maßnahmen des NS-Regimes mit Entsetzen begutachten können und fühle mich seither dem Schutz der Menschenrechte in besonderer Weise verpflichtet.«

Damit stellte der Arzt den Rabbiner, der damals bereits über viertausend Jungen beschnitten hatte, in eine Tradition mit den Menschen, die das in der Geschichte größte Verbrechen an Juden verübten. Wenn hier der Leser nicht zumindest stutzt, dann, ja, dann hat er viel mit den zahlreichen Kommentatoren gemeinsam, die an Aussagen dieser Qualität ebenfalls nichts zu beanstanden hatten, sondern sie unterstützten. Übrigens entschied die Staatsanwaltschaft, keine Ermittlungen gegen Goldberg einzuleiten.

Wenn nicht einmal die Fakten stimmen

Erschreckend viele der Kommentatoren stellen die Beschneidung von Jungen und Mädchen auf eine Stufe. In einem Brief an Politiker schrieben Ärzte und Juristen auch diesen Satz: »In diesem Zu-

sammenhang kann die Religionsfreiheit kein Freibrief zur Anwendung von (sexueller) Gewalt gegenüber nicht einwilligungs-
fähigen Jungen sein. Dies ist für die Zufügung jeglicher Gewalt im
Genitalbereich von Mädchen national und international schon lange
Konsens. Hinsichtlich der Durchführung medizinisch nicht not-
wendiger, irreversibler Genitalbeschneidungen von Jungen, verbunden mit hohem Risiko für bleibende genitale Beschädigungen
und seelische und sexuelle Beeinträchtigungen, muss die öffentliche
Debatte und Wahrnehmung offensichtlich noch weiterentwickelt
werden.«[36]

In zahlreichen Leserbriefen während dieser Zeit taucht der Vergleich ebenfalls auf. Das kann und muss man als Versuch sehen, den
Akt der Zirkumzision als potentiell lebensgefährdend darzustellen.
Mit dieser Gleichsetzung brutalisiert man den Vorgang und damit
auch das Vorgehen der Beteiligten. Wer sich ernsthaft mit der weiblichen Genitalverstümmelung beschäftigt, wird schnell herausfinden,
dass das Entfernen der Vorhaut nichts, aber wirklich gar nichts mit
der weiblichen Genitalverstümmelung zu tun hat. Diese zerstört
nicht nur die Sexualität der jungen Frauen, weil sie unter Inkontinenz
leiden und chronische Entzündungen jeden Geschlechtsverkehr
schmerzen lassen, sondern sie kostet nach Angaben der Weltgesund-
heitsorganisation (WHO) fünfzehn Prozent der behandelten Mädchen das Leben. Die WHO geht davon aus, dass derzeit 200 Millionen Mädchen und Frauen leben, die beschnitten worden sind. Die
Kosten der Behandlung von Komplikationen, die mit dem Eingriff
einhergehen, betragen jährlich 1,2 Milliarden US-Dollar für die Organisation.[37] Die Menschenrechtsorganisation *Terre des Femmes* geht
davon aus, dass in Deutschland über 70 000 Frauen leben, deren äu-
ßere Geschlechtsorgane weggeschnitten worden sind, manchmal mit
Glasscherben oder Rasierklingen, und es über 17 000 akut gefährdete
Mädchen gibt.[38] Doch darüber hört man erstaunlich wenig. Selbst
Kommentatoren, die sich damit beschäftigen, misstrauen erst einmal
den Zahlen (so hoch können die gar nicht sein), um sich dann unvermeidlich den Juden und der männlichen Beschneidung zuzu-
wenden und die Ungleichbehandlung zwischen den beiden »Ver-

stümmelungspraktiken« zu monieren. Mit Bravour gelang das dem Juristen Thomas Fischer im August 2018 im Spiegel, der schrieb: »Die Bundeskanzlerin fand zur Begründung dieser Rechtslage [die Nichtstrafbarkeit der Beschneidung, Anm. d. Verf.] im Jahr 2012, nachdem ein Landgericht die Sache infrage gestellt hatte, das schöne Argument, sie beabsichtige nicht, sich ›im Ausland lächerlich zu machen‹. Sie meinte, dass ein Verbot der Knabenbeschneidung sich in Deutschland nicht gehöre – weil sie ein auch jüdischer Brauch ist und die Bundesrepublik sich da heraushalten sollte. Das ist ein erwägenswertes Argument, scheint mir aber auf dem Niveau einer Wahl zwischen Lächerlichkeit oder Nichtlächerlichkeit der Frau Bundeskanzlerin noch nicht ganz ausgelotet. Im Übrigen passt es ja auch inhaltlich und strukturell überhaupt nicht in die übrige Rechtslandschaft: Beim Verbot der Mädchenbeschneidung ist es der Bundeskanzlerin zum Glück völlig gleichgültig, ob sie sich in Äthiopien ›lächerlich macht‹.«[39]

Der Jurist Jochen Schneider vergleicht in seiner Dissertation die Beschneidung eines Säuglings mit der Eintätowierung von Nummern in Konzentrationslagern.[40] Beides seien fremdbestimmte Eingriffe, für die Betroffene sich nicht entschieden hätten. Schneider geht so weit zu schreiben, dass Juden durch die Beschneidung leichter zu erkennen gewesen seien und damit indirekt zu ihrer eigenen Vernichtung durch die Nationalsozialisten beigetragen hätten. Er argumentiert, dass der Vorhautentfernung keine religiöse Bedeutung zukomme und sie deshalb nicht notwendig sei. Auch er geht trotz überwältigender medizinischer Studien, die das Gegenteil belegen, davon aus, dass die männliche Beschneidung der weiblichen gleichzustellen sei. In einem Buch zum Thema beschreibt der Autor Tilman Jens ein Video einer jüdischen Beschneidung als »Zeugnis des Grauens«.[41]

Dunkle Zeiten in Deutschland?

Insgesamt habe ich sowohl bei den beteiligten Wissenschaftlern als auch den Kommentatoren in Medien und anderen Foren den Eindruck, hier werde nicht ein medizinischer Vorgang bewertet, sondern der moralische Wert einer Religionsgemeinschaft. In vielen Fällen vergriffen sich die Teilnehmer im Ton. »Vielfach« hätten Bürger in diesem Zusammenhang Bezeichnungen wie »pervers«, »primitiv« oder »brutal« benutzt, oder Begriffe wie »blutige Verstümmelung«, schreiben Monika Schwarz-Friesel und Jehuda Reinharz.[42] Redaktionen mussten in manchen Fällen die Kommentarfunktion unter positiven journalistischen Artikeln über die Beschneidung »wegen Entgleisungen« abschalten. Ein Leserbriefschreiber, der wie viele andere mit vollem Namen und Angabe seines Doktortitels schreibt, befürchtet, dass die Nation mit der Verabschiedung des Beschneidungsgesetzes »dunkleren Zeiten« entgegengehe, »als Deutschland jemals gesehen hat«. Andere deuten an, dass Juden die Macht im Land ausübten und Politiker derart kuschten, dass sie dafür die Gesundheit von Kindern zu opfern bereit seien. Offen riefen andere die Juden zum Verlassen des Landes auf, wenn ihnen die Misshandlung ihrer Kinder so wichtig sei, dass sie dafür das Grundgesetz zu brechen bereit seien. Und in seinem offenen Brief an die Bundeskanzlerin schrieb Professor Franz: »Der schwerwiegende Vorwurf jedoch – unter assoziativem Verweis auf den Holocaust – durch ein Verbot der rituellen Jungenbeschneidung würde ›jüdisches Leben in Deutschland‹ unmöglich werden, ist für Vertreter des Kinderschutzgedankens nicht hinnehmbar. Es geht vielmehr darum, auch jüdisches und islamisches Leben im Rahmen der deutschen Rechtsordnung zu schützen. Als Kinder der Aufklärung müssen wir endlich die Augen aufmachen: Man tut Kindern nicht weh!«[43]

Wie unverhältnismäßig die Reaktionen waren, beschrieb der Journalist Christian Bommarius am 30. September 2012 in einem Essay in der *Frankfurter Rundschau*.

Hier ein Auszug:

>»Die kleine Strafkammer hat lediglich ein Fehlurteil gesprochen, dessen einziger tragender Grund in der verfassungsrechtlichen Inkompetenz der Richter besteht. Selbstverständlich erstreckt sich das grundgesetzlich geschützte Erziehungsrecht der Eltern auf ihre Einwilligung in die Be-

schneidung. Nach einer Studie der American Academy of Pediatrics, in der 60 000 US-amerikanische Kinderärzte zusammengeschlossen sind, kam es in den USA in den vergangenen 15 Jahren nur in 1,5 Prozent der Beschneidungen an Säuglingen zu Komplikationen, das Risiko schwerer Komplikationen betrug o (in Worten: null) Prozent. Die Kölner Richter haben weder derartige Studien beachtet noch das Verfassungsrecht.

Aber die hysterische Wut, mit der Teile der deutschen Öffentlichkeit seit Monaten das Ende der ›blutigen Barbarei‹ verlangen, ist mit der Entscheidung allein nicht zu erklären. Es hat rund 4000 Jahre gedauert, bis deutsche Ärzte im Sommer 2012 die Beschneidung als Verbrechen entlarvten. Das lässt sich natürlich damit entschuldigen, dass es in Deutschland nicht schon seit 4000 Jahren Ärzte gibt. Aber die verzögerte Reaktion der deutschen Kinderärzte wird noch besser verständlich, wenn man weiß, dass sie auch bei anderen Verbrechen sich Zeit zur Aufklärung zu lassen pflegen.

Es dauerte beispielsweise bis September 2010, bis sich die Deutsche Gesellschaft für Kinder- und Jugendmedizin in einer Erklärung ›in Demut vor den Opfern‹ verneigte, das heißt vor den mehr als 10 000 Kindern und Jugendlichen, die während der Nazi-Zeit mit Hilfe von deutschen Kinderärzten als ›lebensunwertes Leben‹ vernichtet wurden. Von ›Entsetzen‹ war in der Erklärung keine Rede. Dieses Gefühl blieb dem Präsidenten des Berufsverbands der Kinder- und Jugendärzte (BVKJ), Wolfram Hartmann, vorbehalten, nachdem er vor einigen Tagen erfahren hatte, dass die Beschneidung in Deutschland wie in der Vergangenheit, so auch in Zukunft rechtmäßig bleiben werde.«[44]

Soweit Christian Bommarius.

Damit hätten nichtjüdische Deutsche ihre Perspektive erweitert, meint er polemisch, und sähen die Juden nicht mehr nur als Opfer an, sondern hätten sie nun auch als Täter entdeckt. Wie wir gesehen haben, gibt es solchen Entlastungsantisemitismus nicht nur in diesem Zusammenhang. Was die Leser davon hielten, lässt sich nicht berichten, denn auch hier hatte die Redaktion die Kommentarfunktion wegen Entgleisungen deaktiviert.

Der Verleger Rafael Seligmann kommentierte die Angriffe mit der Bemerkung, von einem nachhaltigen Trauma bei Juden könne nicht die Rede sein. Es sei ihm nicht bewusst, dass sein Sohn, Jesus, Einstein und Millionen anderer Juden bleibende Schäden davongetragen hätten. Damit begegnete er den Auseinandersetzungen gelassen.[45] Andere Juden dagegen sahen eine neue Bedrohung auf sich zukommen, die gegen einen wichtigen Teil ihrer Identität gerichtet war. In einem informativen und vielschichtigen Essay stellt der Religionshistoriker Alfred Bodenheimer diesen Aspekt in den Vordergrund und geht aus jüdischer Sicht unter anderem auf die religiöse und geschlechtliche Identität männlicher Juden ein, die sich auch durch die Beschneidung entwickle.[46] Da es bei der Beschneidung auch immer darum gehe, »das jüdische Kollektiv nicht zu verlieren« gehe es in der Debatte um eine existenzielle Frage. Der Umgang der Nichtjuden mit diesem Thema erinnere an vergangene, überwunden geglaubte Zeiten.

Viele hatten von Beginn der Debatte an den Eindruck, dass Bürger aus einer antisemitischen Haltung heraus argumentierten. 2019 untermauerte die bereits zitierte Studie zum Judenhass im Internet diese Mutmaßungen mit konkreten Forschungsergebnissen.[47] Insgesamt untersuchte das Team um Monika Schwarz-Friesel in der Datensammlung zur Beschneidungsdebatte 6430 Kommentare unter Onlineartikeln deutscher Qualitätszeitungen und -magazine in den Jahren 2012 bis 2013, insgesamt 59 Dokumente. Davon analysierten sie 1119 Kommentare, die bestimmte Stichworte enthielten, und qualifizierten 261 Kommentare davon als antisemitisch, etwas mehr als 23 Prozent. Der überwiegende Anteil speiste sich aus klassisch antisemitischen Stereotypen. Nicht nur setzten Kommentatoren das Judentum als rückständig und brutal herunter – die Forscher fanden auch hier zahlreiche Verweise auf die jahrhundertealte Blutkultlegende. Und selbst in diesem Zusammenhang schafften es Antisemiten, die Schoah und deren Folgen als Waffe gegen die Juden einzusetzen. Viele Juden sehen die Beschneidungsdebatte als Wendepunkt, an dem Viele begannen, ihre feindselige Haltung ihnen gegenüber offen zu artikulieren.

Ein Plädoyer fürs Tierwohl? Oder doch nur Judenbashing?

Die Tora schreibt an verschiedenen Stellen vor, dass die Juden bestimmte Nahrungsmittel meiden und andere nicht in einer Mahlzeit zusammen essen sollen. Blut darf überhaupt nicht verzehrt werden, weil es für das Leben steht, und Fleisch nur von bestimmten Tieren, die auf eine vorgesehene Weise geschlachtet wurden. Milch und Fleisch dürfen religiöse Juden nicht zusammen zu sich nehmen. Die zahlreichen Vorschriften sind von den Rabbinern über die Jahrhunderte ausgelegt und ergänzt worden, sodass der Talmud die Einzelheiten der Kaschrut, der Nahrungsvorschriften, regelt. Über allem steht der Anspruch Gottes an die Juden, heilig zu sein. Sie sollen sich nicht ausschließlich auf ihr Leibeswohl fokussieren, sondern sich immer auch der Anwesenheit Gottes, den Erfordernissen ihrer Gesundheit, der Sorge um die Tiere und die Erde sowie auch um das Wohl ihrer Mitmenschen bewusst sein. Manchen der Nahrungsvorschriften folgen unmittelbar Verhaltensregeln, wie etwa den Armen zu helfen und das Land zu schonen. Während die Reformbewegung im 18. Jahrhundert diesen Vorschriften nicht mehr viel Aufmerksamkeit entgegenbrachte, erlegen sich heute auch immer mehr liberale Juden zumindest einige Restriktionen beim Essen und Trinken auf.

Strikte Voraussetzungen

Nichtjuden interessieren sich für diese Nahrungsvorschriften meist nur insoweit, als es um Steak und Wurst oder andere Fleischprodukte geht. Denn um koscheres Fleisch zu produzieren, müssen jüdische Metzger die Schechita einhalten, die religiösen Regeln für das Schlachten. Wie die Tiere dazu getötet werden müssen, steht nicht in der Tora, sondern ist mündlich überliefert und von den Rabbinern im Talmud und an anderen Stellen über die Jahrhunderte diskutiert und niedergeschrieben worden. Seit Jahrtausenden sehen Juden in der Schechita die Methode, mit der ein Tier am schonendsten getötet wird, nämlich mit einem einzigen Schnitt durch den Hals, der Luft- und Speiseröhre durchtrennt.[48] Die Schlachttiere sollen möglichst wenig leiden, weswegen die Halacha detaillierte Anforderungen an das Schächten stellt. So muss die Schneide rasiermesserscharf sein und glatt, um den sofortigen Tod herbeizuführen. Ist sie nur ein wenig eingekerbt und somit nicht geeignet und erlaubt, und wird das Messer dennoch benutzt, ist das Tier nicht mehr koscher, und Juden können das Fleisch nicht mehr essen. Für Christen wäre dies dagegen möglich. Muslime dürfen koscheres Fleisch essen, während Juden nur Fleisch verzehren dürfen, das ein Schochet geschlachtet hat. Der Schochet, ein speziell ausgebildeter und jahrelang trainierter Schlach- ter mit Diplom, muss schnell, ohne jede Unterbrechung und ohne Druck schneiden. Das Tier selbst darf nicht verletzt oder krank sein. Da auch die Betäubung als eine Verletzung angesehen wird, kommt sie für religiöse Juden nicht infrage.

In mehreren europäischen Ländern ist das betäubungslose Schlachten verboten, wovon auch die Muslime betroffen sind.[49] Denn obgleich die Voraussetzungen dafür, was Fleisch koscher oder halal macht, wie es bei den Muslimen heißt, sich voneinander unter- scheiden, müssen Muslime die Tiere ebenfalls schächten. Einige von ihnen diskutieren allerdings, ob das Schlachten mit Betäubung nach Auslegung des islamischen Rechts infrage kommt. Im Dezember 2020 hat der Europäische Gerichtshof (EuGH) auf eine Klage von Belgien hin entschieden, dass EU-Staaten die Schächtung ohne Be- täubung verbieten dürfen.[50] Damit sei die Religionsfreiheit nicht be- einträchtigt, da Gläubige die Tiere ja betäuben und dann immer noch religiös schlachten könnten. Das ist für religiöse Juden absurd, denn diesen Schritt einzuführen, hieße, dass das produzierte Fleisch nicht mehr essbar wäre.[51] Und wird noch absurder dadurch, dass die Bedingungen für eine schmerzfreie Tötung durch einen Schnitt, wie sie die Richter schildern, die Bedingungen der jüdischen Halacha widerspiegeln. Die Rechtslage in der Bundesrepublik erlaubt das Töten von Tieren ohne Betäubung derzeit nicht.[52] Allerdings sind im Interesse der Religionsfreiheit Ausnahmen möglich, wenn das

Fleisch für Bürger bestimmt ist, deren religiöse Vorschriften ihnen den Verzehr von Fleisch nicht geschächteter Tiere untersagt.[53] Jedoch diskutieren auch in Deutschland Politik und Bürger ein generelles Verbot ohne jede Ausnahmeregelung immer wieder. Die Partei Alternative für Deutschland hatte dies in ihr Wahlprogramm aufgenommen. Ebenso plädiert die Bundestierärztekammer für ein striktes Verbot des Schächtens ohne Ausnahme.[54] Im Jahr 2019 entschied der EuGH, dass Fleisch von geschächteten Tieren, die ohne Betäubung getötet worden sind, kein Bio-Siegel erhalten darf.[55]

Irrationales Verhalten

In den Angriffen gegen die Schechita finden sich nicht nur antisemitische Klischees. Oft zeigt sich auch, dass Bürger nicht wissen, wovon sie sprechen. Skurril wird es, wenn man die Kritiker kennt und weiß, dass sie große Anteilnahme für das Schicksal von Rindern zeigen, sobald sich an deren Hälsen ein von jüdischer Hand gelenktes Messer befindet, sich aber im Restaurant ohne gesteigerte moralische Bedenken Rindersteak aus der Massentierhaltung bestellen. Und dass die selbsternannten Tierschützer den Einwand, dass Schweine oder Rinder in konventionellen Schlachthöfen immer wieder bei vollem Bewusstsein getötet werden, weil zum Beispiel Elektrozangen oder Bolzenschussapparate für die Betäubung nicht richtig angesetzt werden, gerne beiseiteschieben. Wie das zusammenpasst? Gar nicht.

Als die niedersächsische CDU-Landtagsfraktion das Schächten im Sommer 2019 verbieten wollte, übte auch der Zentralrat der Juden in Deutschland scharfe Kritik. Der *Norddeutsche Rundfunk* sendete dazu ein Interview mit dem Vorsitzenden des Landesverbandes der Jüdischen Gemeinden von Niedersachsen, Michael Fürst. Ihm zufolge stellt das Schächten die schmerzloseste Schlachtmethode dar.[56]

Die Hörer reagierten mit Empörung. Von einigen wenigen Ausnahmen abgesehen, verurteilten sie in ihren Briefen an den Sender das Schächten als »Tierquälerei«, die man ohne »Zensur« und »falsche Rücksichtnahme« verbieten müsse. Nicht wenige nutzten antisemitische Stereotype, um ihrer Ablehnung Ausdruck zu verleihen. So schrieb eine Frau unter vollem Namen: »Wie nur können Sie diese vorsintflutlichen barbarischen Rituale fremder Kulturen in unserem zivilisierten Land gesellschaftsfähig machen ohne Zustimmung der Bevölkerung??!! Das ist selbstherrlich gehandelt und ein Verrat an unserer Gesellschaft!!! Schächten ist eine barbarische Tierqual, die nun wirklich nicht mehr zu toppen ist.«

Die Tendenz, nicht nur das koschere Schlachten zu verurteilen, sondern auch die Menschen, die es praktizieren oder das so gewonnene Fleisch verzehren, zieht sich durch die Jahrzehnte. So schrieben Zuschauer schon im Jahr 2008 ähnlich lautende Stellungnahmen, als ein Redakteur in »Report Mainz« dafür plädierte, das Schächten zu verbieten. »Diese ganzen religiösen Vorschriften gehören nicht zu Deutschland. Sie wurden vor Jahrhunderten in lebensfeindlichen Regionen der Erde verfasst«, schreibt jemand, ein anderer meint: »Heute werten wir Fakten höher als Meinungen, außer jemand ist geistig im Mittelalter stecken geblieben. In welchem Zeitalter leben wir wirklich???«[57]

Nicht nur wird das Judentum damit als rückständig und überholt dargestellt – zudem vertreten manche Schreiber die Meinung, dass Juden nicht zu diesem Land gehören, zumindest nicht, wenn sie als praktizierende Juden leben. Um ihre Ablehnung gegen das Schächten zu begründen, legen nichtjüdische Tierschützer auch gerne die Tora aus oder zitieren Rabbiner und kommen zu dem Schluss, keine religiöse Vorschrift schreibe es den Juden vor. Der Soziologe Volker Mariak philosophiert in einem Buch gegen das Schächten über den für ihn offensichtlichen Zusammenhang zwischen Tierquälerei, für die er auch das Schächten hält, und der daraus folgenden Verrohung und Gewalt gegen Menschen. Man könne nicht darüber hinwegsehen, dass viele notorische Gewalttäter auch Tierquäler gewesen seien. Zudem werde zu Recht darauf hingewiesen, dass in der Bevölkerung Ablehnung gegen Juden und Muslime geschürt werde, wenn sie Rechte für sich in Anspruch nähmen, die andere nicht hätten, und legalisierte Tierquälerei ausübten.[58] Wir haben bereits festgestellt, dass es Methode hat, Juden selbst für den Antisemitismus verantwortlich zu machen. Und auch zu dem Urteil des EuGH von 2020 äußerten sich zahlreiche Bürger antisemitisch.[59]

Bewusster essen

Wenden wir uns nun aber, ohne weiter auf eindeutig antisemitische Ressentiments einzugehen, den Fragen zu, die jüdische Bürger auch von rationalen Stimmen schon gehört haben:

Warum ist es Juden wichtig, koscher zu essen? Und: Sind sie nicht besorgt um das Wohl der geschächteten Tiere? Wo sie doch sonst so modern und sozial denken und leben? Die Antworten auf die erste Frage sind unterschiedlich. Für orthodoxe Juden ist die Antwort klar: Tora und Talmud legen die Regeln für die koschere Ernährung fest, also sind die Juden den Gesetzen verpflichtet. Infolgedessen gibt es lediglich über das »Wie«, nicht aber über das »Ob« Diskussionen. Doch auch zahlreiche liberale Juden befolgen zumindest einen Teil der Kaschrut. Die Autorin kann zu dieser Frage nur aus ihrem Umfeld berichten. Da Milch und Fleisch getrennt werden müssen, und man streng genommen dazu im Haushalt alles doppelt benötigt, zum Beispiel zwei Kühlschränke, habe ich mich entschieden, zu Hause kein Fleisch mehr zuzubereiten. Es gibt erlaubten Fisch, der Schuppen und Kiemen hat, und viel Vegetarisches. Das meiste ist frisch und mit wenigen Zutaten möglichst ohne Zusatzstoffe zubereitet. Denn bei diesen Stoffen kann man nicht sicher sein, ob sie koscher sind oder nicht. Im letzteren Fall wäre das Produkt unerlaubt. Orthodoxe Juden kaufen deshalb Produkte, die ein rabbinisches Siegel haben, und bei denen somit sichergestellt ist, dass sie für den Verzehr geeignet sind. So weit gehe ich nicht. So wie ich handhaben es viele in meiner Gemeinde, immer mehr entscheiden sich, vollkommen vegetarisch zu leben. Manche ignorieren die Speisevorschriften komplett. Andere trennen Milchiges und Fleischiges zwar zu den Mahlzeiten, führen aber keine zwei Küchen, manche essen in diesen Fällen dennoch ausschließlich koscheres Fleisch. Wiederum andere meiden lediglich Schwein und Schalentiere. Die meisten entscheiden sich, zu Hause strenger auf die Speisevorschriften zu achten als außerhalb.

Warum tun viele Juden das alles? Warum halten sie jahrtausendealte Regeln ein? Von denen selbst Judaisten nicht sicher wissen, warum sie so aufgeschrieben wurden? Und wo doch die Gesundheitsbedenken, sollten sie hinter manchen Vorschriften stehen, heute meist nicht mehr relevant sind? Auch darauf sind die Antworten unterschiedlich, doch für die meisten hat es auch mit dem Bedürfnis zu tun, nicht wahllos alles in sich hineinzustopfen, sondern bewusst, mit Disziplin und, ja, mit Einschränkungen zu essen.

Ich kann hier nur für mich selbst sprechen. Für mich liegt eine große innere Unabhängigkeit in der Entscheidung, beim Essen bestimmten Regeln zu folgen. Es ist nach zwanzig Jahren sicherlich Gewohnheit, aber es ist für mich auch eine Bestätigung, dass ich göttliche Gebote als wichtiger erachte als den Drang, unmittelbaren Gelüsten – und, ja, als Norddeutsche vermisse ich Grünkohl mit Pinkel – nachzugeben. Es ist mir noch nie wirklich schwergefallen. Darum habe ich mich nach dem Tod meines Mannes entschieden, weiterhin einen semi-koscheren Haushalt zu führen. Bei mir sah das anfangs so aus, dass ich Milch- und Fleischprodukte nicht miteinander serviert habe, meine Abendessen also entweder »milchig« oder »fleischig« waren, und ich auch meine Gäste, falls sie denn ein Dessert oder anderes mitbringen wollten, entsprechend instruierte. Diesem Problem geht man aus dem Weg, wenn man zu Hause überhaupt keine Fleischprodukte mehr konsumiert und anbietet.

Was ist der Einzelnen wichtig?

Nun mag die Leserin sich fragen: Wo liegt denn da die Logik? Und diese Leserin hätte Recht. Eine generelle Logik liegt darin nicht, eher eine Grundentscheidung, bestimmte Mitzwot in einem bestimmten Rahmen zu erfüllen. Orthodoxe Rabbiner, für die es entweder koscher oder nichtkoscher, auch treife genannt, gibt und dazwischen nichts, können das kritisieren.[60] Denn diese Lebensweise ist unbestritten keine orthodoxe. Nicht dazu berufen fühlen sollten sich allerdings Nichtjuden, die besser zu wissen meinen, wie Judentum funktioniert. Ich habe schon zu oft gehört, dass man einen »echten

Juden« kenne, der »alles isst, auch gerne Currywurst, da denkt der sich nichts dabei«, oder dass jemand mit ihrer »guten Freundin«, einer »alten deutschen Jüdin«, Kohl mit »dickem Speck« gegessen habe, »ach, das war eine Freude«. Oder ähnliche Aussagen, die eigentlich immer zwei Botschaften beinhalten. Erstens: »Die ›echten, guten Juden‹ passen sich an. Die geben nichts mehr auf ihre alten Gebote«. Und zweitens: »Du als Konvertitin musst das halt machen, um irgendwie jüdisch zu sein. ›Echte Juden‹ sind eh schon jüdisch und müssen auf so etwas keine Rücksicht mehr nehmen.« In beiden Botschaften stecken Ansichten über Juden, die weder mit mir noch mit anderen jüdischen Bürgern zu tun haben. Vor allem aber drücken sie die Sehnsucht aus, dass Juden ja nicht anders sein dürfen. Es sagt viel über die Bilder aus, die diese Menschen in ihren Köpfen haben.

Wer auch immer unter den Juden sich dafür entscheidet, koscher, semi-koscher oder versuchsweise koscher zu leben, folgt nicht nur einem Gebot, sondern verbindet sich mit einer jahrtausendealten Haltung, die man im Judentum der Nahrung gegenüber hat. Das Gefühl, dass Nahrung ein Geschenk Gottes ist, nimmt einen so hohen Stellenwert ein, dass der Talmud der Frage, welchen Segen man über welche Speise spricht, viele Seiten widmet, und dem Brot einen speziellen Platz einräumt. Nahrung verpflichtet. Man muss sie mit allen teilen, auch mit den Nichtjuden. Von jeder Ernte, so steht es in der Tora, müssen die Landwirte etwas für die Armen stehenlassen. Das Bewusstsein, dass die Nahrungsaufnahme etwas Besonderes und nichts Selbstverständliches ist, vermittelt einen anderen Blick auf unsere Lebensmittel. Außerdem ist eine bewusste Ernährung meist auch noch gesund. Und die Aufforderung der Tora, sich Speisegesetzen zu unterwerfen, um sich zu heiligen, hat auch einen neuen, modernen Sinn. Denn bestimmten Gelüsten nicht ausgeliefert zu sein, sondern sich für etwas, das über das eigene Leben hinausgeht, zurückzuhalten, vermittelt ein Gefühl von Freiheit und Unabhängigkeit, das gleichzeitig etwas Spirituelles hat. Zudem bekennen auch liberale Juden damit ihre Zugehörigkeit zu einem Bund, der über ihr eigenes Leben und ihre eigene Generation hinausgeht.

Und die zweite Frage nach dem Wohl der Tiere? Natürlich debattieren auch Juden das Schächten. So untersagte die konservative Bewegung im Judentum schon im Jahr 2000 das damals auf dem südamerikanischen Markt übliche Festbinden und Hochziehen der Schlachttiere an den Beinen, um schneller und besser an den Hals der Rinder oder Kälber heranzukommen.[61] Weil andere Gemeinschaften das auf diese Weise billiger als üblich produzierte Fleisch immer noch kauften, praktizierten die Schlachtereien in Südamerika, woher der nordamerikanische Markt einen Großteil des koscheren Fleisches bezieht, dieses Verfahren aber weiterhin. Die renommierte Tierforscherin Temple Grandin, gleichzeitig eine der weltweit bekanntesten Tierschützerinnen und vom amerikanischen *Time Magazine* 2010 zu einer der hundert einflussreichsten Personen gewählt, nannte die Methode eine Verletzung aller Richtlinien zum Wohl der Tiere.[62] 2018 schloss auch die orthodoxe Rabbinerorganisation diese Methode aus und kündigte an, auf diese Weise produzierte und in den Staaten verkaufte Ware nicht mehr als koscher anzusehen. Nicht nur die Tierschutzorganisation Peta, sondern auch jüdische Tierschützer hatten enormen Druck ausgeübt. Der Schritt wurde von den Tierschutzvereinen gelobt.[63] Damit sei das Judentum zu seinem Grundsatz des umfassenden Tierschutzes zurückgekehrt, schrieb Peta. In einem umfangreichen früheren Gutachten hatte Temple Grandin bereits festgestellt, dass die Tiere allein durch den Halsschnitt nicht leiden, wenn die vorgeschriebenen Schritte bei der Schlachtung eingehalten werden.[64]

Tierschutz im Judentum

Tza'ar Ba'alei Chayim, das Verbot, Lebewesen unnötig leiden zu lassen, hat im Judentum über Jahrtausende den Umgang mit Tieren bestimmt. So müssen wie die Menschen auch die Tiere am Schabbat ruhen. Über Seiten hinweg diskutieren die Rabbiner im Talmud, ob man seinen Haustieren am Schabbat zumindest die Lasten umbinden oder auflegen darf, die ihnen das Dasein angenehmer machen, wie eine Decke zum Wärmen oder ein Gefäß, aus dem sie leichter fressen können. Die

4 »Beschneidung ist echt barbarisch.«

Mehrheitsmeinung lautet ja, wenn es dem Tier wirklich nutzt.[65] Niemand darf sich nach einem Arbeitstag an den Tisch setzen, bevor er seine Tiere gefüttert hat. Weiterhin sehen Tora und Mischna beispielsweise vor, dass Nutztiere bei der Feldarbeit im Herbst keinen Maulkorb tragen dürfen, sodass sie Frucht von der Ernte verzehren können, und dass für die Arbeit nicht zwei ungleiche Tiere eingesetzt werden dürfen, was die Rabbiner als Schutzvorschrift für das kleinere oder schwächere Tier interpretieren. Schon in den ältesten jüdischen Texten, den Sprüchen, heißt es, dass der gerechte Mensch sich auch um die Seele (oder das Leben) der Tiere sorge. Seitenlang debattieren Gelehrte, warum die Tora vorschreibe, dass man Eier oder Jungtiere aus einem Vogelnest nicht entfernen darf, ohne vorher die Mutter zu verscheuchen. Manche Rabbiner sind der Meinung, mit dieser Vorschrift, wie auch der, dass ein Rind oder Schaf nicht am selben Tag wie sein Junges geschlachtet werden darf, wolle die Tora verhindern, dass der Mensch Tiere mit sinnloser Gewalttätigkeit töte. Der Text solle also die Menschen erziehen und weniger die Tiere schützen, denn dann, so sagt einer der Rabbiner, hätte Gott das Schlachten und damit den Verzehr von Fleisch völlig verboten.

Dem stimmt Maimonides, der große Denker des Mittelalters, zunächst zu. Der Text sei einfach ein Befehl, und beweise weder das Mitleid Gottes noch das der Menschen. Dann aber denkt er weiter und argumentiert schließlich in einem seiner Standardwerke, das auch sein wichtigstes ist, dem *Führer der Unschlüssigen*, dass mit den Vorschriften nur gemeint sein könne, Tiere zu schützen. Maimonides geht davon aus, dass Tiere fühlen, und zwar den physischen Schmerz genauso wie den seelischen. Töte man ein Junges im Beisein seiner Mutter, sei das eine riesige psychologische Belastung für das Muttertier, da es den Schmerz fühle wie ein Mensch. Auch wenn Menschen unter anderem Fleisch als Teil ihrer Grundnahrung benötigten und dazu Tiere jagten oder hielten und sie töteten, müssten sie deren Leiden dabei immer auf ein Minimum beschränken.[66] Der verstorbene Oberrabbiner von England, Sir Jonathan Sacks, erklärt, warum alle drei Erklärungen von Maimonides – es ist ein Gebot – es soll den Menschen ethisch erziehen – es soll dem Tier psychologischen Stress ersparen – zuträfen.[67] Denn es komme darauf an, wie man die Frage formuliere. Nicht umsonst, darauf weist Sacks ebenfalls hin, habe der Philosoph Immanuel Kant die Analyse von Maimonides sechshundert Jahre später wiederholt. Heute haben wissenschaftliche Studien die Annahme bestätigt, dass Tiere auf psychischen Schmerz ähnlich reagieren wie Menschen. Auch das koschere Schlachten begründet Maimonides mit dem Gebot der Tora, den Tieren so wenig Schmerzen wie möglich zuzufügen. Diese Haltung zieht sich durch das gesamte jüdische Recht und hat als Gebot, das sinnlose und unnötige Leiden von Tieren zu vermeiden, Eingang in den Talmud gefunden. Maimonides bezieht sich in seinen Kommentaren übrigens nicht nur auf die Tora, sondern daneben auch auf Gedanken des griechischen Philosophen Aristoteles. Diesen Rabbiner des 12. Jahrhunderts zu lesen, das schreibt die Autorin als modern denkende Feministin, öffnet die Augen für die Arroganz unserer jetzigen Zeit. Wir sind bei Weitem nicht die ersten, die für ein sozialeres und gerechteres Miteinander von Mensch und Mensch, Mensch und Tier sowie Mensch und Umwelt plädieren. Hätte die Welt sich durchgehend nach den Ideen und Idealen von Autoritäten eines humanen Denkens wie Maimonides und andere Denker gerichtet, sähe die Welt wahrscheinlich besser aus.

Wie er sieht die Mehrheit der Rabbiner die Grundlage für die Schechita in dem Prinzip, die Tiere nicht mehr leiden zu lassen als unbedingt nötig. Tatsächlich stimmen die Wissenschaftler der Auffassung zu, dass die neue Tötungsart in der Antike eine wesentlich schmerzlosere Alternative zu den damals üblichen Methoden war. Verglichen mit den heute zur Verfügung stehenden Möglichkeiten gehen die Meinungen darüber auseinander, ob das Schächten immer noch die optimale Art des Schlachtens ist, doch sind zahlreiche Untersuchungen amerikanischer Veterinäre zu dem Ergebnis gekommen, dass die Tiere dabei keinem stärkeren Stress ausgesetzt sind als in dem Moment, in dem sie betäubt werden. Voraussetzung dafür ist laut Temple Grandin, dass der Schochet alle Vorschriften einhält und das Tier auf nachprüfbar stressfreie Weise in Position gehalten wird.[68]

Immer mehr Juden fordern, dass der Kauf von koscherem Fleisch dem Verbraucher nicht nur garantiert, dass das Schlachttier schonend getötet, sondern auch, dass es im Leben gut behandelt wurde. So plädierte der bekannte Rabbiner David Rosen, der die orthodoxe Gemeinde in Kapstadt führte und heute für den AJC arbeitet, schon 2017 dafür, die Kaschrutregeln neu zu interpretieren. Man müsse das Gebot, Tieren unnötiges Leiden zu ersparen, auch bei der Aufzucht berücksichtigen und dürfe Massentierhaltung nicht mehr tolerieren. Daneben finden sich Rabbiner, die in der Schechita ohnehin nur den ersten Schritt hin zu einer vollkommenen Befolgung des Gebotes sehen, *Tza'ar Ba'alei Chayim* zu vermeiden.

Sie streben einen vegetarischen Lebensweg an, um jede Qual der Tiere zu vermeiden, denn, wie jemand schreibt, »bei der eigenen Tötung zeigt wohl jedes Lebewesen eine Reaktion«. Die modern-orthodoxe Bewegung Shamayim geht noch weiter und propagiert eine vegane Ernährungsweise. Nicht nur zeige man damit die ultimative Empathie für Tiere, zudem folgten Juden damit dem Gebot der Tora, die Erde zu schützen und anderen Menschen zu einem besseren Leben mit sicherer Nahrungszufuhr zu verhelfen.[69] Auch auf jüdischer Seite geht die Diskussion also lebhaft weiter – nur ohne Stereotype. Und ohne Antisemitismus.

Zum Merken

Antisemitisch ist es, wenn Menschen biblische Gebote als Nachweis für bestimmte Charaktereigenschaften nutzen, die sie Juden zuschreiben wollen. In manchen Fällen ähnelt dies dem Antijudaismus der früheren Jahrhunderte.

Man kann es nicht oft genug wiederholen: Die *Römer* haben Jesus ans Kreuz gehängt und getötet, so wie sie es mit hunderten anderer Juden getan haben. Dass manche Christen heute noch behaupten, die Juden hätten den Tod ihres Messias zu verantworten, ist hassvolle Rhetorik. Auch wenn einige Hohepriester ihn vielleicht gern losgeworden wären: Sie hatten zu keiner Zeit die politische Macht, jemanden zum Tod zu verurteilen.

Auserwähltes Volk bedeutet nicht, dass Juden sich für bessere Menschen oder etwas Besonderes hielten. In dem Bibeltext geht es vielmehr um eine Art Deal zwischen Gott und den Juden: Er erwartet von ihnen, dass sie die Werte – Freiheit, soziale Gerechtigkeit, Selbstverantwortung und das Einstehen für Andere, die Natur und das Tierwohl –, die er ihnen in der Tora gibt, leben und in die Welt tragen. Er trägt ihnen also eine besondere Verantwortung auf. Im Gegenzug verspricht Gott den Juden, dass sie sein Volk sein werden, so wie er es den Urvätern Abraham, Isaak und Jakob zugesagt hat.

»Auge um Auge. Zahn um Zahn« bedeutet nicht, dass man »Gleiches mit Gleichem« vergelten soll, sondern sich auf einen gerechten Schadenersatz einigen muss – und das gilt für jeden, auch für die Mächtigen, was ebenfalls eine Neuerung war.

Die Beschneidung jüdischer Jungen am achten Tag nach der Geburt ist eine der wichtigsten religiösen Zeremonien. Sie symbolisiert den Bund mit Gott und gleichzeitig die Verpflichtung der nächsten Generation, diesen Bund einzuhalten. Sie ist eine Bestätigung der jüdischen Identität und deren Bezogenheit auf Gott und die Tora. Die Frage, ob die Zirkumzision noch zeitgemäß sei, kann man diskutieren, wenn man will – aber ohne antisemitische Untertöne.

Das Töten von Tieren durch Schächten fügt dem Tier nicht mehr Schmerzen zu als herkömmliche Schlachtmethoden, was auch eine der weltweit renommiertesten Tierschützerinnen, Temple Grandin, festgestellt hat. Religiöse Juden müssen sich koscher ernähren – würde man also Produkte aus der koscheren Schlachtung vollkommen verbieten, könnten sie nicht mehr in Deutschland leben. Einige jüdische Gruppen, die das Wohl der gesamten Umwelt im Blick haben, propagieren aus Gründen des Natur- und Tierschutzes eine vegane Lebensweise.

5 »Den Davidstern versteck' ich unterm Pulli.«

Jüdisches Leben ohne jüdische Identität?

Das Phänomen des Wegsehens oder der Verharmlosung haben wir uns in den vorherigen Kapiteln in verschiedenen Zusammenhängen angesehen. Wie sollen Juden damit umgehen, wenn die Feindseligkeit, der sie ausgesetzt sind, relativiert, kleingeredet, weggedrängt wird? In unserem letzten Kapitel betrachten wir die Situation der jüdischen Gemeinschaft in Deutschland. Die muss sich neben vielen anderen Herausforderungen auch darum kümmern, der Mehrheitsgesellschaft deutlich zu machen, dass Antisemitismus mittlerweile ein Alltagsproblem ist. Etwas, das fast jeder Jüdin, jedem Juden schon begegnet ist. Ihn zu bekämpfen, sollte nicht ihre Aufgabe sein. Ebenso wenig wie nachzuweisen, dass es ihn gibt.

Wir werden sehen, wie fatal sich politische Korrektheiten auswirken, wenn es darum gehen sollte, einen gemeinsamen Feind zu konfrontieren – nämlich den Antisemiten. Judenhass muss thematisiert werden, egal von welcher Seite er kommt, und welche Opfernarrative Täter mitbringen mögen. In dem Moment, in dem jemand einen Menschen angreift, beleidigt oder demütigt, weil er Jude oder Jüdin ist, bröckelt wieder ein kleines Stück von dem Potential ab, das manche optimistisch das »neue jüdische Leben in Deutschland« nennen.

»Ist das nicht übertrieben?« Geteilte Wahrnehmungen

Im Jahr 2020 wuchs die Zahl der angezeigten antisemitischen Straftaten auf 2351.[1] Zu dem Anstieg trugen vor allem die Demonstrationen gegen die Corona-Maßnahmen und die zahlreichen Verschwörungslügen in diesem Zusammenhang bei. Durch die Pandemie gab es 2020 weniger Übergriffe an Orten wie Clubs oder Sportstadien, an denen Menschen normalerweise zusammenkommen. Auch in Bus und Bahn passierte weniger. Dafür verlagerten sich antisemitische Äußerungen noch stärker ins Internet, wo sie ohnehin schon zahlreich vertreten sind. Der Bundesverband der Recherche- und Informationsstellen Antisemitismus (RIAS) beobachtete drei Phasen, in denen sich Erscheinungsformen des Judenhasses während der Covid-Beschränkungen entwickelten. Gleich zu Beginn entstanden online die ersten Verschwörungsmythen, von denen einige einen antisemitischen Kern hatten, die aufgegriffen und weitergegeben wurden. Als dann Juden mit Gottesdiensten und Lehrveranstaltungen ebenfalls ins Netz umzogen, gab es dort Attacken und Störaktionen. Und auf einer dritten Stufe, als Demonstrationen gegen die Corona-Maßnahmen populär wurden, griffen Teilnehmer in ihren Verschwörungs-Äußerungen von Beginn an massiv auf judenfeindliche Deutungen zurück, und zwar sowohl auf den Kundgebungen selbst als auch in Chatgruppen und anderen Foren im Internet.[2]

Lügen und Phantasien – jederzeit abrufbar

Auf vielen dieser Veranstaltungen konnte man Antisemitismus in Reinkultur beobachten. Teilnehmer verglichen sich mit Anne Frank oder verharmlosten die Schoah auf andere Weise. Sie traten mit Judensternen und anderen Symbolen auf, die suggerierten, ihnen gehe es wie den Juden unter der nationalsozialistischen Diktatur. Und bald dienten jüdische Namen und Chiffren des Antisemitismus dazu, Verschwörungslügen zu gestalten und zu untermauern. Was nicht wirklich überraschen sollte, wie der amerikanische Journalist Yair Rosenberg in einem anderen Zusammenhang schreibt, denn »der Antisemitismus ist die weltweit größte und langlebigste Verschwörungstheorie.«[3] Wer bis Corona nicht glauben wollte, dass es bei dieser Weltanschauung nicht darum geht, wie Juden sich verhalten – wer also noch nicht verstanden hatte, dass es egal ist, was Juden tun, ob sie religiös sind oder nicht, ob sie leicht als »die Anderen« erkannt und abgestempelt werden können oder nicht – wer das bis zum Sommer 2020 alles nicht glauben wollte, bekam hier Anschauungsunterricht. Flyer, die vor einer Rothschild-Verschwörung warnen, Plakate, die Zwangsimpfungen durch das Zion-Militär zeigen, T-Shirts mit der verschlüsselten Aufschrift »Juden lügen«.[4] Warnungen vor Gefahren, die es nur in der Phantasie dieser Menschen gibt.

Hier ging es nicht darum, dass Juden »anders« sind. Das war, wie wir im ersten Kapitel gesehen haben, beim Antisemitismus ohnehin immer nur ein Element. Gegen keine andere Minderheit haben sich über die Jahrhunderte Stereotype gehalten, die jederzeit reaktiviert werden, oder Verschwörungslegenden, die bei jeder Gelegenheit aufleben können. Juden sind in diesen Vorstellungen Vertreter einer Gegenwelt, die einerseits über so viel Macht verfügen, dass sie unmittelbaren Einfluss auf den Ablauf von Weltgeschehnissen haben, auf der anderen Seite aber schwach und minderwertig sind – auf jeden Fall gehören sie nicht dazu. Antisemiten brauchen – wir haben es bereits angesprochen – nicht einmal lebende Juden, um ihren Hass wachzuhalten. Sie brauchen nur die abstrakten und surrealen Bilder von ihnen in ihrem Kopf. Die neuen Verschwörungsanhänger knüpften an altbekannte Muster an. Ein Denken, das 2019 dazu führte, dass ein junger Mann versuchte, an Jom Kippur so viele Juden wie möglich zu töten, weil er glaubte, dass sie eine Weltverschwörung geplant hätten und versuchten, die »weiße Rasse« auszulöschen. Doch auch in dem Jahr vor Halle hatten Menschen in Deutschland Juden nahezu täglich angegriffen, beleidigt und gedemütigt. Die Tageszeitung *Die Welt* hat achtzig Vorfälle in der Zeit vom 1. Januar 2019 bis zum Anschlag auf die Synagoge am 9. Oktober 2019 aus verschiedenen Quellen rekonstruiert, die von Beleidigungen über Schläge bis hin zu Todesdrohungen gehen.[5]

Und ununterbrochen seit Kriegsende richtet sich der Hass der Antisemiten gegen tote Juden. Seit 1945 vergreifen sich Menschen regelmäßig an deren Totenruhe. In der Bundesrepublik wird heute im Schnitt alle zwei Wochen ein jüdisches Grab geschändet. Die Täter bleiben meist unbekannt. Die Zerstörungswut der Täter, oftmals junge Menschen, richtet sich allein deshalb gegen die Gräber, weil sie Juden gehören. Sie beschmieren deren Grabsteine, werfen sie um oder verwüsten ganze Flächen. Die Aggression, die sich in diesen Akten äußert, unterscheidet sich in ihrer Qualität nicht von dem Hass, der sich gegen lebende Menschen richtet. Ihn auf diese Weise auszuleben, birgt lediglich weniger Risiko, bei der Tat erwischt zu werden. Dass Juden in Deutschland nicht einmal in ihren Gräbern in Ruhe gelassen werden, und wie gleichgültig manche in der Bevölkerung darauf reagieren, erzählt mehr über Ressentiments, als man aus Statistiken herauslesen kann. Es spiegelt ein Klima und verfestigt es zugleich. Seit Jahrzehnten warnen Juden die Gesellschaft davor, dass der Alltagsantisemitismus – egal, ob er sich gegen lebende oder tote Juden richtet – übersehen werde. Ignatz Bubis, der damalige Präsident des Zentralrats der Juden in Deutschland, sprach diese Zusammenhänge schon 1994 nach dem Brandanschlag auf die Synagoge in Lübeck an, begangen von jungen Menschen, die sich selbst als »judenfeindlich« bezeichneten. Es erstaune ihn, wie überrascht die Menschen seien, sagte Bubis. »Die sehen die Wirklichkeit nicht.« Er bezieht sich dann auf die Schändungen jüdischer Friedhöfe, deren Zahl 1992 genauso hoch gewesen sei wie in der vor-nationalsozialistischen Zeit.[6]

Ignorieren oder wehren? Der Druck, ständig abwägen zu müssen

Auch wenn sich manche feindlichen Attitüden nicht weiter dramatisch anhören – die Kontinuität belastet und macht auf Dauer mürbe. Es stresst, wenn Taxifahrer einem ihre Theorie aufdrängen, warum Juden nachweislich für den Einsturz des World Trade Centers am 11. September in New York verantwortlich gewesen seien. Einerseits möchte man das alles nicht so stehen lassen. Auf der anderen Seite weiß man nicht, wie fanatisch dieser Mensch wirklich ist. Immerhin setzt er einen gleich vor der Haustür ab und weiß, wo man wohnt. Also lässt man es. Oder wenn man über den netten Bürgermeister, der extra zur Lesung gekommen ist, am nächsten Morgen hört, er habe gefragt, warum das Buch so teuer sei. »Liegt es daran, dass es ein jüdisches Buch ist?« Und wenn in der S-Bahn ein junger Syrer, mit dem man sich gut unterhalten hat, wortkarg wird, nachdem er das Jüdischsein wahrgenommen hat und mit den Worten aussteigt, »Ihr Scheißjuden kriegt unser Land nicht«, verschlägt es einem die Sprache. Jedes Mal Verunsicherung. Unwohlsein. Frustration. Fremdheit. Zorn. Und manchmal Ärger, dass man geschwiegen hat. Mittlerweile bleibt Juden in vielen Situationen nichts anderes übrig als pragmatisch zu sein – und realistisch genug einzuschätzen, wann es genug ist. Wann eine Grenze erreicht ist, ab der man sich einfach wehren muss. Man fragt sich: Ist es das wert? Ist dieser Mensch mit seiner verqueren Argumentation es wert, dass ich ihm einen Vortrag halte, ihm etwas entgegensetze? Ihm meine Zeit schenke? Ist es die Genugtuung wert, etwas zu sagen und dafür vielleicht mit blutender Nase auf der Straße zu liegen? Ist es das wert, meinen Magen David zu tragen und mir dafür anzuhören, dass ich palästinensische Kinder töte? Und, leider immer öfter – ist es das wert, dass ich dafür diese Freundschaft aufs Spiel setze?

Jüdinnen und Juden in meinem Freundeskreis können von ähnlichen Erlebnissen und Gedanken berichten. Dennoch hören sie aus dem nichtjüdischen Bekanntenkreis und in der Öffentlichkeit oft Relativierungen. Und wenn sogar Wissenschaftler, die von Medien als Experten zu dem Problem interviewt werden, den Eindruck bestätigen, dass die Gefahr des Antisemitismus übertrieben werde, verfestigt sich irgendwann ein Bild, das mit der Realität der Juden in dieser Gesellschaft nicht viel zu tun hat und dazu von der überwiegenden Mehrheit neuer Studien widerlegt ist.[7] Doch das wissen die meisten Bürger nicht. Und sehen keine Gründe, mal genauer nachzulesen, denn das Gesagte deckt sich ja mit dem eigenen Weltbild, in dem es kaum noch Antisemitismus gibt. 77 Prozent der befragten Nichtjuden gaben 2013 in einer Umfrage an, dass nur noch wenige den Juden gegenüber feindselig eingestellt seien. Antisemitismus sei nicht mehr relevant. Dagegen glaubten nur 19 Prozent, dass er immer noch verbreitet und ein großes Problem sei.[8] In den Zuschriften zu der oben zitierten Auflistung in der *Welt* bezweifelten Leser, dass es Judenhass in größerem Ausmaß gebe. Und wenn, dann komme er nicht von Deutschen.

An dieser skeptischen Haltung hat auch der Anschlag von Halle nicht viel geändert. Nachdem der Vorsitzende der Jüdischen Gemeinde in Halle, Max Privorozki, beklagte, dass es nicht mehr peinlich sei, sich offen als Antisemit zu zeigen, wiesen Leser selbst in Qualitätszeitungen wie der *Zeit* diese Einschätzung zurück. Stattdessen starteten einige eine Diskussion über Israel und vermuteten, es handele sich bei der Bedrohung nur um eine gefühlte Gefahr.[9]

Doch es ist nicht nur gefühlte Angst. Sie ist real und berechtigt. Und die Juden haben sie seit Jahrzehnten. In einer Umfrage der Europäischen Grundrechtekommission im Sommer 2018 gaben 85 Prozent der befragten deutschen Juden an, dass sie den Antisemitismus als ein drängendes Problem ansehen, 43 Prozent bezeichneten ihn als sehr großes Problem.[10] Befragt worden waren 16 400 Juden in zwölf Mitgliedstaaten der Europäischen Union, tausend von ihnen in Deutschland. 60 Prozent von ihnen sagten, in den letzten fünf Jahren habe der Judenhass stark zugenommen. Eine ältere Frau sagte: »Antisemitismus ist wie vor dreißig Jahren, nur ist in den letzten zwölf Jahren das Tabu weggefallen. Deshalb passieren mehr Übergriffe – verbal und physisch.« Fast 90 Prozent beobachten stärkere Bedrohungen im Internet.[11] Überall, auf Youtube, Facebook, Twitter werde sie mit antisemitischer Hetze und verrückten, brutalen Verschwörungslügen konfrontiert, sagt eine jüngere deutsche Jüdin. 80 Prozent sehen häufiger Feindseligkeiten jeder Art auf der Straße und öffentlichen Plätzen. Und über 60 Prozent der Juden in Deutschland sorgen sich, weil immer öfter Friedhöfe geschändet würden. Fast ein Drittel von ihnen hat mitbekommen, dass andere Juden verbal oder körperlich angegriffen wurden, und fast genauso viele mussten erleben, dass das einem Mitglied ihrer Familie passierte.

Hohe Dunkelziffer – Statistiken erzählen nur die halbe Wahrheit

Und man kann davon ausgehen, dass die Dunkelziffer der Angriffe weitaus höher liegt. Die Gründe dafür liegen zum einen in der Dokumentationsarbeit der Strafverfolgungsbehörden. So landet ein Vorfall immer in der Sparte des Delikts mit der höchsten Strafandrohung. Anderes fällt also aus dem Raster. Zum anderen gibt es Unterschiede in der Interpretation und Einordnung eines Vorkommens. Nicht immer kann ermittelt werden oder wird gesehen, was das Motiv für die Tat ist. Antisemitismus sei eben nicht gleichzusetzen mit Rechtsextremismus, schreibt der Bundesverfassungsschutz. Er wird nicht erkannt oder fällt als Nebendelikt aus der Statistik heraus.[12] Hinzu kommt, dass die meisten Opfer nicht anzeigen, wenn sie beleidigt oder angegriffen werden. Als ein junger Mann der Mutter einer Freundin, die ihren Davidstern trug, auf einem belebten Platz in Berlin ins Gesicht spuckte, passierte – nichts. »Wir sind nicht einmal auf die Idee gekommen, zur Polizei zu gehen«, sagte ihre Tochter. Der RIAS-Geschäftsführer, Benjamin Steinitz, geht von einer hohen Anzahl nicht gemeldeter Fälle aus.[13] Systematische Erhebungen durch RIAS-Meldestellen, an die sich Juden aus vielen Gründen eher wenden als an die Polizei, gibt es bisher erst in den wenigsten Bundesländern.

Viele Juden halten eine Anzeige für zwecklos. »Bringt doch nichts«, hörten RIAS-Mitarbeiter, die eine Studie zum Antisemitismus aus jüdischer Perspektive in Nordrhein-Westfalen durchführten, häufig.[14] In einer Studie für den Expertenrat der Regierung zu Antisemitismus gaben fast 70 Prozent der Befragten an, schon einmal Opfer antisemitischer Angriffe geworden, über 60 Prozent erzählten von Familienmitgliedern oder Freunden, die attackiert worden seien. Doch nur 28 Prozent der direkt Betroffenen gaben an, Vorfälle in den letzten fünf Jahren angezeigt oder gemeldet zu haben.[15] Vielen war das Verfahren zu bürokratisch, oder sie sahen keinen Sinn in einer Anzeige. Andere sagten, dass ihnen so etwas ständig passiere, und sie nicht auch noch Zeit mit einer Anzeige oder Meldung verlieren wollten.

Ich bin seit über zwanzig Jahren Jüdin, und genauso lange habe ich Antisemitismus in den verschiedensten Formen erfahren und nie angezeigt. Nur einmal war mir klar, dass wir uns sofort an die Polizei wenden würden. In diesem Fall ging es nicht um mich, sondern um meinen Mann, der damals schon im Rollstuhl saß, und dem eine Frau, die während einer Pro-Israel Demonstration am Straßenrand stand, fast ins Gesicht gespuckt hätte, während sie uns als Kindermörder beschimpfte. Ich weiß nicht, ob ich mich überhaupt hätte kontrollieren können, hätte sie es getan. Doch sie nahm wieder eine normale Körperhaltung ein, und wir ließen es gut sein. Wenn Freunde mir beiläufig mailen, dass ihr E-Mail-Account nach einem Artikel mal wieder »eine Jauchegrube« sei, weiß ich, dass andere die Haltung teilen, Antisemiten nicht zu viel Raum zu geben. Für eine wirklich präzise Erfassung müsste man eine gesellschaftliche Atmosphäre schaffen, in der Juden erfahren und somit glauben können, dass Meldungen zu mehr führen als zu immer neuen Studien und verkopften Diskussionen, die mit der Lebenswirklichkeit der Betroffenen oft nichts zu tun haben.

Dieses Vertrauen ist derzeit kaum vorhanden. Betroffene, die zur Polizei gegangen waren, verstanden nicht, dass sie nach einer Anzeige nichts mehr hörten, oder es keine Konsequenzen gab. Selbst nach den hasserfüllten Attacken während der Pro-Hamas-Demonstrationen im Sommer 2014 seien Polizei und Justiz nicht energisch vorgegangen, beklagen sie. Generell sahen Befragte das Versagen nicht so sehr bei der Polizei, die einfach nicht gut genug ausgerüstet sei, sondern in dem Verhalten der Staatsanwaltschaft und der Richter, die Verfahren zu schnell einstellten. Dazu bemerkte ein Teilnehmer der RIAS-Studie: »Wuppertal. Ich kann nur tausendmal Wuppertal sagen.«[16] Dass Menschen in Deutschland eine Synagoge angreifen konnten, ohne dass Richter dies als antisemitisch einstuften, hat das Sicherheitsgefühl vieler Juden nachhaltig beeinträchtigt. Einige beschwerten sich darüber, dass Polizisten Situationen nicht richtig einschätzten. So erzählt das Mitglied einer Gemeinde von Polizisten, die ihm, nachdem ein junger Mann eine halbe Stunde den Hitlergruß zeigend vor der Kamera der Synagoge gestanden hatte, sagten, der habe doch nichts getan. Er habe ja keine Juden umgebracht.

Zum Zeitpunkt der Manuskriptabgabe lag noch keine offizielle Befragung betroffener Juden zu den antisemitischen Ausfällen anlässlich des Gazakrieges im Mai 2021 und den staatlichen Reaktionen darauf vor, bei denen etliche Synagogen und jüdische Bürger angegriffen wurden. Wie nie zuvor machte dieser Konflikt deutlich, dass Juden in Deutschland von vielen Bürgern als Repräsentanten Israels angesehen werden.[17] Und dass junge Juden, die auf dem Weg zu einem Schabbatessen von einer Menge attackiert wurden, sich nach eigenen Aussagen vor der Polizei rechtfertigen mussten, jüdische Symbole (Davidstern) zu tragen, deutet zumindest nicht auf eine verbesserte Sensibilisierung der Behörden hin.[18] Insgesamt muss man fragen, inwieweit die oft vertretene Ansicht, Israel reagiere auf die Raketenangriffe der Hamas auf unverhältnismäßige Weise, bereits von judenfeindlichen Bildern geprägt ist. Weder berücksichtigt diese Haltung die Tatsache, dass Israel seine Bürger durch den »Iron Dome« schützt, während die Terroristen ihre Bürger bewusst als Zielscheibe einsetzen, noch, dass rund ein Drittel der Opfer im Gazastreifen von fehlgegangenen eigenen Geschossen getötet wurden.[19]

Besonders frustriert es Betroffene, wenn Lehrpersonal nach feindlichen Bemerkungen oder Angriffen gegenüber jüdischen Schülern nichts unternimmt oder die antisemitischen Vorfälle nicht an die Behörden weitergibt. In vielen Bundesländern werden Übergriffe nicht einmal registriert, weil es kein Meldesystem für Judenhass an Schulen gibt.[20] Berlin hat mittlerweile ein offizielles System, versuchte aber schon vorher, zumindest einen Überblick zu bekommen. Selbst mit diesem nur provisorischen Verfahren zählte das Land 19 Fälle allein für das Jahr 2017. Jeder Fall erzählt von Kindern und Jugendlichen, die sich isoliert fühlen und Angst haben. Manche für wenige Augenblicke. Andere für Monate oder Jahre. Shalev, der Sohn enger Freunde, bezeichnet die Jahre an einem Gymnasium im gutbürgerlichen Berliner Bezirk Friedenau heute als die »schrecklichste Zeit in meinem Leben«. Von Beginn nahmen Mitschüler seine jüdische Identität zum Anlass, ihn zu hänseln, auszuschließen und mit antisemitischen Äußerungen einzuschüchtern. Sie drohten, ihn zu vergasen, machten Witze über die Gaskammern sowie die Vernichtung der Juden und amüsierten sich über seine sichtbare Betroffenheit. Irgendwann offenbarte sich der damals 12-Jährige seinen Eltern, die mit der Klassenlehrerin sprachen. Die daraufhin, anstatt das Ganze als Anlass zu sehen, neutral über die Schoah und das Judentum zu sprechen, der Klasse von ihrem Gespräch mit den Eltern erzählte, sich über die ihr geschilderten Vorgänge empörte und so den Jungen und nicht den Antisemitismus in den Vordergrund stellte. Was seine Mitschüler noch mehr gegen ihn aufbrachte. Doch von nun an schwieg Shalev zu Hause über die Aggressionen an der Schule. Der Junge beschwerte sich aber nicht nur wegen der Reaktion der Pädagogin nicht mehr, sondern vor allem, weil er nun die Schuld bei sich selbst suchte. »Ich war ein pubertierender Junge«, sagt er mehr als zehn Jahre später, »mit meinen Interessen und vielleicht auch meinem Verhalten anders als die anderen und völlig unsicher. Ich dachte, es liegt an mir, wenn sie mich angreifen.« Seine Qual hatte erst nach dem Wechsel auf das Jüdische Gymnasium ein Ende. »Zum ersten Mal habe ich frei geatmet.« Vielleicht sollte man erwähnen, dass dasselbe Kind, nun ein junger Mann, in einem Aushilfsjob im Winter 2021 von seinem Vorgesetzten so heftig antisemitisch angegriffen wurde, dass er ihn anzeigte.

In einer Gemeinschaftsschule ganz in der Nähe von Shalevs altem Gymnasium mobbten Mitschüler einen 14-jährigen Juden so lange, bis die Eltern ihn 2017 von der Schule nahmen.[21] In der Bundesrepublik sind etliche Schüler auf jüdische Schulen gewechselt, weil sie die Drohungen und das Drangsalieren in der alten Umgebung nicht mehr ausgehalten haben. Anlässlich der internationalen Woche gegen Rassismus im März 2020 veröffentlichte der Verband Jüdischer Studenten in Bayern Schilderungen von Juden. Das geht von Beleidigungen als »Scheißjude« bis zu Schlägen. Auf einer anderen Facebook Seite erzählt eine Frau von einem Achtjährigen, der weinend nach Hause kam: Zwei Jungen aus seiner Klasse hatten ihn gefragt, ob er in einem Club mitmachen möchte. Als er bejahte, sagten sie ihm, er könne nicht mitmachen, da der Club keine Juden aufnehme. Ein Mädchen berichtet von einem Erlebnis in der zwölften Klasse, als sie den Nahostkonflikt durchnahmen. Unter anderem habe die Lehrerin gesagt, dass Israel eines der wenigen Länder sei, in dem die künstliche Befruchtung kostenlos ist. Diese an sich »tolle Sache«, dieses Bekenntnis zum Leben, war aber aus Sicht der Lehrerin nichts Positives. Sie habe gesagt, so berichtet Sophie, dass der jüdische Staat das nur mache, um mehr Soldaten und somit eine leistungsstärkere Armee zu haben und stärker gegen die Palästinenser vorgehen zu können. Es habe sie schockiert, sagt die junge Frau, vor allem, weil die Pädagogin hinzugefügt habe, dass man Israel in dieser Hinsicht mit Nazideutschland vergleichen könne. In der Klasse war sie die Einzige, die der Darstellung ihrer Lehrerin widersprach.

Die Berichte spiegeln eine Gleichgültigkeit auf Seiten vieler Lehrenden den jungen Schutzbefohlenen gegenüber, die sprachlos macht. Es erstaunt nicht, dass jüdische Bürger schon lange keine Illusionen mehr hegen. Nachdem Juden nach zahlreichen und heftigen, zum Teil gewalttätigen und körperlichen Angriffen während des Gaza-Krieges 2014 die Demonstration gegen Judenhass nicht nur selbst organisieren mussten, sondern diese Veranstaltung dann auch nur mäßig interessierte, kommentierte ein Frankfurter Jude die geringe Teilnehmerzahl im *Tagesspiegel* so: »Wenn Juden zusammengeschlagen werden, dann kommt so gut wie niemand, und die jüdische Gemeinde muss es initiieren. Was sagt uns das? Jüdisches Leben ist wertlos, und den nichtjüdischen Mitbürgern ist es total egal, wenn Juden angepöbelt werden und in Angst leben müssen.« Verständnis fand er dafür bei anderen Kommentatoren kaum. Stattdessen verwiesen ihn viele auf die israelische Politik.

Einig gegen Juden. Die Bedrohung kommt von allen Seiten.

Mit überwältigender Mehrheit berichten Juden von antisemitischen Situationen im Alltag, in denen die Angreifer muslimisch waren – bei über 80 Prozent der körperlichen Angriffe und über 60 Prozent aller

Beleidigungen. Das scheint besonders in Städten mit einem hohen Anteil muslimischer Bürger die Ergebnisse einer Studie der Anti Defamation League (ADL) von 2019 zu spiegeln. Derzufolge stimmten über dreimal so viele der erwachsenen Muslime in Deutschland klassischen antisemitischen Stereotypen zu – beispielsweise »Juden haben zu viel Macht« – oder typischen Post-Holocaust-Antisemitismen wie »Juden reden zu viel über den Holocaust« – wie christliche Bürger und solche ohne Glauben.[22] Dabei ist der Hass auf Israel nicht einmal einbezogen, der die feindselige Einstellung gegen Juden oft dominiert und zu Angriffen gegen sie führt. Dies ließ sich vor allem bei den Demonstrationen im Sommer 2014 und im Mai 2021 während der Auseinandersetzungen zwischen Israel und der radikalislamistischen Hamas im Gazastreifen beobachten. Insgesamt schnellte 2014 die Zahl der registrierten Delikte auf ein Vielfaches hoch.[23] Pressestellen der Polizei bezeichneten die Demonstrationen dennoch überwiegend als »friedlich« und »störungsfrei«. Bei den dutzenden von Märschen in verschiedenen deutschen Städten trugen Teilnehmer nicht nur palästinensische Flaggen, sondern auch solche aus arabischen Staaten und von Organisationen wie der Muslimbruderschaft und Hisbollah.

Probleme offen ansprechen

In arabischen Staaten ist Antisemitismus alltäglich. Er richtet sich gegen Juden oder »Zionisten«, wobei dies meist als Chiffre für »Juden« verwendet wird.[24] Arabische und nordafrikanische Staaten haben ihre jüdischen Bürger, wie wir im dritten Kapitel gesehen haben, schon lange vertrieben oder ihr Leben so eingeengt, dass sie gingen. Geblieben sind in diesen Ländern Verschwörungsmythen über den »zionistischen Feind«. Das hierzulande geächtete Pamphlet *Die Protokolle der Weisen von Zion*, die Mutter der antisemitischen Propaganda, erfreut sich höchster Beliebtheit und wird zum Teil an Schulen eingesetzt. »*Mein Kampf*« findet begeisterte Leser. Das muss und wird sich hoffentlich im Laufe der nächsten Jahrzehnte ändern, denn zumindest einige westlich orientierte Journalisten in diesen

Ländern unterstützen Reformen der Schulcurricula, die nicht nur Juden, sondern oft auch Christen verteufeln und zum Jihad aufrufen. Die palästinensische Autonomiebehörde hat den Fokus auf den heiligen Krieg im Curriculum für 2018 übrigens nochmal verstärkt.[25] Oft allerdings kommt aus dem Volk und vor allem von der Geistlichkeit Widerstand, wenn Herrscher – wie zum Beispiel in Ägypten oder Marokko – Reformen anstreben.[26] Die Zustimmung zu antisemitischen Thesen unter Muslimen in arabischen Staaten schwankt je nach Land zwischen 80 und 90 Prozent.[27]

Diese Stereotype und Diskussionen landen auch in Deutschland. Nicht nur über Fernsehsender aus den Ländern, die für Bürger in Berlin oder Duisburg mal Heimat waren, sondern heute vor allem über die sozialen Medien und das Internet insgesamt. Es hängt vom Elternhaus und oftmals von den Geistlichen in einer Gemeinschaft ab, ob etwas und wie viel davon auch Kinder erreicht. Der Psychologe Ahmad Mansour macht seit Jahren auf dieses wachsende Problem aufmerksam. Wie alle Experten sieht er das Internet als einen Brandbeschleuniger. So warnte er in einem Interview 2015 davor, dass viele Jugendliche empfänglich für Verschwörungstheorien im Netz seien, die oft das Virus des Judenhasses in sich tragen.[28] In den letzten Jahren stammt die Bedrohung jüdischer Schüler allen Untersuchungen zufolge maßgeblich von muslimischen Mitschülern. In Berlin ist die Hetze gegen jüdische Kinder mittlerweile so virulent, dass sich der Direktor des Jüdischen Gymnasiums in Berlin bemüht, »Notplätze« freizuhalten für Schüler, die es anderswo nicht mehr aushalten.[29] Alle ein bis zwei Wochen führt Aaron Eckstaedt Aufnahmegespräche. Und da Judenfeindlichkeit keine Juden braucht, ist der Begriff »Jude« auch an Schulen, an denen es keine Juden gibt, zum Schimpfwort degradiert worden. Der Antisemitismus von muslimischen Kindern sei »hasserfüllter«, sagt eine Lehrerin in einer Studie. Und sie gibt den Wortwechsel einer Kollegin mit einem muslimischen Schüler wieder. Er hasse alle Juden, sagte er. Woraufhin sie einwendete, er kenne doch gar keine jüdischen Menschen. »Ich hasse sie trotzdem.«[30] Oft beziehen sich die Angriffe der Mitschüler auf den Nahostkonflikt, der plötzlich im Klassenzimmer ausgetragen wird, mit einem Schüler gegen alle anderen – und oft noch gegen die Lehrperson.[31] Wobei in all diesen Fällen der Konflikt zwischen Israelis und Palästinensern nur der Auslöser ist und als Ventil dient, die aus anderen Gründen vorhandenen Ressentiments auszudrücken.[32]

Es gibt Widerstände, besonders im politisch linksgerichteten Lager, diesen Antisemitismus zu benennen.[33] Das erstaunt besonders, wenn dahinter Menschen stehen, die sich berufsmäßig mit der Erforschung des Antisemitismus beschäftigen.[34] Da diese Forschungen mit Steuergeldern bezahlt werden, sollte man annehmen, dass sich das Ziel einer solchen Arbeit letztendlich darauf richtet, Judenhass zu reduzieren. Es erscheint mir nicht schlüssig, wie das erreicht werden soll, wenn man nicht alle Formen sieht und sich mit ihnen auseinandersetzt. Hass gegen Juden engt deren Lebensumfeld ein. Immer. Egal, von wem er kommt. Es ist notwendig, die Judenfeindschaft unter Muslimen zu thematisieren, wenn sie von der betroffenen Gemeinschaft als großes Problem geschildert wird. Und ich schreibe bewusst »Muslim« und nicht »Islamist«. Denn Kinder und Jugendliche sind keine Islamisten, und die Erwachsenen genauso wenig, bis auf diejenigen, die unter Beobachtung des Verfassungsschutzes stehen, weil sie nachweislich radikalen Kreisen nahestehen.

Dieses Thema kann man in einem Buch, das lediglich eine Übersicht geben soll, nicht in der Tiefe und Komplexität darstellen, die es benötigt. So schreiben wir hier »muslimisch« auch wenn man es eigentlich spezifizieren müsste – Muslime können Araber sein, aber auch Türken und Iraner; und unter den Muslimen gibt es Gruppen wie die Kurden, die den Juden oft freundlich gesonnen sind.[35] Und wenn wir generell von Muslimen sprechen, ist damit genauso wenig gesagt oder gemeint, dass jeder muslimische Bürger ein Antisemit ist, wie gemeint ist, dass jeder Durchschnittsbürger judenfeindlich ist, wenn wir vom »Antisemitismus der Mitte« sprechen. Doch es gibt Schwierigkeiten, die wir angehen und lösen müssen. Den Versuch von David Ranan dazu kann man allerdings nur als absurd bezeichnen. Der Politologe hatte 70 deutsche und britische Muslime interviewt, die fast ausnahmslos zum Teil extreme judenfeindliche Stereotype äußerten. Dennoch bezeichnete er sie nicht als antisemitisch, da man zwischen Angriffen auf Juden als Juden und sonstigen Attacken unterscheiden müsse, wenn es zum Beispiel einen Grund für den Hass auf Juden gebe wie bei arabischen Muslimen.[36] Als der Vorsitzende des Zentralrats der Juden, Josef Schuster, Anfang 2015 öffentlich darüber nachdachte, »ob es tatsächlich sinnvoll ist, sich in Problemvierteln mit einem hohen muslimischen Bevölkerungsanteil als Jude durch das Tragen einer Kippa zu erkennen zu geben«, stimmte ihm der Vorsitzende des Zentralrats der Muslime in Deutschland, Aiman Mazyek, zu. »Diese Ängste sind berechtigt«, sagte er in einem Interview. Sein Zentralrat habe sich aber immer von Übergriffen muslimischer Jugendlicher auf Juden distanziert.[37] Distanzierung scheint aber nicht auszureichen, um die Situation grundlegend zu verändern. Und da die Juden im wahrsten Sinne des Wortes unter diesem Problem leiden, haben sie ein Recht, es anzusprechen.

Wie spricht man über Hass, ohne Hass zu erzeugen?

Natürlich ist das schwierig. Denn Muslime stehen als Minderheit selbst unter Beschuss. Dessen sind sich auch diejenigen Juden bewusst, die den Antisemitismus in dieser Gruppe benennen. Und sie waren sich dessen bewusst, als zwischen 2014 und 2017 weit über eine Million Flüchtlinge nach Deutschland kamen, viele aus Ländern, in denen der Antisemitismus zur Staatsräson gehört. Dennoch wurde Josef Schuster Rassismus vorgeworfen, als er vorsichtige Bedenken anbrachte. In der *Süddeutschen Zeitung* beschrieb der Europaabgeordnete Sergey Lagodinsky, wie er in dieser Zeit Freunde verlor, weil er auf das Unbehagen der Juden darüber hinwies, dass mit den Flüchtlingen auch neue Antisemiten nach Deutschland kämen. Das mache jüdischen Bürgern Angst. Als er über potentielle Terroristen unter den Geflüchteten schrieb, warf ihm eine Freundin fehlende Empathie vor. Die zwei brachen den Kontakt ab.[38] In meinem nichtjüdischen Freundeskreis stand ich allein mit meinen Bedenken, als wir auf dem Weg in die Skiferien von den Übergriffen auf Frauen in der Kölner Silvesternacht hörten. Als ich meine Sorgen äußerte, als Feministin und als Jüdin, gab es Reaktionen von »islamophob«, über

»so spielt man den Rechten zu, von denen kommt doch der Hass« bis hin zu »ich will nie mehr mit dir darüber reden«.

Es lebe die Debattenkultur! Die Vorwürfe waren besonders kurios, weil ich einige Zeit vorher über meinen Bruder einen syrischen Flüchtling zum Essen eingeladen hatte und selbst dieser offensichtlich intelligente Student zutiefst antisemitisch dachte. Mein Bruder, der Mustafa unterstützte und viel Zeit mit ihm verbrachte, erzählte, sein neuer Freund habe zu zittern begonnen, als er ihm sagte, dass seine Schwester Jüdin sei. Mustafa war überzeugt, dass der syrische Diktator Assad von den Juden und Amerikanern gelenkt sei und ihn auf diesem Weg doch noch in die Finger bekomme. Es war absurd, und eigentlich tat er mir leid, doch der junge Mann war nicht davon abzubringen. Es könne zwar sein, dass meine Freunde und ich in Ordnung seien, doch die Juden insgesamt seien vom Teufel gesandt. Er kam nicht zum Essen, und ich habe ihn nie kennengelernt.

Um auf die Irrelevanz muslimischer Angriffe hinzuweisen, beziehen sich Kritiker gern auf die Statistik zu antisemitischen Straftaten. Das Bundeskriminalamt rechnet 94,6 Prozent der erfassten antisemitischen Taten in der Rubrik »Hasskriminalität« dem Rechtsextremismus zu. Die offiziellen Zahlen und die Erfahrungen, die die meisten Juden machen, klaffen also weit auseinander. Über die Gründe für diese unterschiedlichen Zahlen, könne man nur mutmaßen, heißt es im Expertenbericht der Regierung.[39] Es könnte mit dem beschriebenen Phänomen zu tun haben, dass nur ein Bruchteil der Übergriffe angezeigt wird, aber auch damit, dass manche Taten wie nationalsozialistisch konnotierte Parolen oder Schmierereien automatisch den Rechtsextremen zugerechnet werden. So, als ob ausschließlich rechte Gruppen die Schoah verharmlosten oder verkündeten, vollenden zu wollen, was Hitler nicht geschafft habe.[40] Wenn man nur einmal eine Al-Quds-Demonstration in Berlin beobachtet hat, ist man eines Besseren belehrt.[41] Dass Menschen, die ideologisch nichts gemeinsam haben, längst in ihrem Hass gegen Juden zusammengefunden haben, spricht der Antisemitismusforscher Samuel Salzborn an, wenn er sagt, dass »politische Milieus sich in der globalen Integrationsideologie des Antisemitismus verbinden, die in anderen Fragen tief verfeindet sind«.[42] Ebenso landen Delikte in der rechten Schublade, bei denen man den jeweiligen Hintergrund nicht genauer kennt oder die überhaupt nicht aufgeklärt werden. Da alle an dieser Stelle nur mutmaßen, würde es sich vermutlich lohnen, die bereits diskutierten Kriterien für die Statistik zu überarbeiten, um ein realistisches Bild zu bekommen.[43]

Man wird davon ausgehen dürfen, dass die spezifische Erfassung antisemitischer Delikte auch dazu dienen soll, jüdische Bürger besser zu schützen. Dann aber erscheint es kontraproduktiv, den Erlebnisalltag der Juden zu ignorieren oder nicht ausreichend zu berücksichtigen. Wenn man sich zur Untermauerung der Behauptung, dass die Gefahr beinahe ausschließlich von rechts komme, weiterhin auf Statistiken beruft, die nachweislich einen Großteil der Vorfälle nicht erfassen oder sie falsch einordnen, delegitimiert man die Erfahrungen der Juden, und stellt sie damit oft sogar in eine Reihe mit Rechtspopulisten. Das ist nicht nur unfair, sondern unredlich. Nur weil manche Bürger, unter ihnen selbst Politiker, muslimische Attacken auf Juden mit polemischen Bemerkungen über Flüchtlinge kommentieren, heißt das noch lange nicht, dass sie damit für Juden sprechen.[44]

Jüdische Bürger äußerten und äußern ihre Ängste. Selbstverständlich. Genauso selbstverständlich allerdings organisierten Synagogen Hilfsaktionen für Flüchtlinge. Und Juden halfen privat. Und doch gab es schon bei der angebotenen Unterstützung Konflikte – wenn Flüchtlinge von Juden keine Hilfe akzeptieren wollten zum Beispiel. Und viele Juden stellten sich die Frage, wie man einerseits seiner Empathie folgen und helfen und sich andererseits bewusst sein konnte, dass ein nicht unbeträchtlicher Anteil der Menschen, denen sie beistehen wollten, sie hasst. Die Journalistin Alexandra Berlin berichtet über diesen inneren Konflikt nach einer Begegnung mit jungen Flüchtlingen.[45] Sehr persönlich beschreibt sie die zwiespältigen Gefühle, die es auslöst, sich auf der einen Seite bewusst zu sein, dass Muslime und Migranten in dieser Gesellschaft diskriminiert werden und das nicht noch anheizen zu wollen, und auf der anderen Seite junge Männer von Juden als »Schweine« reden zu hören und darüber, wie sehr man Hitler bewundere. In der Studie zu jüdischen Perspektiven heißt es dazu, »In ganz unterschiedlichen Interviews herrschte die Meinung, dass Menschen, die aus muslimischen Ländern kommen, in ihren Herkunftsgesellschaften antisemitisch sozialisiert wurden. Die Wahrnehmung ist oft mit einer Verwirrung und gemischten Gefühlen wie Mitleid, Unsicherheit, Angst bzw. dem Wunsch, sich von dem Thema zu distanzieren, verbunden.«[46]

Ein Drittel der befragten jüdischen Bürger sahen aber auch die positiven Seiten der Zuwanderung. Und 84 Prozent sagten, auch wenn die Geflüchteten die Situation verschlimmert hätten, sei Antisemitismus bereits ohne Immigration ein Problem. Sie wünschten sich, dass ihre Ängste ernst genommen werden und besonders Schulen sich auf den großen Anteil muslimischer Schüler und Schülerinnen einstellten, indem sie sich zum Beispiel mit der Schoah in einer Weise auseinandersetzen, die auch für Muslime nachzuvollziehen sei.[47] Schon heute gibt es jüdisch-muslimische Kooperationen. Juden und Muslime bieten gemeinsame Gesprächsgruppen an, wenn auch die Teilnahmerzahlen, gemessen an der Religionszugehörigkeit, »oft unserem jeweiligen Anteil an der Bevölkerung umgekehrt proportional entsprechen«, wie eine Rabbinerin sagt. Als Juden in Berlin 2020 in einer riesigen Laubhütte an den ersten Jahrestag des Attentats auf die Synagoge in Halle erinnerten, waren auch Angehörige der Opfer von Hanau angereist, wo im Februar 2020 ein Rechtsradikaler neun Menschen mit Migrationshintergrund erschossen hatte. Es war berührend zu sehen, dass Juden und Muslime dem jüdischen Brauch folgten und gemeinsam Yahrzeitlichter für die Opfer anzündeten. Die Botschaft war klar: Wir lassen uns vom rechten Hass nicht auseinanderdividieren.[48]

Die Gefahr von rechts heruntergespielt?

Und überhaupt – warum werden ausgerechnet Juden als Messlatte genommen und ihre Sicherheitsinteressen geopfert, wenn sich die Mehrheitsgesellschaft über ihre Moral streitet, und worauf sie die begründen will? Wenn sie in ihren Auseinandersetzungen um den richtigen Umgang mit der Vergangenheit und um Konsequenzen, die daraus für den heutigen Umgang mit Minderheiten zu ziehen sind, wenn sie also bei diesem wichtigen und legitimen Anliegen die Interessen, Ängste und Sorgen der heute lebenden Juden vergisst oder ignoriert, läuft etwas schief. Und die Form der Auseinandersetzung ist nicht mehr legitim. Wenn die Lehre aus der Vergangenheit nicht zumindest auch die ist, den Antisemitismus zu bekämpfen, wo immer und in welcher Form auch immer er auftaucht, fehlt ein wichtiges Stück. Und wenn nun manche Stimmen besorgt darauf hinweisen, nicht zu vergessen, dass die Bedrohung von rechts komme, mag das als Belehrung für nichtjüdische Bürger taugen. Juden in Deutschland brauchen keine Nachhilfe zu diesem Thema. Für sie ist die Angst vor rechtem Terror seit Jahrzehnten Realität.

Am 27. August 2018 griffen Neonazis in Chemnitz das Restaurant von Uwe Dziuballa an und verletzten den jüdischen Gastwirt an der Schulter. Über den Vorfall berichteten Medien bundesweit. Man beklagte eine neue Qualität des Antisemitismus.[49] Für Dziuballa war sie nicht neu. Bereits 2010 hatte er beklagt, dass sein koscheres Restaurant unter Dauerbeschuss stehe. Irgendwann legte ihm damals jemand einen Schweinekopf mit Davidstern vor die Tür.[50] Dziuballa erzählt auch von den Reaktionen anderer Bürger. Sie rümpften wegen der Scherben und des Drecks, den die Vandalen hinterlassen hatten, die Nase und wechselten den Bürgersteig. Parteigenossen aus der SPD rieten ihm, den Ball flachzuhalten, um dem Image der Stadt nicht zu schaden.

Nur weil Übergriffe im Alltag heute häufig aus der migrantischen Ecke kommen, und Juden diese Erfahrung wiedergeben, heißt das nicht, dass sie die Gefahr von rechts nicht sehen. Oder dass sie unter den rechtsradikalen Attacken nicht leiden. In der Studie der Universität Bielefeld mit jüdischen Perspektiven für den Expertenbericht der Bundesregierung gaben knapp 20 Prozent an, von Rechtsextremen beleidigt oder körperlich angegriffen worden zu sein. In der RIAS-Umfrage in Nordrhein-Westfalen erzählten rund zwei Drittel der Befragten von antisemitischen Ausfällen bei rechtsextremen Demonstrationen oder in der Wahlwerbung. Und der wachsende Rechtspopulismus verunsichert 75 Prozent der jüdischen Bürger. Die überwältigende Mehrheit hat Angst, dass der Hass gegen Juden noch weiterhin zunehmen wird.[51] Bereits 2005 warnte Rabbiner Leo Trepp davor, Rechtsextremismus wieder salonfähig zu machen, indem man die Grenzen des Sagbaren ständig ausweite und die Öffentlichkeit den rechtsgerichteten Parteien zu wenig entgegensetze.[52]

Ich gehe davon aus, dass den Rechten egal ist, welche akademischen Debatten die Mehrheitsgesellschaft führt. Und ob Teile dieser Gesellschaft aus vorgeblicher Furcht, den Neonazis Zulauf zu bringen, bereit sind, das Sicherheitsbedürfnis der Juden zu opfern. Zudem muss man den rechten Troll nicht mehr füttern, um ihn zu stärken. Er ist erschreckend stark, und mittlerweile haben sich so viele verschiedene Netzwerke gebildet, die vor allem mit einer überwältigenden Präsenz im Internet, aber genauso über Rockmusik und soziale Angebote Jugendliche und auch Erwachsene ansprechen, dass die Regierung den Rechtsextremismus als größte Gefahr für die Demokratie ansieht.[53] Dass er Menschenleben bedroht, haben nicht nur die Juden – zuletzt in Halle –, sondern auch zahlreiche Muslime in Deutschland in den letzten Jahren und Jahrzehnten erfahren müssen. Denn wenn sich Antisemitismus, Rassismus und Ausländerhass auch aus verschiedenen Haltungen und Einstellungen speisen, gibt sich der durchschnittliche Rechtsextremist mit grundsätzlichen Fragen nicht ab, sondern schlägt erst einmal drauf. Auf alles, was nicht in sein Weltbild passt.

Was wir aus der neueren Vergangenheit lernen können

Das macht er schon seit Langem. Man sah nach den rassistischen Ausschreitungen in Rostock-Lichtenhagen und Hoyerswerda und den Morden von Mölln oder Solingen nur keine politischen Vorteile darin, sich angemessen darum zu kümmern. So konnten die Rechten in Ost und West relativ ungestört wüten. Es waren im Übrigen auch Juden, die damals zu Tatorten fuhren und sich immer wieder solidarisch mit den Opfern erklärten und Konsequenzen forderten. Nach dem Brandanschlag in Solingen 1993, bei dem fünf Türkinnen starben, warf der damalige Vorsitzende des Zentralrats der Juden, Ignatz

Bubis, den Politikern vor, »wider besseres Wissen zu verharmlosen«.[54] Und Rafael Seligmann schrieb im Spiegel: »Seit Jahren werden in Deutschland Ausländer verhöhnt, misshandelt und gelegentlich ermordet. Soweit ist das mit den Juden noch nicht. Ihrer sind zu wenige.«[55] Stattdessen richtete sich der Hass der Jungnazis gegen Gräber und Gedenkstätten oder Mahnmale. 1992 ermordeten sie in Wuppertal einen Schlachter, weil sie ihn für einen Juden hielten. Die Zahl der antisemitischen Angriffe verdoppelte sich. In diesen Jahren rieten einige ältere Juden ihren Kindern, Deutschland zu verlassen. Und der Schriftsteller Ralph Giordano schrieb an die Bundesregierung, dass sich Juden wohl selbst bewaffnen müssten, da der Staat offensichtlich nicht in der Lage sei, Minderheiten zu schützen.[56] Angehörige der Partei ›Die Republikaner‹ und andere rechtsgerichtete Politiker bezeichneten Bubis als »schlimmsten Volksverhetzer«, nachdem er ihnen vorgeworfen hatte, geistige Brandstifter dieser Taten und des Anschlags auf die Lübecker Synagoge zu sein. Und wenn Gerichte heute urteilen, dass Anschläge auf Synagogen ein Ausdruck von Israelkritik seien, hat auch diese partielle Blindheit Tradition. 1994 entschieden Bundesrichter, dass es nicht unbedingt Volksverhetzung sei, wenn Rechte leugneten, dass Juden in Konzentrationslagern ermordet wurden. Sie müssten sich zudem schon sichtbar mit der Rassenideologie der Nazis identifizieren.[57] Beide Urteile haben bei den Juden dieselben Gefühle erzeugt: Angst und tiefe Verunsicherung.

1996 habe ich für ein Buch über Jugendgewalt in Deutschland recherchiert. Das Ausmaß der staatlichen Ignoranz war atemberaubend. In immer nur kurzfristig finanzierten Projekten – was ohnehin jede sinnvolle Arbeit verhindert – versuchten wohlmeinende, doch völlig überforderte Sozialarbeiter mit Menschen ins Gespräch zu kommen, die sich manchmal »totlachten« (O-Ton eines Glatzenträgers) über die Naivität, mit der man ihnen begegnete. In Berlin fanden übrigens gewaltbereite muslimische Jugendliche, mit denen ich dort sprach, den Versuch, sie zum Teil durch frühere Krippenmitarbeiterinnen betreuen zu lassen, ebenfalls einfach nur »krass«. Über dieses Kapitel der verpassten Chancen kann man schwer schreiben, ohne zynisch zu werden. Noch 2005 hielten Freunde, linksliberal und offen, es für übertrieben und halb so schlimm, als mein Mann und ich sie auf Ausländerjagden in manchen Bundesländern ansprachen. Wohl kaum. Selbst nach offiziellen Schätzungen der Bundesregierung haben Rechtsradikale seit der Maueröffnung 106 Menschen in Deutschland getötet. Organisationen wie die Amadeu Antonio Stiftung gehen von über 213 Todesopfern aus.[58] Wo blieb der Aufschrei, als die Neonazis im Laufe der Jahre »national befreite Zonen« in ostdeutschen Orten absteckten? In die sich nach Dunkelheit kein Schwarzer, Schwuler oder Jude mit Kippa mehr traute? Schon in den späten 1990er-Jahren warnte der Autor Burkhard Schröder vor diesem Problem. Als der damalige Regierungssprecher, Uwe-Karsten Heye, es 2006 ansprach und sagte, er rate keinem mit anderer Hautfarbe, in bestimmte Orte in Brandenburg oder anderswo zu gehen, er werde sie möglicherweise nicht lebend verlassen, empörte sich die Republik. Über ihn.

Wenn die Mehrheit entscheidet, wann welche Minderheit aus welchen politischen Gründen auch immer den Ball flachhalten und nicht sagen soll, was los ist, löst man weder das Problem des Antisemitismus noch der Fremdenfeindlichkeit. Man spielt Minderheiten gegeneinander aus. Dabei fällt einem der Autor Max Czollek ein, der in einem anderen Zusammenhang die Mehrheitsgesellschaft die »Dominanzkultur« nennt, und die Arroganz beklagt, mit der diese die Gegenwart definiere. Auf Minderheiten bezogen stellt er blanke Ignoranz fest. Nur, was die dominante Kultur sehe, sei wahr. Das Motto laute, »Was ich nicht sehe, existiert nicht.«[59] Einer der Gründe für diese Haltung könnte sein, dass sich die Mehrheit auf diese Weise unangenehme Debatten über eigenen Hass, eigene Vorurteile und, ja, den eigenen Antisemitismus ersparen will. Dass man also weiterhin gern die Extreme an den Rändern verurteilt, doch die Probleme in der Mitte nicht anrühren will.

Im Winter 2020 nahm ein Artikel in der *Frankfurter Allgemeinen Zeitung* den Versuch der Partei Alternative für Deutschland (AfD) auseinander, sich als Freundin von Israel und den Juden zu vermarkten. Auch wenn der Antisemitismus einer Partei, in der eine (offiziell aufgelöste) Gruppierung den Ton angibt, die für die Relativierung der

Schoah und für den Ruf nach einem Schlussstrich steht, ohnehin allen klar sein sollte, brachte es dieser Artikel noch einmal auf den Punkt. Nachdem die AfD-Vorsitzenden zum 75. Jahrestag der Befreiung des Konzentrationslagers Auschwitz geschrieben hatten, dass Auschwitz wie kein anderer Ort für den Holocaust, den industriellen Massenmord an den europäischen Juden, stehe, deren Leid »niemals vergessen werden« dürfe, hagelte es hunderte von Einträgen auf die Facebook-Seite der Partei, von denen der Autor einige zitiert: »Schluss mit dem Gejammer«, »Es reicht«, »Wir haben mit dem Scheiß nix zu tun«, »Ich kann es nicht mehr hören«, »Müll«. Oder noch deutlicher: »Immer dieses Gelaber über die Juden, ich kann diesen Rotz nicht mehr hören.« Oder: »Das ist von den Juden so gewollt, sie sind die Staatsmacht.« Oder: »Sollte mal verboten werden, immer von Neuem zu erinnern.« Oder: »Den Holocaust gab's doch gar nicht.«[60]

Wenn extremistische Ideen sich im Mainstream wiederfinden

Es versteht sich von selbst, dass die meisten Angehörigen der sogenannten Mitte mit solchen unappetitlichen Zeitgenossen nichts zu tun haben wollen. Dennoch unterschieden sich diese primitiven Kommentare nur in Stil und Wortwahl von einigen Briefen, die an den Zentralrat der Juden in Deutschland und die Israelische Botschaft gingen, und die Antisemitismusforscher auswerteten, deren Arbeit ich kurz zuvor für dieses Buch gelesen hatte. So schrieb jemand: »Es kann keine Freifahrkarte nach mehr als sechzig Jahren geben, immer wieder die gleiche Keule zu benutzen, um seine eigenen Interessen brutal durchzusetzen.« Andere wiesen auf ähnliche Weise darauf hin, dass nun mal genug sei mit der Erinnerung. Den Wissenschaftlern zufolge kamen jeweils knapp unter vier Prozent der 14 000 ausgewerteten Briefe von Links- und Rechtsradikalen. Die überwiegende Mehrheit der Schreiber aber seien »Menschen der sogenannten Gesellschaftsmitte« gewesen, »die ihre Meinung nicht als antisemitisch oder problematisch« bezeichnen würden.[61] Insgesamt waren fast 73 Prozent der Einsendungen judenfeindlich, darunter beinahe alle Briefe, die von Extremisten geschrieben wurden.

Während das zu erwarten war, stuften die Forscher aber auch etwa ein Drittel der bürgerlichen Zuschriften als antisemitisch ein. Das würde Forschungen bestätigen, die den Anteil latent antisemitisch eingestellter Bürger bei 20 Prozent sehen. Zu den judenfeindlichen Schreibern gehörten Studierende, Anwälte, Pfarrer und Lokalpolitiker. Extrempositionen beinhalten also Meinungen, die »auch in breiten gesellschaftlichen Schichten vertreten werden«.[62] Und umgekehrt. Oft führe Antisemitismus »die unterschiedlichen, nach ihren Selbstbildern und Identitätsentwürfen gar verfeindeten Gruppen« zusammen, schreibt Julia Bernstein in ihrer Studie zu Schulen. »So gleichen sich etwa Linke, Rechte und Islamisten in ihren antisemitischen Weltanschauungen in Bezug auf die moderne Gesellschaft und Israel. Gerade darin stellen sie auch eine Anschlussfähigkeit zur ›Mitte der Gesellschaft‹ her, in der die gleichen antisemitischen Stereotype und Mythen einen anderen Ausdruck finden.«[63]

Die Ablehnung Israels bringt Menschen zusammen, die sonst nichts miteinander zu tun haben. Für die jüdische Gemeinschaft liegt darin ein großes Risiko. Je anschlussfähiger extreme Positionen sind, umso stärker bedrohen sie die Juden. So warnen nicht nur Wissenschaftler wie Gil Murciano[64] eindringlich vor der Gefahr, dass der antizionistische Antisemitismus – den, wie wir gesehen haben, auch die BDS-Bewegung vertritt – über zunächst nicht extrem scheinende Positionen zum legitimierten Bestandteil gesellschaftlicher Diskussionen wird. Auch der Bundesverfassungsschutz beschreibt den antizionistischen Antisemitismus als den aktuell bedeutendsten. Und als einen besonders gefährlichen. Das Amt beschreibt die verschiedenen Aspekte dieser Judenfeindschaft, die in allen extremistischen Phänomenbereichen festzustellen sei, und weist auf die besondere Gefahr der »Normalisierung« hin. Diese Variante des Antisemitismus sei »wie keine andere Erscheinungsform an aktuelle Debatten einer breiten Öffentlichkeit anschlussfähig.« In dem Bericht heißt es weiter: »In dieser Anschlussfähigkeit – also dem Potenzial, extremistische Auffassungen mit nicht-extremistischen Diskursen zu verbinden – liegt eine besondere Gefahr. Denn im Kontext regelmäßig wiederkehrender Debatten über die politische Situation in Nahost können antisemitische Aussagen einen weniger anrüchigen und stigmatisierenden Charakter als in anderen Zusammenhängen annehmen.«[65]

Der Wunsch: Ein offenes jüdisches Leben führen zu können

Die Auswirkungen dieser Entwicklung werden jüdische Bürger in ihrem Leben spüren. Nicht nur, wenn es zum nächsten Krieg zwischen der radikalislamischen Hamas und Israel kommen sollte. Insgesamt hat sich die Atmosphäre längst verändert. Begegnungen mit Nichtjuden gestalten sich immer wieder kompliziert. Befremdlich. Unangenehm. Das wird zunehmen, je weiter sich die Grenzen des Sagbaren ausdehnen. Und je stärker sich zeitgleich die Grenzen für akzeptierte jüdische Widerrede zusammenziehen. Wenn Rabbiner oder andere, die als Juden zu erkennen sind, auf der Straße angegriffen und verletzt oder wenn Kippaträger mit einem Gürtel verprügelt werden oder wenn einem jüdischen Restaurantbetreiber gesagt wird, er und die anderen Juden in Deutschland landeten auch noch im Gas, dann geht das durch die Medien, wird als Beispiel für den »neuen Antisemitismus« genannt und empört die Bürger.[66] Zu Recht. Auf der anderen Seite zeichnet es ein falsches Bild. Denn das ist nicht der Antisemitismus, der den Juden regelmäßig im Alltag begegnet, auf der Straße, im Internet, in der Schule. Die alltägliche Judenfeindschaft kommt häufig nicht von Neonazis oder Islamisten, sondern von Menschen, deren Denken zumindest Teile der radikalen Positionen reflektiert. Sie äußert sich weniger gewalttätig, sie ist leise und unspektakulär. Niemand bemerkt sie oder will sie bemerken. Bis auf die Opfer. Wenn ein arabischer Jugendlicher vor jemandem ausspuckt, der am Handy hebräisch spricht. Wenn Kommilitonen einer Jüdin in Berlin das Leben schwermachen.[67] Wenn »du Jude« als gemeingebräuchliches Schimpfwort an Schulen akzeptiert wird. Über diesen Hass hören oder lesen Nichtjuden nicht. Er ist für sie, wie wir gesehen haben, oft nicht existent.

Der Alltagsantisemitismus macht jüdischen Bürgern zu schaffen, weil – ja, weil er eben Alltag ist. Und das Erlebte nistet sich im Bewusstsein ein. Unabhängig davon, ob sie physisch angegriffen oder beleidigt worden sind, verhalten sich manche Opfer nach einem Angriff misstrauischer und ängstlicher, einige werden krank. Als besonders belastend schildern es Teilnehmer einer Studie, wenn ein Familienmitglied – jemand, den sie lieben – betroffen war. Das Ganze einfach zu vergessen, ist beinahe unmöglich. Es ist einmal passiert, also kann es wieder passieren. Obwohl die Mehrheit angibt, sich in der aktuellen Situation gewehrt oder beschwert zu haben, setzen viele alles dran, um künftige Attacken zu vermeiden. 40 Prozent der Juden, die mit Hass gegen sie konfrontiert wurden, verbergen danach ihre jüdische Identität. Sie bleiben jüdisch bei ihrer Familie, bei Freunden. Doch nicht mehr in der Außenwelt. Die Hälfte schränkt soziale Kontakte ein oder bricht sie ab.[68]

Hinter jeder Prozentzahl in Studien stehen Leben, die nicht mehr so unbeschwert, so frei sind, wie sie hätten sein können und sollen.

Wo sind Deine Hörner?

Fast ein Drittel der deutschen Juden sind innerhalb eines Jahres beleidigt oder belästigt worden, fast zwei Drittel mussten mit Andeutungen umgehen, die sie verletzen und lange belasten.[69] Irgendwann habe ich angefangen, Gesagtes und Erlebtes in mein Tagebuch einzutragen, einmal, um es damit aus dem Kopf zu bekommen, aber auch, weil es mich als Journalistin, fast würde ich sagen fasziniert, in welchem Ausmaß Nichtjuden glauben, Juden beleidigen, ihnen gegenüber übergriffig werden zu können, ohne dass das jüdische Gegenüber mit der Wimper zucken soll. Einige Aussagen habe ich sofort aufgeschrieben, weil ich wusste, dass ich einige Zeit später nicht mehr glauben würde, dass diese Person so etwas tatsächlich gesagt hatte. Zum Beispiel: »Du als Christin wirst das nie verstehen. Sie sind nun mal so.« (Eine befreundete Ärztin, sehr engagiert in der Vergangenheitsbearbeitung, die mal eben mein halachisches Jüdischsein mit einem antijudaistischen Streich beseitigte und auf dieselbe Weise über eine Geldstreitigkeit mit einem meiner jüdischen Angehörigen urteilte – aus dem Adressbuch gestrichen). »Es ist aber doch komisch, dass ausgerechnet diese Maklerin jüdisch ist.« (Mutter eines Freundes über eine Maklerin, die ihr angeblich zu viel berechnet hatte – der abschließende Satz in einer Unterhaltung, in der sie Juden grundsätzlich Geldgier unterstellte und nicht akzeptierte, dass es ein judenfeindliches Stereotyp ist). Oder: »Wenn man das hört, ist es noch trauriger zu sehen, was Israel mit den Palästinensern macht.« (spontane Reaktion eines früheren Universitätspräsidenten auf ein Gespräch über die Schoah) Oder aber: »Warum haben die Juden eigentlich schon wieder so viel Macht?« (Sekretärin eines früheren Partners). Alle gehören der gebildeten oberen Mittelschicht an.

Manchmal ist einem selbst nicht klar, ob man es mit Antisemitismus zu tun hat oder mit einer unbegreiflichen Respektlosigkeit. Oder mit beidem. Was ist es, wenn ihr Nachbar im Fahrstuhl den Davidstern meiner Freundin von ihrem Dekolleté aufhebt, umdreht, seinem Freund zeigt und verächtlich »Jüdin« sagt? Hass? Dummheit? Sexueller Übergriff? Wohl alles zusammen. Auf jeden Fall extrem unangenehm. Der Davidstern landet in der Schmuckschatulle. Es gibt Dutzende solcher »Was-ist-das-nun«-Fälle. Auch wenn zwei Drittel der Befragten in der Studie zu Nordrhein-Westfalen nicht dezidiert von physischen antisemitischen Angriffen berichten, sind nahezu alle Befragten von verletzendem Verhalten und/oder verbalen antisemitischen Bedrohungen betroffen gewesen. In einem Interview heißt es dazu: »Es muss nicht immer körperliche Gewalt sein, um ein Zuschnüren der Kehle, der eigenen Kehle zu merken, und das gibt es zuhauf.«[70]

Die jüdische Perspektive interessiert die Mehrheitsgesellschaft häufig nur insoweit, als sie ihre eigene spiegelt. Das lässt sich beobachten, wenn Lehrkräfte auf antisemitische Angriffe gar nicht oder zurückhaltend reagieren. Antisemitische Stereotype zu verwenden, wenn es vorgeblich darum geht, den jüdischen Staat zu kritisieren, fällt nicht einmal mehr negativ auf. Damit müssen sich schon Schüler auseinandersetzen, wenn Lehrer judenfeindliche Bemerkungen nicht nur überhören, sondern sich sogar auf die Seite der Täter stellen. Julia Bernstein berichtet von etlichen Fällen, in denen Lehrer Judenhass bagatellisierten, die Schuld bei dem Opfer suchten und Antisemitismus von Muslimen mit dem Konflikt zwischen Israel und den Palästinensern erklärten.[71] In manchen Fällen verglichen Lehrer das Verhalten der Israelis im Nahostkonflikt mit dem der Nationalsozialisten. Und nachdem der jüdische Schüler in dem oben geschilderten Fall in Berlin-Friedenau die Klasse verlassen hatte, nahmen Eltern in einem offenen Brief die Schule in Schutz, die als internationale Einrichtung von dem Nahostkonflikt nicht verschont bleibe, der auch »religiös motivierte Auseinandersetzungen« mit sich brächte.[72]

Meine Freundin Sheri in San Francisco erzählte einmal von einem Erlebnis, das sie als Teenager in den 6oer-Jahren in den USA hatte. Aufgewachsen als einziges jüdisches Mädchen in ihrer Klasse strich ihr ein anderes Mädchen über die Haare, strich intensiver, und am Ende »fühlte es sich an, als inspiziere sie meinen Skalp«, sagt Sheri, die begann, sich zu wehren. »Was machst du da?« »Ich will wissen, wo deine Hörner sind«, entgegnete die Mitschülerin. Verrückt? Juden in Deutschland leben in einer nicht minder exponierten Stellung. Sie müssen sich mit unterschiedlichsten Erwartungen auseinandersetzen und stehen unter permanentem Erklärungsdruck. Zumindest, wenn sie sich offen zu ihrem Judentum bekennen. Oder gar zum Zionismus. Auch wenn Reaktionen darauf manchmal haarscharf am Antisemitismus vorbeirutschen, sind sie in ihrer Aufdringlichkeit belastend.

Ist das normal?

So werden jüdische Speisegebote gern diskutiert, hinterfragt – oder verächtlich gemacht. »Fisch' doch den Speck raus aus der Soße.« »Für dich eine Schweinshaxe, oder?« Ist das normal? Ist es normal, dass man Gebote, Regeln, Gebräuche einer anderen Religion lächerlich macht? Dass man jemandem vorschlägt, etwas zu bestellen, was für diese Person unrein ist? Sollte es normal sein? Das hebräische Wort für unrein – *treif* – bezieht sich auch auf einen Kadaver, was zeigt, wie schlimm es für religiöse Juden wäre, nicht koscher zu essen. Würden Nichtjuden einem Vegetarier eine Fleischbulette servieren oder den Schinken in einem Gericht nicht erwähnen? Ist so etwas Juden gegenüber okay? Wenn ja, warum? Mit anderen unerfreulichen Kommentaren von Nichtjuden zu jüdischen Gebräuchen oder jüdischer Ethik haben wir uns im vierten Kapitel beschäftigt. Diesen Einschätzungen mangelt es meist an intellektueller Substanz. Mit Neugier oder Interesse haben sie wenig zu tun. Hier geht es darum, Menschen zu zeigen, wie inakzeptabel ihre (jüdische) Lebensweise ist. Lustig ist das nicht. Also erwähnen Juden beim nächsten Mal ihre Religion erst gar nicht, sondern gehen als Veganer aus dem Haus.

Er habe noch nie jemanden gesehen, der judenfeindlich sei, und er kenne auch keine Juden, die jemals attackiert worden seien, schreibt ein Leser in einem Kommentar auf den eingangs genannten Essay zu Halle, in dem Richard Schneider die Passivität der Mehrheit beklagt.[73] Und fügt hinzu: »Allerdings kenne ich auch keine Juden.« Einerseits zeigt eine solche Aussage einen schwer zu übertreffenden Sarkasmus, auf der anderen Seite ist sie zumindest ehrlich. Wie dem Schreiber geht es den meisten Bundesbürgern. Sie beurteilen Vorgänge, die Juden betreffen, aus der nichtjüdischen Perspektive, ohne jemals mit der jüdischen Sicht konfrontiert worden zu sein. In diesem nichtjüdischen Bewusstsein tauchen Juden als reale Menschen gar nicht auf. Die Öffentlichkeit kennt deren offizielle Vertreter aus den Medien. Doch im Alltagsleben? Es gibt keine realen Bilder für sie. Dafür umso mehr Stereotype. Und die werden nicht einmal dann ernsthaft hinterfragt, wenn sie auf lebendige Personen – auf Jüdinnen oder Juden – stoßen. Dann sind es stattdessen häufig sie, die sich positionieren sollen. In vielen Situationen müssen Juden sich aktiv damit auseinandersetzen, wie sie auftreten und welchen Teil ihrer Identität sie preisgeben, das heißt, sie müssen überlegen, wie andere auf sie reagieren könnten, und ob sie diese Reaktionen wollen. Offensichtlich fällt den jeweiligen Gesprächspartnern nicht einmal auf, dass sie Grenzen einer gebotenen Diskretion überschreiten, dass sie den Juden eine besondere Rolle zuschreiben und sie damit in eine permanente Außenseiterrolle schieben. In Untersuchungen, die sich mit jüdischen Perspektiven beschäftigen, finden sich dutzende Beispiele, in denen beschriebene Begegnungen mit Nichtjuden keine Dialoge sind, sondern die jüdische Person sich mit Stereotypen im Kopf des Gegenübers auseinandersetzen soll.

Und immer wieder geht es um Israel. Es deprimiert mich, in meinen linksliberalen Kreisen diesen als Antizionismus verkappten Antisemitismus zu finden, über den Jean Améry schon 1969 schrieb, er stehe »im Begriff, ein integrierender Bestandteil des Sozialismus schlechthin zu werden«.[74] Es gibt kaum Juden in meinem Freundeskreis, die nicht manchmal einfach den Mund halten. Zu anstrengend. Ich bin es leid, betonen zu müssen, dass Israel nicht mein Land ist. Das ist offensichtlich. Ich habe einen deutschen Pass, lebe in den Vereinigten Staaten und sehe mich als deutsche Weltbürgerin mit einer tiefen Liebe zu meiner norddeutschen Heimat mit Nordsee und Morgennebel. Dennoch fühlt sich die eingeforderte Distanzierung falsch an. Ich hänge an Israel. Weil ich seit vierzig Jahren regelmäßig dorthin fahre, viele Freunde dort leben, und vor allem, weil ich seit über zwanzig Jahren angeheiratete Familie dort habe. Ich bin Zionistin, und ich fühle mich mit dem Land auf eine familiäre Weise verbunden und will es nicht ständig von mir wegschieben müssen. Wenn ich mich allerdings aufs Argumentieren einlasse, wird mir schnell das Gefühl vermittelt, ich träte für ein eigentlich nicht zu verteidigendes Anliegen ein.

Rechtfertigen. Richtigstellen. Verteidigen. Warum eigentlich?

Manchmal habe ich in Diskussionen über Israel das Gefühl, dass ich mich durch einen Dschungel ignoranter Behauptungen kämpfe und am Ende doch nur höre: »Klar, dass du als Jüdin das so siehst.« Was wiederum in sich komisch ist, weil dieselben Kreise gern Juden als Kronzeugen für die Richtigkeit und Legitimität ihrer Haltung nennen. Ich habe mich oft gefragt, was das eigentlich heißen soll. Wo es doch nur zeigt, dass Juden immer noch unterschiedliche Meinungen zum Zionismus haben – und zu vielen anderen Dingen auch. Im

Unterschied zu früher führen sie diese Debatten allerdings nicht mehr innerjüdisch, sondern mit einem mehrheitlich nichtjüdischen Publikum, wobei sie sich dabei oft in Gesellschaft von Menschen befinden, die ihre Worte als Legitimation ihrer eigenen, antisemitisch begründeten Ablehnung des jüdischen Staates begreifen.[75] Innerhalb der letzten Jahrzehnte haben diese Juden dutzende Bücher verfasst, die sich extrem kritisch und zum Teil feindlich mit Israel auseinandersetzen. Interessant ist, dass viele dieser Bücher zu Bestsellern wurden. Und zwar in einer Zeit, in der es kaum Interesse an Juden oder jüdischer Religion oder Ethik gab. Einige Jahre lang habe ich eine Art Feldforschung dazu betrieben. Wenn mein Mann und ich in Deutschland unterwegs waren, bin ich in Buchläden aller Art gegangen und habe nach Büchern übers Judentum gefragt. In einigen Geschäften fand sich kein einziges. Warum? »Es gibt keine Nachfrage, und dann bestellen wir nicht«, war die gängige Antwort. Doch das Interesse war sehr wohl bei Büchern vorhanden, die sich Themen wie der »Israel-Lobby« widmeten und im Schaufenster lagen. Was bedeutet das? Und was bedeuten die Hinweise der Nichtjuden auf anti-israelische Juden, mit denen sich die Verfasser antisemitischer Leserbriefe zu Israelberichten ebenfalls gern absichern – als Totschlagargument, um zu belegen, dass sie auf keinen Fall judenfeindlich seien. Welches Denken steht dahinter?

Es ist nicht zu übersehen, dass Redakteure linksliberaler Medien zu bestimmten Themen häufig dieselben jüdischen Personen befragen. Mich erinnert das an meine Arbeit als Wirtschaftsredakteurin, wenn wir Agenturnachrichten kreieren wollten: Wir überlegten, wer zu welchen Fragen am ehesten das sagen würde, was wir wollten, um Aufmerksamkeit zu generieren. Der entsprechende Firmen-, Gewerkschafts- oder Was-auch-Immer-Chef überbrachte dann die Botschaft, auf die wir gesetzt hatten. Heute streiten sich Juden eben nicht mehr einfach miteinander und verhandeln ihre Kritik aneinander intern, sondern sie stehen im Blickpunkt einer Gesellschaft, in der Teile nur allzu bereit sind, sich ihre antisemitischen Stereotype von Juden bestätigen zu lassen. Doch der Eindruck, der hier geschaffen wird, dass nämlich einige wenige Juden für die Gemeinschaft sprechen, stimmt nicht.[76] Er führt allerdings dazu, dass Juden, die sich dem Kampf gegen soziale Ungleichheit und Rassismus verschrieben haben, gleichzeitig aber an der Identität des jüdischen Volkes festhalten, dem wie jedem anderen Volk ein eigenes Land zusteht, häufig in eine beinahe national-reaktionäre Ecke gestellt werden. Und er verdeckt die über Jahrhunderte entwickelte Sozialethik der Juden, die sich gerade aus ihrem Verständnis entwickelte, als Angehörige des der Tora verpflichteten jüdischen Volkes eine besondere Verantwortung für das Wohlergehen der Nichtjuden und der Welt als solche zu haben. Wie Juden mit dem beschriebenen Phänomen umgehen sollen, erfordert eine intensive innerjüdische Debatte, die gerade erst beginnt.

Doch eines muss klar sein: Wenn auch einige Juden eine neue Definition des Antisemitismus fordern, sprechen sie damit noch lange nicht für die Mehrheit der Juden in der Bundesrepublik. Und wenn Per Leo auf jüdische Freunde verweist, die ihm zur Lockerheit im Umgang mit der NS-Vergangenheit verholfen hätten, bezieht er sich damit auf Juden, deren Haltung in ihrer eigenen Gemeinschaft auf enormen Widerstand stößt.[77] Und nur, weil ein amerikanischer Jude die Einstaatenlösung in Israel für die beste hält, entspricht sie noch lange nicht dem Mehrheitswillen der Wähler im jüdischen Staat, die darüber entscheiden.[78] Allerdings ebnen solche Ideen einer umstrittenen BDS-Idee den Weg ins öffentliche Bewusstsein, nämlich dem Rückkehrrecht für Flüchtlinge: Alle leben, wo sie wollen. Mit dem kleinen Schönheitsfehler, dass Israel kein jüdischer Staat mehr wäre. Interessanterweise wollen sich selbst die arabischen Israelis nicht auf dieses Experiment einlassen.[79] Und wenn Diskussionspartner den Juden Albert Einstein als Vertreter der Einstaatenidee für sich vereinnahmen, unterschlagen sie sein kompliziertes Verhältnis zu Israel, ein Land, das er für unbedingt notwendig hielt, und für dessen Anerkennung als jüdischer Staat er bis kurz vor der UN-Abstimmung kämpfte.[80] Plötzlich steht einer der klügsten Menschen der Welt als jemand da, dessen Gedanken der vierziger Jahre unveränderbar in Beton gegossen sind. Als würde sein imaginiertes heutiges Bewusstsein nicht vielleicht doch die diversen Selbstmordattentate, die gescheiterten Verträge, die anhaltende

Feindseligkeit der anderen Seite und deren ungerechtfertigten Ansprüche berücksichtigen – wobei er die schon 1947 anspricht.[81]

Und auch in diesen Gesprächen spüre ich immer wieder: Es ist kein echtes Interesse da. Sonst würden Menschen sich informieren, ehe sie eine Meinung wiedergeben. Sie würden Meinungen von historischen und gesellschaftlichen Tatsachen unterscheiden. Man kann Fakten ignorieren, selbst ein amerikanischer Präsident hat das vier Jahre lang häufig getan. Doch das führt nirgendwohin – außer zu mehr Spaltung. Und zu einer Delegitimierung anderer Ansichten. Wie stark sich Unterschiede zwischen antisemitischen, antizionistischen und israelkritischen Positionen bereits nivelliert haben, konnte man im Winter 2020 beobachten. Es ist bemerkenswert und, ja, ebenfalls deprimierend, dass ausgerechnet in der Zeit der Corona-Demonstrationen, in der uralte antisemitische Geister wiederbelebt und Juden im Internet mit Hassinhalten überschüttet wurden, den (linksliberalen) Vertretern deutscher Kultureinrichtungen nichts Besseres einfiel als einer anderen – der modernen – Variante des Judenhasses die Tür weit öffnen zu wollen.[82] Sie wendeten sich gegen den Bundestagsbeschluss, der eine finanzielle Förderung von Programmen und Projekten mit BDS-Positionen ausschließt. Warum Befürworter dieser Organisation bei der Verbreitung ihres antisemitischen Narrativs nicht ohne Hilfe der Steuerzahler zurechtkommen sollten, erklärte die Petition der Kulturschaffenden nicht – zu denen auch Juden gehören, auf die sich andere, wie soll es anders sein, in Gesprächen gern berufen.

Wie sieht die Zukunft aus?

Neulich sagte ein junger Jude in einem Gespräch, »Der rechte Antisemitismus ist eliminatorisch, der linke ist das zumindest nicht.« Ich bin mir nicht sicher, ob mich das beruhigt. Ich habe Freunde verloren, mit denen ich alles gemeinsam hatte – außer Israel. Als gäbe es keine objektiven Gründe, den Nahostkonflikt neutral zu beurteilen, ist die Forderung danach in linken Kreisen mittlerweile zu einem Synonym für »pro-israelisch« mutiert. Der unbarmherzige Antizionismus wird zu einer Bedrohung des jüdischen Lebens. In den Vereinigten Staaten schildern jüdische Studenten, wie sie gemieden, schikaniert, nicht gewählt, hinausgeworfen, körperlich bedroht und isoliert werden, weil sie sich dem jüdischen Staat verbunden fühlen. Jüdinnen müssen LGBT-Demonstrationen verlassen, wenn sie ihre Regenbogenfahne mit einem Davidstern schmücken. Eine junge Frau aus Los Angeles erzählt, wie sie und andere Jüdinnen aus einer Chatgruppe mit 30 000 Mitgliedern hinausgeworfen wurden, nachdem sie die »Besatzung Palästinas« verurteilen sollten und widersprachen.[83] Es schmerzt, den Kündigungsbrief von Bari Weiss zu lesen, in dem sie ihre Zeit in der Redaktion der *New York Times* beschreibt.[84] Kollegen mobbten Weiss, eine exzellente Schreiberin, machten sich lustig über ihre Anliegen. Warum? Sie ist liberal, Lesbe – und Zionistin. Und damit auf der falschen Seite.

Deutschland hat dieses Stadium noch nicht erreicht. Doch langsam etabliert sich auch hier ein Trend, der sich seit Jahren angebahnt hat. Er spiegelt die latent vorhandene und stark zunehmende Vermischung antizionistischer und antisemitischer Haltungen wider. Und er bedroht die jüdische Identität. Irgendwann nämlich haben Juden genug davon, zu erklären. Richtigzustellen. Grundlos in der Defensive zu sein. Sie beginnen, ihre Identität zu verstecken. Nicht nur, wenn sie sich an die Kaschrutregeln halten oder ihre Söhne beschneiden lassen. Oder wenn sie keine Lust haben, zum hundertachtzigsten Mal zu erklären, dass sie die derzeitige konservative Politik in Israel zwar nicht toll finden, aber superfroh sind, dass es einen jüdischen Staat gibt. Sondern grundsätzlich. Weil Anspannung und Furcht sonst ständige Begleiter sind. Bei der Familie können sie weiterhin sein, wer sie sind, auch bei Freunden und Bekannten. Doch auf der Arbeit, an der Uni oder beim Sport verstecken viele ihr Jüdischsein schon heute. Im Internet oder auf Behörden sind sie noch vorsichtiger. In bestimmte Gegenden gehen sie ohnehin nicht mehr und tragen erst recht keine jüdischen Symbole. Jugendliche handhaben das genauso wie die Erwachsenen.[85] Das ist eine zutiefst erschreckende Entwicklung. Wenn Menschen einen Teil ihres Selbst verleugnen, um unbehelligt durchs Leben zu gehen, stimmt etwas in der Gesellschaft nicht. Noch besorgniserregender ist es, wenn Kinder sich nicht mehr trauen, in ihrer Schule als Juden aufzutreten. Schon heute laden manche ihre Klassenkameraden nicht mehr zur Bar oder Bat Mitzwa Feier ein, weil diese dann erfahren würden, dass sie jüdisch sind. Es ist das Gegenteil von dem, woran jüdische Gemeinschaften in Deutschland und weltweit arbeiten: die jüdische Identität zu stärken.[86] Ein Jugenderzieher in meiner Synagoge sagte dazu: »Es geht um nicht weniger als um die jüdische Zukunft.« Wir leben in einer diversifizierten und aufgeklärten Gesellschaft, in der zumindest liberale Bürger sich stets bemühen, auf die Belange verschiedenster Gruppen Rücksicht zu nehmen. Und in einer Zeit der Identitätspolitik, in der jeder ethnischen Gruppe und allen Menschen mit einer anderen sexuellen Identität oder Orientierung zu Recht und zu unser aller Vorteil und Glück zugestanden wird, das kurze Leben auf dieser Erde selbstbestimmt zu leben und keine Diskriminierung zu erfahren, wenn sie leben, was sie sind. Soll das nicht auch für Juden gelten?

Wenn man dem Antisemitismus in dieser Gesellschaft etwas entgegensetzen will und wenn es ein Miteinander in dieser Gesellschaft geben soll, muss dieser Teufelskreis aus Ignoranz, Stereotypen und Nichtwissen auf nichtjüdischer Seite durchbrochen werden. Das aber kann nicht die Aufgabe der Juden sein. Ebenso wenig kann es ihre Aufgabe sein, sich aktiv mit den Gründen für all die feindseligen Bilder von ihnen auseinanderzusetzen, die es in vielen Köpfen gibt. Sie sind darauf angewiesen, dass sich die Mehrheit dieser Aufgabe annimmt. Vielleicht muss man dazu auf »Neustart« drücken und sich alte Fragen neu stellen: Sollten nichtjüdische Deutsche vielleicht doch beginnen, sich mit den eigenen Familiengeschichten auseinanderzusetzen, anstatt in einer jahrzehntelangen Abwehrhaltung sämtliche Negativgefühle auf vorhandene und nichtvorhandene Juden zu projizieren? Ist es vielleicht doch zu früh, in Gedenkfeiern für die ermordeten Juden nicht mehr an diese Juden zu denken, sondern über das Los der Flüchtlinge zu sprechen?[87] Und sollte das größte Menschheitsverbrechen, in dem »Menschen ihre Mitmenschen ausbeuteten und selbst nach dem Tod «teilweise recycelten‹, wie es die Überlebende Anita Lasker-Wallfisch formulierte[88], nicht vielleicht doch zu einem wirklichen Umdenken führen? Zumindest in der zweiten und dritten Täter-Nachfolgegeneration?

Nur ein radikales Umdenken auf der nichtjüdischen Seite gäbe den Juden den Raum, den diese ohnehin kleiner werdende Gemeinschaft braucht.[89] Nur dann könnten sie frei als Juden in diesem Land leben. Offen, und mit ihren anderen Gewohnheiten, Feiertagen und religiösen Gebräuchen, die alle geleitet sind von einem religiösen Bewusstsein und einer Philosophie, die, als sie in die Welt kamen, revolutionär waren. Und die Werte vermitteln, die Juden mit Stolz vertreten können. Nur wenn das möglich ist, wenn sie ihr Anderssein offen und selbstbewusst mit Anderen teilen können, wenn sie als Orthodoxe mit Schläfenlocken und Lesben mit lila Haaren mit Nichtjuden für gemeinsame Ziele kämpfen können, ohne Israel als »Besatzerstaat« verdammen zu müssen, um in diesen sozialen Zirkeln Gefallen zu finden – kurz, wenn sie unbeschwert Juden sein können, wie immer sie es sein wollen – ohne Polizeischutz und Poller vor Synagogen und Kindergärten, dann, und nur dann, ist diese Gesellschaft wirklich eine, in der »neues jüdisches Leben« blühen und gedeihen kann.

Zum Merken

Wenn Juden feindliche Stimmungen, körperliche Angriffe und andere Feindseligkeiten beschreiben: Glauben Sie Ihnen und spielen Sie die Attacken nicht herunter. Auch Übergriffe, die sich nicht dramatisch anhören mögen, verändern das Sicherheitsgefühl jüdischer Bürger und beeinflussen, inwieweit sie sich in Zukunft noch als Juden zu erkennen geben.

Die Kriminalstatistik spiegelt nicht das wahre Ausmaß der Übergriffe wider, da ein Großteil der antisemitischen Vorfälle nicht angezeigt und gemeldet oder Judenhass nicht als Motiv erkannt wird. Darauf machen verschiedene Organisationen aufmerksam. Deren Zahlen unterscheiden sich beträchtlich von den amtlich erhobenen. Mittlerweile wird bundesweit eine intensivere Schulung für Polizisten angeregt, um antisemitische Delikte besser erkennen und einordnen zu können.

Juden in Deutschland brauchen keine Nachhilfe darin, dass die Bedrohung natürlich auch von rechts kommt. Für sie ist die Angst vor rechtem Terror seit Jahrzehnten Realität.

Die Opfer identifizieren heute aber in vielen Fällen Muslime oder Menschen mit Migrationshintergrund als Täter. Sie müssen das äußern dürfen, ohne dass man sie als islamophob bezeichnet oder ihnen unterstellt, Flüchtlinge zu diskriminieren. Nur wenn Probleme sachlich und klar benannt werden, kann man versuchen, Lösungen zu finden.

Wenn aber die Mehrheit entscheiden will, wann welche Minderheit Probleme nicht ansprechen darf, löst man weder das Problem des Antisemitismus noch der Fremdenfeindlichkeit. Man spielt Minderheiten gegeneinander aus.

Zu viele Bundesbürger sehen ein antisemitisches Verhalten bei Menschen aus dem Nahen Osten als Reaktion auf den Konflikt zwischen Israel und den Palästinensern. Davon abgesehen, dass der Konflikt häufig nur als Vorwand dient, ist es nie gerechtfertigt, einen jüdischen Menschen in Deutschland für etwas verantwortlich zu machen, was in einer weit entfernten Region stattfindet und womit er vielleicht noch nicht einmal einverstanden ist. Vor allem politisch eher links-liberal oder progressiv eingestellten Menschen gegenüber müssen Juden in Deutschland zu häufig nicht nur die Politik der israelischen Regierung, sondern die Gründung des Staates selbst rechtfertigen. So können Menschen nicht frei atmen. Dem oft als »Israelkritik« bezeichneten Antizionismus muss vehementer entgegengetreten werden. Juden müssen ihre Identität in jeder Hinsicht offen und ohne Angst leben können. Das gilt auch dann, wenn sie als Zionisten ein besonderes Verhältnis zum jüdischen Staat haben.

Das ist besonders für junge Juden wichtig. An Schulen hat die Zahl der antisemitischen Vorkommnisse dramatisch zugenommen. Wenn Lehrer diese Vorfälle nicht ernst nehmen und bagatellisieren, verlieren die jüdischen Schüler jedes Gefühl der Dazugehörigkeit und

Sicherheit. Dann haben sie irgendwann den Eindruck, nicht mehr ohne Risiko als Jude in Deutschland leben zu können. Das ist ein direkter Angriff auf die Zukunft der jüdischen Gemeinschaft in diesem Land. Die Anzahl der Gemeindemitglieder schrumpft ohnehin seit Jahren.

Zum Weiterlesen

Mark Cohen: Unter Kreuz und Halbmond. Die Juden im Mittelalter. C. H. Beck, 2005. Eine gute und leicht verständliche Darstellung des jüdischen Lebens in christlichen und muslimischen Gesellschaften während des Mittelalters.

Website des Jüdischen Forums für Demokratie und gegen Antisemitismus. Solide Recherchen und Analysen zu Judenhass, Rassismus und verschiedenen anderen Formen des Menschenhasses. https://www.jfda.de/

RIAS Website. Die Seite der Recherche- und Informationsstelle Antisemitismus ist nicht nur eine Anlaufstelle für Juden und Jüdinnen, sondern bietet allen Interessierten Informationen über die aktuelle Situation in vielen Bundesländern. https://www.report-antisemitism.de/

ANMERKUNGEN

Einleitung

1 5. Buch Mose 30,19.

1 »Das wird man ja wohl sagen dürfen.«

1 https://www.bundespraesident.de/SharedDocs/Reden/DE/Frank-Walter-Steinmeier/ Reden/2020/01/200123-Israel-Yad-Vashem.html.

2 https://jedervierte.com/wp-content/uploads/2021/01/WJC-Germany-Antisemitism-Asessment-Survey_Topline-Results_General-Population2.pdf.

3 Siehe auch Bericht in der *Süddeutschen Zeitung* über die genannte Studie: Stefan Kornelius, »Jeder vierte Deutsche denkt antisemitisch«, *Süddeutsche Zeitung*, 23.10.2019, https://www.sueddeutsche. de/politik/antisemitismus-deutschland-juedischer-weltkongress-1.4652536.

4 Eine gute Übersicht über neue Entwicklungen findet sich in einem Bericht, der anlässlich der Corona-Proteste für das Bundesland Baden-Württemberg erstellt und 2021 vorgestellt wurde. In ihm finden sich auch die bundesweiten Zahlen. https://stm.baden-wuerttemberg.de/fileadmin/ redaktion/dateien/PDF/210429_StM_BW_Studie_Antisemitismus_in_Zeiten_von_Covid-19_ Uni_Leipzig.pdf.

5 Ebd., S.17.

6 Bericht des Bundesverbandes RIAS, *Antisemitismus in Baden-Württemberg*, 2021, https://report-antisemitism.de/documents/Problembeschreibung%20-%20Antisemitismus%20 in%20Baden-W%C3%BCrtemberg%20-%20Bundesverband%20RIAS.pdf.

7 Siehe zum Beispiel die Studie der Universität Bielefeld *Verbreitung von Antisemitismus in der deutschen Bevölkerung* vom März 2017: https://pub.uni-bielefeld.de/download/2919878/2920030/ IKG_ASBericht_Expertenrat_Marz2017.pdf.

8 Siehe Bericht im Tagesspiegel: Anja Kühne, »Schulbuchverlag druckte antisemitische Grafik«, *Tagesspiegel*, 31.01.2017, https://www.tagesspiegel.de/wissen/unsaegliches-elaborat-schulbuch-verlag-druckte-antisemitische-grafik/19327660.html.

9 Stefan Niggemeier, »Es war einmal ... der Antisemitismus«, übermedien, 29.04.2020, https://uebermedien.de/48718/es-war-einmal-der-antisemitismus/.

10 Joachim Huber, »Antisemitismus-Vorwurf nach SZ-Karikatur«, *tagesspiegel*, 25.02.2014, https://www.tagesspiegel.de/gesellschaft/medien/zuckerberg-eine-krake-antisemitismus-vorwurf-nach-sz-karikatur/9538414.html. Dort sieht man auch frühere und spätere Versionen der Karikatur im Vergleich.

11 Siehe zum Beispiel diese leicht verständlichen Ausführungen: https://www.zukunft-braucht-erinnerung.de/der-antisemitische-stereotyp/.

12 Leo Trepp, »Einige Betrachtungen der Kirche und der Juden nach dem Holocaust«, Essay von 1992, wiederabgedruckt in: Gunda Trepp (Hg.), *Lebendiges Judentum – Texte aus den Jahren 1943 bis 2010*, Kohlhammer, 2013.

13 Amy Taxin, »Jury: Muslim students guilty of disrupting speech«, *NBC News*, 24.09.2011, https://www.nbcnews.com/id/wbna44644536.

14 Siehe Judea Pearl, »At UCLA, a Culture of Equating ›Israel‹ With ›Guilty‹«, *Haaretz*, 12.03.2015, https://www.haaretz.com/opinion/.premium-at-ucla-an-orgy-of-israel-indictments-1.5336254.

Anmerkungen

15 Siehe Malte Herwig, »Alles Nazis over there«, *Süddeutsche Zeitung*, 30.06.2012, https://www.sueddeutsche.de/kultur/streit-um-buch-ueber-deutschland-alles-nazis-over-there-1.1425993.

16 Siehe ebd.

17 James Carroll, *Constantine's Sword: The Church and the Jews*, Mariner Books edition, 2002.

18 Siehe Urteile der drei Instanzen, AG Wuppertal, 05.02.2015 - 84 Ls - 50 Js 156/14, LG Wuppertal, 18.01.2016 - 23 Ns - 50 Js 156/14 - 26/15, OLG Düsseldorf, 09.11.2016 - 3 RVs 95/16.

19 Siehe den Bericht »Judenhass ohne Konsequenz«, *Süddeutsche Zeitung*, 10.03.2021, https://www.sueddeutsche.de/politik/antisemitismus-staatsanwaltschaft-braunschweig-klage-ablehnung-1.5231378.

20 Siehe Bericht mit weiteren Nachweisen: https://ec.europa.eu/germany/news/20190122-umfrage-antisemitismus_de.

21 Wie schwierig es ist, dieses Bewusstsein auch bei Politikern zu wecken, zeigt der Bericht der Antisemitismusbeauftragten von Nordrhein-Westfalen, Sabine Leutheusser-Schnarrenberger, für das Jahr 2020: https://www.landtag.nrw.de/portal/WWW/dokumentenarchiv/Dokument/MMV17-5170.pdf, Seite 40 ff. Dieser Bericht mit seinen Ausführungen über die Corona-Demonstrationen ist im Übrigen auch eine gute Darlegung dafür, wie schnell sich antijüdische Ressentiments jederzeit wiederbeleben lassen, a.a.O., Seite 6 ff.

22 Robert S. Wistrich, *Anti-Semitism: The longest Hatred*, Methuen Publishing Ltd, 1991.

23 Natürlich denken wir sofort an Richard Wagner, dessen bekanntestes Pamphlet *Das Judenthum in der Musik* die Münchner Digitale Bibliothek digitalisiert hat: https://www.digitale-samm-lungen.de/de/view/bsb10599696?page=45.
Ein weiteres bekanntes Beispiel sind die Brüder Grimm, deren judenfeindliche Äußerungen extrem brutal sind. Siehe dazu einen interessanten Beitrag des Schriftstellers Gerhard Henschel, »›etwas vorlautes widriges‹ – Das Judenbild der Brüder Grimm«, *Merkur*, 28.10.2019, https://www.merkur-zeitschrift.de/2019/10/28/etwas-vorlaut-widriges-das-judenbild-der-brueder-grimm/.

24 https://www.futurelearn.com/courses/antisemitism.

25 Monika Schwarz-Friesel, *Judenhass im Internet: Antisemitismus als kulturelle Konstante und kollektives Gefühl*, Hentrich und Hentrich, 2019.

26 Paula Fredriksen, *Future Learn*, Yad Vashem.

27 Robert S. Wistrich, *A Lethal Obsession, Antisemitism from Antiquity to the Global Jihad*, Random House, 2010.

28 Monika Schwarz-Friesel, Jehuda Reinharz, *Die Sprache der Judenfeindschaft im 21. Jahrhundert*, de Gruyter, 2013.

29 Schwarz-Friesel, Reinharz, *Die Sprache der Judenfeindschaft*, a.a.O, S. 59 ff.

30 So sagt es der französische Historiker Léon Poliakov. Siehe: Léon Poliakov, *Geschichte des Antisemitismus*, Band 1: Von der Antike bis zu den Kreuzzügen, Verlag Georg Heintz, 1979.

31 Jeremy Cohen, *Future Learn*, Yad Vashem.

32 Im Brief an die Galater fasst Paulus seine Position gegenüber Petrus (Kephas) zusammen, siehe vor allem Galater 2,11–21.

33 David Nirenberg in *Future learn*, Yad Vashem. In seinem Buch über Antijudaismus (David Nirenberg, *Anti-Judaismus. Eine andere Geschichte des westlichen Denkens*, C.H. Beck, 2015) geht er näher darauf ein, dass damit vor allem die Betonung des Fleischlichen, z.B. die Beschneidung, im Judentum gemeint sei.

34 Nirenberg, *Anti-Judaismus*, a.a.O.

35 Wistrich, *A Lethal Obsession*, a.a.O. S. 84; siehe auch Nirenberg, *Anti-Judaismus*, a.a.O.

36 Leo und Gunda Trepp, *»Dein Gott ist mein Gott« – Wege zum Judentum und zur jüdischen Gemeinschaft*, Kohlhammer, 2005.

37 Erzbischof von Konstantinopel, Johannes Chrysostomus, Acht Reden gegen die Juden aus dem Jahr 386. Die englische Fassung der Rede findet sich hier: https://en.wikisource.org/wiki/Eight_Homilies_Against_the_Jews; dt. Übersetzung durch die Autorin.

38 Augustinus verweist hier auf Psalm 59, den er auf die Christen bezieht und gegen die Juden richtet.

39 Peter Hayes, *Warum? Eine Geschichte des Holocaust*, Campus Verlag 2017.

40 Auch die neuen Stereotype im Zusammenhang mit dem Geldverleih ruhten auf fiktiven Konstrukten. Darauf machen Schwarz-Friesel und Reinharz aufmerksam und weisen unter Berufung auf Shatzmiller auf Zeugenaussagen aus einem Prozess im 14. Jahrhundert um einen jüdischen Kaufmann hin. Demzufolge wurde dieser von nichtjüdischen Zeitgenossen und Handelspartnern als großzügig, hilfsbereit und besonders vertrauenswürdig geschildert. Das allgemein akzeptierte Bild, »wonach jüdische Kaufleute und Geldverleiher generell auf Ablehnung und Verachtung stießen, muss also revidiert werden«, schreiben die Autoren. Schwarz-Friesel, Reinharz, *Die Sprache der Judenfeindschaft*, a. a. O., S. 68, FN19.

41 Siehe seine Erklärungen zum Abschnitt Eikev: https://www.hadar.org/torah-resource/great-mighty-and-awesome-god-isnt-what-she-used-be#source-10865.

42 Jeremy Cohen, *Future Learn*, Yad Vashem.

43 Siehe dazu ausführlich Jeremy Cohen, *The Friars and the Jews: The Evolution of Medieval Anti-Judaism*, Cornell University Press, 1983.

44 David Nirenberg, *Future Learn*, Yad Vashem.

45 Shulamit Volkov, *Germans, Jews, and Antisemites. Trials in Emancipation*, Cambridge University Press, 2006.

46 Eine gute Analyse des Denkens Treitschkes bietet Johannes Heil in einem Gutachten zum Streit über die Treitschkestraße in Heidelberg: http://www.hfjs.eu/md/hfjs/hochschule/ignatzbubis/gutachten_treitschke_johannes_heil.pdf.

47 Volkov, *Germans, Jews, and Antisemites*, a. a. O.

48 Gunda Trepp, *Der Letzte Rabbiner – das unorthodoxe Leben des Leo Trepp*, wbg Theiss, 2018, S. 104.

49 Dan Michman, *Future Learn*, Yad Vashem.

50 In Marrs Schrift *Der Sieg des Judenthums über das Germanthum* begründete er den Antisemitismus bereits rassisch. Sie gilt als eines der Fundamente für den modernen Antisemitismus. Siehe die kurzen Erklärungen des Deutschen Historischen Museums und der Hamburger Schlüsseldokumente zur deutsch-jüdischen Geschichte dazu: https://www.dhm.de/lemo/kapitel/kaiserreich/antisemitismus.html; https://juedische-geschichte-online.net/beitrag/bergmann-marr-judenspiegel.

51 Peter Hayes, *Warum? Eine Geschichte des Holocaust*, a. a. O., fasst die wesentlichen Punkte gut zusammen, Die führenden Wissenschaftler haben sich auf die Weiterbenutzung des Begriffs geeinigt. Um klarzumachen, dass er sich auf den Hass gegen Juden bezieht und es nicht um etwas geht, das sich gegen alle Semiten richtet, schreiben Einrichtungen wie Yad Vashem das Wort seit längerer Zeit auch in der englischen Sprache offiziell in einem Wort, also »antisemitism« statt »anti Semitism«.

52 Robert Rozett, *Future Learn*, Yad Vashem.

53 EU-Kommission, *Handbook for the practial use of the IHRA Working Definition of Antisemitism*, European Union, 2021.

2 »Mal muss Schluss sein mit der Vergangenheit.«

1 Das war bereits während des Gazakrieges Anfang 2009 deutlich zu beobachten: Tanja Dückers, »Der gemeinsame Feind«, *Die Zeit*, 28. 01. 2009, https://www.zeit.de/online/2009/05/antisemitismus-deutschland-gaza-krieg-finanzkrise.

2 Leo Trepp, *Die Juden. Volk, Geschichte, Religion*, Rowohlt 1998.

Anmerkungen

3 Martin Buber, Franz Rosenzweig, *Die fünf Bücher der Weisung*, verdeutscht, Verlag Lambert Schneider, Lizenzausgabe für die Deutsche Bibelgesellschaft, 1992.

4 Siehe Leserkommentare in *Frankfurter Allgemeine Zeitung*, 24.04.2015, https://www.faz.net/aktuell/politik/ausland/holocaust-ueberlebende-eva-kor-sie-nannten-mich-eine-verraeterin-13557291.html, *Tagespiegel*, 27.04.2015, https://www.tagesspiegel.de/politik/buchhalter-von-auschwitz-oskar-groening-wir-waren-dressiert-auf-befehl-zu-handeln/11691648.html und *Focus*, 20.04.2015, https://www.focus.de/wissen/mensch/geschichte/zweiter-weltkrieg/auschwitz-prozess-in-lueneburg-kz-buchhalter-oskar-groening-vorwurf-der-beihilfe-zum-mord-in-300-000-faellen_id_4625010.html.

5 *Süddeutsche Zeitung*, 11. Februar 2020, https://www.sueddeutsche.de/kolumne/holocaust-gedenken-steinmeiers-grosse-aufgabe-1.4792501.

6 Endlich hat die Bundesrepublik die Massenmorde 2021 als Genozid anerkannt und sich zur Zahlung einer Wiederaufbauhilfe verpflichtet. Siehe den Bericht der Bundeszentrale für Politische Bildung dazu: https://www.bpb.de/politik/hintergrund-aktuell/335257/abkommen-zwischen-deutschland-und-namibia.

7 Susan Neiman, *Von den Deutschen Lernen*, Hanser Verlag, 2020.

8 Dirk Moses spricht vom »Katechismus« der Deutschen: https://geschichtedergegenwart.ch/der-katechismus-der-deutschen/; Per Leo: *Tränen ohne Trauer*, Klett-Cotta, 2021.

9 Patrick Bahners auf Twitter: https://twitter.com/PBahners/status/1396453256403030017.

10 Wahlprogramm der Nationaldemokratischen Partei Deutschlands, S. 34.

11 Dara Horn, *People love Dead Jews*, W. W. Norton, 2021.

12 In einem Artikel in der Zeit kommt Susan Neiman zu der Einschätzung, dass man sich nicht wundern müsse, dass während des Gaza-Krieges 2021 vor Synagogen »Scheißjuden« gerufen worden sei und damit deutsche Juden für das Handeln der israelischen Regierung verantwortlich gemacht worden seien. Wenn »die Kritik an dieser Politik ständig als antisemitisch stigmatisiert wird, sollte man sich nicht wundern, wenn eine solche Verwechslungsgefahr entsteht«. Susan Neiman, »Ignoranz aus Scham«, *Die Zeit*, 26.05.2021, https://www.zeit.de/2021/22/von-den-deutschen-lernen-susan-neiman-vergangenheitsaufarbeitung-antisemitismus/komplettansicht. Es ist interessant, dass Per Leo, auch wenn er aus guten Gründen Neiman in ihrem Urteil über die Deutschen nicht folgt (S. 237 ff.), in diesem Punkt ihre Einschätzung teilt, wenn er schreibt, die Gleichsetzung von »israelisch« und »jüdisch« sei von »einem Wandel des zionistischen Selbstverständnisses wenn nicht verursacht, so doch befördert« worden. Leo, *Tränen ohne Trauer*, a.a.O., S. 192.

13 Schwarz-Friesel, Reinharz, *Die Sprache der Judenfeindschaft*, a.a.O., S. 95.

14 Ein Ausschnitt ist in einem Acht-Minuten Youtube Video vom 19. April 2013 zu sehen: https://www.youtube.com/watch?v=2rdiUDJYMwM.

15 Trepp, *Der letzte Rabbiner*, a.a.O., S. 197.

16 *Der Spiegel* vom 14.12.1970, https://www.spiegel.de/politik/kniefall-angemessen-oder-uebertrieben-a-861df9eb-0002-0001-0000-000043822427?context=issue.

17 Siehe u.a. Dan Diner (Hg.), *Zivilisationsbruch, Denken nach Auschwitz*, Fischer Taschenbuch 1988, das anhand verschiedener Philosophen darstellt, wie grundlegend sich das Denken nach der Schoah veränderte.

18 Yehuda Bauer, *Rethinking the Holocaust*, Yale University Press 2001, in dem Bauer aber ebenfalls sagt, dass der Völkermord etwas sei, das Menschen den Menschen angetan hätten, weshalb es wieder passieren, man es aber auch verhindern könne.

19 Atina Grossmann, *Juden, Deutsche, Alliierte. Begegnungen im besetzten Deutschland*, Wallstein Verlag 2012, S. 70. Das gesamte Buch ist als PDF herunterzuladen: http://www.igdj-hh.de/files/IGDJ/pdf/hamburger-beitraege/atina-grossmann_juden-deutsche-alliierte.pdf. Wann immer ich Atina Grossmann erwähne, beziehe ich mich auf dieses Buch von ihr – das einzige, das sie zu diesem Thema geschrieben hat.

20 Umfrage des Office for Military Government of Germany (OMGUS), in: *German History in Documents and Images* (GHDI), die historische Originaldokumente archivieren: https://germanhistorydocs.ghi-dc.org/sub_document.cfm?document_id=4083.

21 Die Zahlen finden sich auf Seite 240 der Studie. Deren Verfasser weisen ausdrücklich darauf hin, dass man bei den Ergebnissen bedenken müsse, dass es lediglich 20 000 Juden in Deutschland gebe, verglichen mit über 500 000 vor dem Krieg: https://libsysdigi.library.uiuc.edu/OCA/Books2009-07/publicopinioninooomerr/publicopinioninooomerr.pdf.

22 Siehe *Der Spiegel*, 26. 04. 1949, https://www.spiegel.de/politik/siebenundneunzig-geben-antwort-a-3a8fad9f-0002-0001-0000-000044438416.

23 Eine gute Zusammenfassung zum Antisemitismus in der späteren DDR (Verfasser: Thomas Haury) findet sich auf der Website der Bundeszentrale für poltische Bildung, die ohnehin zahlreiche empfehlenswerte Aufsätze zu den Themen Vergangenheit, Schoah und Judenfeindschaft veröffentlicht hat. https://www.bpb.de/politik/extremismus/antisemitismus/37957/antisemitismus-in-der-ddr.

24 Werner Bergmann, »Antisemitismus nach 1945«, in: *Historisches Lexikon Bayerns*: https://www.historisches-lexikon-bayerns.de/Lexikon/Antisemitismus_(nach_1945)#Die_Einstellung_zu_Juden_in_den_fr.C3.BChen_Nachkriegsjahren.

25 Siehe hierzu u. a. den Hinweis der Amadeu Antonio Stiftung: https://www.amadeu-antonio-stiftung.de/todesopfer-rechter-gewalt/alfred-salomon/.

26 Dokumentiert von der Amadeu Antonio Stiftung. Die aufgeführten Vorfälle erschrecken wegen der Häufigkeit und einige wegen ihrer Brutalität: https://web.archive.org/web/20180205073655/http://www.amadeu-antonio-stiftung.de/die-stiftung-aktiv/themen/gegen-as/antisemitismus-heute/chronik-antisemitischer-vorfaelle-1/chronik-antisemitischer-vorfaelle-2008/. Die Amadeu Antonio Stiftung hat die Chroniken antisemitischer Angriffe bis zum Jahr 2018 auf ihrer Seite veröffentlicht.

27 Wir werden im 5. Kapitel sehen, dass dieselben Denkmuster, die hinter diesen Taten standen, auch die Antisemiten unter den Coronaleugnern und unter den Demonstranten anlässlich des Gaza-Konflikts 2021 leiten.

28 Bundeskanzler Konrad Adenauer, Regierungserklärung vor dem Deutschen Bundestag, 20. 09. 1949, https://www.konrad-adenauer.de/quellen/erklaerungen/1949-09-20-regierungs-erklaerung#.

29 Yehuda Bauer, Gedenkrede vor dem Deutschen Bundestag am 27. 01. 1998, siehe Dokumentation des Deutschen Bundestages. https://www.bundestag.de/parlament/geschichte/gastredner/bauer/rede-247412.

30 Die Situation der sogenannten »Mischlinge« mit zwei Großelternteilen oder einem Großelternteil veränderte sich im Laufe der Nazi-Diktatur. Der Verfolgungsdruck besonders auf die erste Gruppe erhöhte sich mit den Jahren stark, in den Ostgebieten wurden Juden und sogenannte »Halbjuden« von Beginn an unterschiedslos in die Vernichtungslager deportiert.

31 Es ist erschreckend zu beobachten, wie schnell und einfach diese Mechanismen während der Corona-Demonstrationen wiederbelebt werden konnten.

32 Yehuda Bauer, Gespräch mit Amos Goldberg für das Shoah Resource Center in Yad Vashem am 18. Januar 1998. Das Interview ist auf der Yad Vashem-Website zu finden: https://www.yadvashem.org/odot_pdf/Microsoft%20Word%20-%203856.pdf.

33 Saul Friedländer, *Das Dritte Reich und die Juden. Die Jahre der Verfolgung 1933–1939*, C. H. Beck 2007.

34 Ruth Klüger, *weiter leben. Eine Jugend*, Wallstein Verlag 1992, vierte Auflage, S. 100 ff.

35 Monika Schwarz-Friesel (Hg.), *Gebildeter Antisemitismus – eine Herausforderung für Politik und Zivilgesellschaft*, Nomos Verlagsgesellschaft 2015, S. 19 und 14.

36 Alexander und Margarete Mitscherlich, *Die Unfähigkeit zu trauern*, Piper 1967.

37 Hannah Arendt, »The Aftermath of Nazi Rule: Report from Germany«, *Commentary Magazine*, Oktober 1950.

Anmerkungen

38 Grossmann, a. a. O.; Insa Eschebach, »»Wir möchten uns politisch bereinigen.‹ Rehabilitations-
gesuche ehemaliger Parteigenossen, Berlin 1945«, in: Christine Krauss, Daniel Küchenmeister
(Hg.), *Das Jahr 1945. Brüche und Kontinuitäten*, Berlin 1995.
39 Unter Historikern ist immer noch umstritten, in welchem Ausmaß die Deutschen von der
Vernichtung der Juden wussten. So argumentiert Peter Longerich, dass es spätestens seit 1941
Zeichen dafür gab, dass die Juden nicht nur verschwanden, sondern auch getötet wurden, und die
Bevölkerung darüber auch informiert gewesen sei: Peter Longerich, »*Davon haben wir nichts
gewusst!« Die Deutschen und die Judenverfolgung 1933–1945*, Siedler 2006. Das Buch bietet zudem
eine fundierte Übersicht über den Stand der Forschung.
40 *Berliner Zeitung* vom 29. Juni 1945. Zitiert in Grossmann, a. a. O.
41 Grossmann, a. a. O., S. 59.
42 Grossmann, a. a. O., S. 286, 288.
43 Werner Bergmann, »Antisemitismus nach 1945«, a. a. O., Abschnitt Politik und Medien: DPs als
»Schuldige« am »neuen Antisemitismus«.
44 Werner Bergmann, Antisemitismus nach 1945", a. a. O.
45 Siehe Kurt Nelhiebel, »Volk mit Seelenschaden – Vom deutschen Hass auf Juden und Kommu-
nisten«, in: Zukunft braucht Erinnerung, Onlineportal, https://www.zukunft-braucht-erinnerung.
de/volk-mit-seelenschaden-vom-deutschen-hass-auf-juden-und-kommunisten/.
46 Schwarz Friesel, Reinharz, *Die Sprache der Judenfeindschaft*, a. a. O., Seite 96 ff.
47 Schwarz-Friesel, Reinharz, *Die Sprache der Judenfeindschaft*, a. a. O., S. 162. In verschiedener
Form führen Bürger in ihren Briefen an Juden den wachsenden Antisemitismus auf das Verhalten
der Juden zurück.
48 Michael Brenner, *Nach dem Holocaust. Juden in Deutschland 1945–1950*, C. H. Beck 1995. Der
englische Text ist online verfügbar: »In the Shadow of the Holocaust. The Changing Image of
German Jewry after 1945«, Ina Levine Annual Lecture, United States Holocaust Memorial
Museum, Center for advanced Holocaust Studies, 31. 01. 2008, https://archive.org/stream/
bib213060_001_001/bib213060_001_001_djvu.txt.
49 Grossmann, a. a. O., S. 71.
50 Grossmann, a. a. O., S. 183.
51 Dem Historiker Wolfgang Dreßen wurde der Zugang von der Düsseldorfer Oberfinanzdirektion
(OFD) deshalb verweigert. In der OFD Köln dagegen gelang die Einsicht. Daraus entstanden eine
Ausstellung und das Buch *Betrifft »Aktion 3«. Deutsche verwerten jüdische Nachbarn. Dokumente
zur Arisierung*, Aufbau-Verlag 1998.
52 Elisabeth Noelle, Erich Peter Neumann (Hg.) *Jahrbuch der öffentlichen Meinung. 1947 bis 1955*,
Verlag für Demoskopie, 1955, S. 130 ff.
53 Kurt Nelhiebel, a. a. O.
54 Leserkommentar in der *Frankfurter Allgemeinen Zeitung* vom 6. 12. 2013, https://www.faz.net/
aktuell/feuilleton/kunst-und-architektur/der-fall-gurlitt/amerikanische-stimmen-zum-fall-gurlitt-
wer-meint-wir-seien-am-ende-hat-keine-ahnung-12696833.html.
55 Zu den verschiedenen Studien siehe Markus Schulte von Drach, »Wie verbreitet ist Antisemitismus und von wem geht er aus?«, *Süddeutsche Zeitung*, 2. 8. 2019, https://www.sueddeutsche.de/
politik/juden-deutschland-antisemitismus-1.3921657-0#. Siehe auch Bericht des Unabhängigen
Expertenkreises Antisemitismus, Deutscher Bundestag, 18. Wahlperiode, Drucksache 18/11970,
7. April 2017, https://dejure.org/Drucksachen/Bundestag/BT-Drs._18/11970.
56 *Der Spiegel*, Erschreckende Umfrage-Ergebnisse zu Finkelsteins Thesen, 10. Februar 2001,
https://www.spiegel.de/spiegel/vorab/a-116925.html.
57 Siehe ausführlich zu dem Plan und seinen Hintergründen den Bericht des Politologen Bernd
Greiner in 1000Dokumente: https://www.1000dokumente.de/index.html?c=dokument_de&doku-
ment=0104_mop&st=MORGENTHAU&l=de. Einen kurzen und guten Überblick gibt ein Bericht
des Deutschlandfunks vom 2. September 2004: https://www.deutschlandfunk.de/vor-60-jahren-
legte-morgenthau-seinen-plan-zur.871.de.html?dram:article_id=124898.

58 Herta Müller, »Herzwort und Kopfwort«, Essay der Schriftstellerin, im Besitz der Autorin. In veränderter Form, aber unter demselben Titel, hielt Müller einen Vortrag zu dem Thema anlässlich der Eröffnung der Ausstellung »Fremd bin ich den Menschen dort« im Buddenbrook-haus in Lübeck, dokumentiert in *Der Spiegel* in Heft 4, 2013, http://magazin.spiegel.de/EpubDelivery/spiegel/pdf/90638332.

59 Die beiden Wissenschaftler geben ein abstoßendes Textbeispiel von Borchert dafür: Schwarz-Friesel, Reinharz, *Die Sprache der Judenfeindschaft*, a. a. O., S. 94.

60 Leo Trepp, »What shall we do about Germany?«, in: *Sh'ma. a Journal of Jewish Responsibility*, 13. April 1973, auf Deutsch in: Gunda Trepp (Hg.), *Lebendiges Judentum. Texte aus den Jahren 1943 bis 2010*, Kohlhammer 2013.

61 Grossmann, a. a. O., S. 266.

62 Joachim Käppner, »Unglaubliche Selbstbeherrschung«, *Süddeutsche Zeitung*, 2. Juli 2019, https://www.sueddeutsche.de/kultur/holocaust-rache-weltkrieg-1.4506374.

63 Grossmann, a. a. O., S. 295.

64 William B. Helmreich, *Against all Odds: Holocaust Survivors and the successful Life the made in America*, Routledge, 2017, Erstdruck: Simon and Schuster, 1992.

65 Siehe »Unglaubliche Selbstbeherrschung«, a. a. O.

66 Dieses Beispiel zitiert Ronen Steinke in seinem Werk *Fritz Bauer oder Auschwitz vor Gericht*, Piper 2014, S. 160.

67 »Wo blieb das Schuldgefühl, das Bekennen, die Reue, verdammt noch mal?«, Interview mit Troller, in: *Der Spiegel*, 9. Juli 2020.

68 Siehe Leserkommentare im *Focus* vom 27. April 2014, https://www.focus.de/politik/deutschland/habe-den-nazis-vergeben-auschwitz-ueberlebende-reicht-ss-mann-die-hand-und-loest-heftige-debatte-aus_id_4642962.html#comment.

69 Siehe Leserkommentar im *Tagesspiegel* vom 27. 04. 2015. https://www.tagesspiegel.de/politik/auschwitz-ueberlebende-eva-kor-bei-guenther-jauch-keiner-muss-sich-fuer-sein-verzeihen-recht-fertigen/11696962.html.

70 Thomas Alan Schwartz, »Die Begnadigung deutscher Kriegsverbrecher. John J. McCloy und die Häftlinge von Landsberg«, *Vierteljahreshefte für Zeitgeschichte*, Jahrgang 38, Heft 3, 1990.

71 Ingo Müller, *Furchtbare Juristen. Die unbewältigte Vergangenheit unserer Justiz*, Kindler Verlag 1987, S. 243.

72 Siehe Müller, *Furchtbare Juristen*, a. a. O., S. 247.

73 Beschluss des Bundesgerichtshofs vom 20. September 2016, http://juris.bundesgerichtshof.de/cgi-bin/rechtsprechung/document.py?Gericht=bgh&Art=pm&Datum=2016&Sort=3&anz=213&pos=0&nr=76632&linked=bes&Blank=1&file=dokument.pdf.

74 Siehe dazu die Aussage des an der Untersuchung beteiligten Strafrechtlers Christoph Safferling in der taz vom 11. Oktober 2016 https://taz.de/Aufarbeitung-der-NS-Zeit/!5346987/.

75 Willy Brandt, »Deutschland, Israel und die Juden«, Rede des Regierenden Bürgermeisters von Berlin vor dem Herzl-Institut in New York am 19. März 1961, https://www.willy-brandt-biografie.de/quellen/bedeutende-reden/deutschland-israel-und-die-juden-rede-in-new-york-19-maerz-1961/.

76 Mit den Taten in diesen Jahren beschäftigt sich Werner Bergmann, »Antisemitismus als politisches Ereignis. Die antisemitische Schmierwelle im Winter 1959/1960«, in: Werner Bergmann, Rainer Erb (Hg.), Antisemitismus in der politischen Kultur nach 1945, Westdeutscher Verlag 1990. Zahlen finden sich u. a. in dem Wikipedia-Artikel zu dem Thema: https://de.wikipedia.org/wiki/Liste_von_antisemitischen_Anschl%C3 %A4gen_und_Angriffen_im_deutschsprachigen_Raum_nach_1945.

77 Ronen Steinke, *Fritz Bauer oder Auschwitz vor Gericht*, a. a. O., S. 181. Steinke bezieht sich auf Auszüge einer privaten Korrespondenz, die die Gewerkschaftlichen Monatshefte nach Bauers Tod veröffentlichten. Siehe Fritz Bauer, Kleine Schriften (1921 bis 1969), herausgegeben von Lena Foljanty und David Johst, Fritz Bauer Institut, Campus 2018.

78 »Ein Tag in Auschwitz«. Die absolut sehenswerte Dokumentation steht noch bis zum 27. Januar 2025 in der ZDF-Mediathek. https://www.zdf.de/dokumentation/dokumentation-sonstige/ein-tag-in-auschwitz-108.html.

79 »Ein Tag in Auschwitz«, ZDF, a. a. O.

80 Ein Interview, das man in Schulen lesen sollte: Zeitmagazin vom 14. Juli 2021: https://www.zeit.de/zeit-magazin/2021/29/nationalsozialismus-taeter-strafverfolgung-juristische-aufarbeitung-nazi-verbrechen.

81 Zu den Zahlen siehe Sven Felix Kellerhoff, »Sollen greise KZ-Wächter vor Gericht gestellt werden?«, in: Welt, 18.10.2019, https://www.welt.de/geschichte/article202057480/NS-Verbrechen-Sollen-greise-KZ-Waechter-vor-Gericht-gestellt-werden.html.

82 Thomas Haury, »Antisemitismus in der DDR«, Bundeszentrale für politische Bildung, https://www.bpb.de/politik/extremismus/antisemitismus/37957/antisemitismus-in-der-ddr.

83 Haury, »Antisemitismus in der DDR«, a. a. O.

84 Zu den Diskussionen darüber und über die Verhaftung des nichtjüdischen Politikers Paul Merker, dem vorgeworfen wurde, eine Entschädigung für von den Nazis geraubtes jüdisches Eigentum nur gefordert zu haben, um dem US-Finanzkapital Zugang zu Deutschland zu ebnen, siehe Mario Kessler, »Verdrängung der Geschichte«, in: Moshe Zuckermann (Hg.): Zwischen Politik und Kultur – Juden in der DDR, Wallstein Verlag 2002.

85 Harald Welzer, Sabine Moller, Karoline Tschuggnall: »*Opa war kein Nazi«: Nationalsozialismus und Holocaust im Familiengedächtnis*, Fischer 2002.

86 »MEMO Deutschland« der Stiftung Erinnerung, Verantwortung und Zukunft und der Universität Bielefeld, https://www.stiftung-evz.de/fileadmin/user_upload/EVZ_Uploads/Publikationen/Studien/EVZ_Studie_MEMO_2020_dt_Endfassung.pdf.

87 Siehe zu den Zahlen die Studie »MEMO Deutschland« der Stiftung Erinnerung, Verantwortung und Zukunft und der Universität Bielefeld, a. a. O.

3 »Gerade die Juden sollten es doch besser wissen«

1 Leicht zu lesen und zu verstehen: ein Interview mit der Linguistin Monika Schwarz-Friesel, die sich auf ihre von uns bereits zitierte Untersuchung zur Sprache der Judenfeindschaft bezieht: Philipp Woldin, »›Die Medien kritisieren kaum ein Land so oft wie Israel‹«, *Die Zeit*, 4. 8. 2014, https://www.zeit.de/politik/deutschland/2014-08/israel-medien-kritik.

2 Hier ist das Gedicht im Wortlaut: https://www.tagesspiegel.de/politik/das-gedicht-von-guenter-grass-was-gesagt-werden-muss-das-gedicht-im-wortlaut/6479524.html.

3 Schwarz-Friesel, *Judenhass im Internet*, a. a. O., S. 135 ff.

4 Siehe: Schwarz-Friesel, Reinharz, *Die Sprache der Judenfeindschaft*, a. a. O. S. 169.

5 Ebd., S. 197.

6 Schwarz-Friesel, *Judenhass im Internet*, a. a. O., S. 17.

7 Siehe zum Beispiel Gert Pickel et al. (Hg.), *Der Berlin-Monitor 2019*, Universität Leipzig 2019.

8 Martin Kramer, in einem Online-Seminar der Organisation Tikvah. https://tikvahfund.org/course/declaring-israels-independence/.

9 Ron Schleifer, »Jewish and contemporary Origins of Israeli Hasbara«, *Jewish Political Studies Review*, Frühjahr 2003, https://jcpa.org/wp-content/uploads/2012/11/Contemporary-Origins-of-Hasbara.pdf.

10 Barnet Litvinoff (Hg.), *The Letters and Papers of Chaim Weizmann*, Series B: Letters, 1931–1952, Transaction Publisher, 1984.

11 Zitiert in Leo Trepp, *A History of the Jewish Experience*, Behrman House, 2001.

12 Kramer, Online-Seminar der Tikvah, a. a. O.

13 Amos Oz, zitiert in *HaGalil*, 4. Mai 2009, https://www.hagalil.com/2009/05/oz/.

14 Andreas Zick et al., *Verlorene Mitte – Feindselige Zustände, Rechtsextreme Einstellungen in Deutschland*, herausgegeben von Franziska Schröter für die Friedrich-Ebert Stiftung, Dietz 2019, S. 113.

15 Schwarz-Friesel, Reinharz, *Die Sprache der Judenfeindschaft*, a. a. O., S. 194.

16 Edwin Black, »Israel now the Jew among nations, says Abe Foxman«, *The Jewish Chronicle*, 16. 07. 2015, https://www.thejc.com/news/world/israel-now-the-jew-among-nations-says-abe-foxman-1.67664?highlight=foxman.

17 Joshua Muravchik, *Making David into Goliath: How the World turned against Israel*, Encounter Books, 2014. Wer die Entwicklung der Linken, auch unter Juden, verstehen will, kommt um dieses (preiswerte) Buch nicht herum.

18 Eine Zusammenfassung dieser Thesen auf Deutsch findet sich auf der Website der *Hagalil* vom 5. April 2004, deren Übersetzung auf einem für das Aish-Institut in Jerusalem geschriebenen Text beruht: https://www.hagalil.com/antisemitismus/europa/sharansky.htm.

19 UN Watch, Presseerklärung vom 21. 12. 2020, https://unwatch.org/unga-condemned-israel-twice-today-for-2020-total-of-17-rest-of-world-5.

20 Muravchik schildert das an dem Beispiel von Human Rights Watch, dessen – jüdischer – Gründer die Organisation verurteilte, weil sie die Zustände in arabischen Staaten und dem Iran ignoriere, während Israel im Fokus stehe. Muravchik, *Making David into Goliath*, a. a. O.; Robert L. Bernstein, »Rights Watchdog, lost in the Mideast«, *New York Times*, 19. 10. 2009, https://www.nytimes.com/2009/10/20/opinion/20bernstein.html.

21 ADL-Report: »Anti-Zionism or Criticism of Israel is never Antisemitic«, https://antisemitism.adl.org/anti-zionism/.

22 https://www.antisemitismusbeauftragter.de/Webs/BAS/DE/bekaempfung-antisemitismus/was-ist-antisemitismus/3d-regel/3d-regel-node.html.

23 Siehe im Einzelnen dazu: Schwarz Friesel, Reinharz, *Die Sprache der Judenfeindschaft*, a. a. O., S. 209 ff.

24 Siehe beispielsweise die Kommentare zu: Malte Lehming, »Günter Grass – ein Kreis schließt sich«, *Tagesspiegel*, 04. 04. 2012, https://www.tagesspiegel.de/meinung/provokantes-gedicht-guenter-grass-ein-kreis-schliesst-sich/6476602.html.

25 Jakob Augstein, »Es musste gesagt werden«, *Spiegel*, 06. 04. 2012, https://www.spiegel.de/politik/deutschland/jakob-augstein-ueber-guenter-grass-israel-gedicht-a-826163.html.

26 Wolfgang Benz, »Explosion der Judenfeindschaft? Das geht an der Realität vorbei«, *Tagesspiegel*, 27. 07. 2014, https://www.tagesspiegel.de/politik/nahost-und-antisemitismus-explosion-der-judenfeindschaft-das-geht-an-der-realitaet-vorbei/10254532.html.

27 Schwarz-Friesel, *Judenhass im Internet*, a. a. O.

28 Schwarz-Friesel, Reinharz, *Die Sprache der Judenfeindschaft*, a. a. O.

29 Mit Mehrheitsbeschluss am 13. Oktober 2016, siehe Bericht in *Haaretz*, https://www.haaretz.com/israel-news/unesco-backs-motion-nullifying-jewish-ties-to-temple-mount-1.5449172. Weitere Resolutionen, die die Beziehung der Juden zu Jerusalem leugneten, folgten 2017 und 2018. Einen Beschluss vom November 2020, in dem die Verbindung der Juden zum Tempelberg negiert wird, trug die deutsche Regierung mit, im Gegensatz zu anderen anti-israelischen Resolutionen.

30 Uri Misgav, »Left-wing Purists are evading the Truth about the Nakba«, *Haaretz*. 26. 8. 2021, https://www.haaretz.com/israel-news/.premium.HIGHLIGHT.MAGAZINE-left-wing-purists-are-evading-the-truth-about-the-nakba-1.10155250.

31 Abraham Rabinovich, »The War for the Golan Heights«, *Tablet Magazine*, 8. 5. 2019, https://www.tabletmag.com/sections/arts-letters/articles/avigdor-ben-gal-golan-heights.

32 Yossi Klein Halevi, *Letters to my Palestinian Neighbor*, Harper Collins 2018.

33 2009 schreibt der Spiegel über das Bild: https://www.spiegel.de/geschichte/ein-bild-und-seine-geschichte-a-948333.html.

34 Meir Soloveichik in der Septemberausgabe des Magazins *Commentary* 2021: https://www.commentary.org/articles/meir-soloveichik/temple-mount-judaisms-holiest-site/. Während des aktiven Tempeldienstes durften bestimmte Orte nur von den Hohepriestern betreten werden.

35 Über die jahrelange Arbeit, mit Bulldozern behandelte Erde nach möglichen Funden zu durchsuchen, für die schon ein Teelöffel »zu groß sein« könnte, wie ein Archäologe sagt, berichtet das *Smithonian Magazine* im April 2011.

36 Siehe ebd.

37 Ruth Schuster und Ran Shapira, »Were there Jewish Temples on Temple Mount? Yes«, Haaretz, 24.7.2017, https://www.haaretz.com/israel-news/were-there-jewish-temples-on-temple-mount-yes-1.5411705.

38 Leo Trepp, »Gebete über das Land Israel«, in: *Lebendiges Judentum, Texte aus den Jahren 1943 bis 2010*, Kohlhammer, 2013, S. 132.

39 Siehe den Wortlaut des Berichts der Peel-Kommission, https://ecf.org.il/media_items/290.

40 Simon Schama, *The Story of the Jews*. Volume One: *Finding the Words, 1000 BC–1492 CE*; Volume Two: *Belonging, 1492–1900*, Random House, 2013 und 2017.

41 Leo Trepp, *Die Juden*, a. a. O.

42 *Die Geschichte der Juden – Die Kinder der Tora*, 2 DVDs, von und mit Simon Schama, BBC.

43 Sergio Dellapergola, »Population Change and Political Transitions Demography in Israel/Palestine«, *The American Jewish Year Book* Vol. 103 (2003), S. 3–68, https://www.jstor.org/stable/23605541. Dellapergola gilt laut *Haaretz* selbst nach seiner Emeritierung als wichtigster Demograf in Israel.

44 Dieses Buch ist im PDF-Format von einem notorischen Holocaustleugner gekapert worden, der ein vor Antisemitismus triefendes neues »Vorwort« geschrieben hat.

45 *New York Times* vom 16. Mai 1903, Archiv der *New York Times*.

46 Siehe dazu Alona Ferber, »Herzl proposes Kenya (not Uganda) as a safe Haven for the Jews«, in: *Haaretz*, 25. August 2015, https://www.haaretz.com/jewish/1903-herzl-proposes-kenya-as-jewish-home-1.5391077.

47 Tom Segev, *Es war einmal ein Palästina*, 1999, deutsche Übersetzung 2005, Siedler Verlag.

48 Siehe Bericht der Peel-Kommission; Moshe Aumann, »Land Ownership in Palestine 1880–1948«, *The Rohr Jewish Learning Institute*, https://lessons.myjli.com/survival/index.php/2017/03/26/land-ownership-in-palestine-1880-1948/. Aumann ist historische Dokumente akribisch durchgegangen. Er bezieht sich an diesem Punkt auf den Reisebericht von H.B. Tristam, *The Land of Israel: A Journal of Travels in Palestine*, Society for Promoting Christian Knowledge, London, 1865.

49 Hope Simpson Report von 1930, https://ecf.org.il/issues/issue/1461.

50 Alexander Anton beschreibt in einem Aufsatz für eine Konferenz an der Hebrew University 2013 die lebensbedrohlichen Umstände, unter denen die Zionisten und alle anderen arbeiteten, bis man mithilfe der Entdeckung eines jüdischen Arztes die Krankheit kontrollieren konnte. https://www.eradication-of-malaria.com/before-elimination.pdf.

51 Siehe ebd.

52 Ebd.

53 Peel-Bericht, a. a. O., S. 242.

54 Michal Brenner, dessen Buch *Geschichte des Zionismus* (Beck Verlag, 2002) einen gut verständlichen, informativen Überblick über das Thema gibt, weist darauf hin, dass man eigentlich nach Beginn des 20. Jahrhunderts nicht mehr von dem »Zionismus«, sondern von »Zionismen« sprechen müsse. Die Resolution ist im Peel-Report, S. 78, zitiert.

55 *Encyclopedia Britannica*, 11. Ausgabe, 1911, online hier: https://en.wikisource.org/wiki/1911_Encyclop%C3%A6dia_Britannica/Palestine.

56 Tom Segev, *Es war einmal ein Palästina*, S. 192.

57 Benny Morris, *The Birth of the Palestinian Refugee Problem*, revisited, Cambridge University Press, 2012 – das Buch ist auch online gestellt und jedem, der sich für das palästinensische Flüchtlingsproblem interessiert, zu empfehlen.

58 Siehe Steven Zipperstein, »Diaries reveal overwhelmed British officials in Palestine wanted to go home«, *Times of Israel*, 13. 6. 2020, https://www.timesofisrael.com/diaries-reveal-overwhelmed-british-officials-in-palestine-wanted-to-go-home/.

59 Benny Morris in »The War on History«, Buchkritik, *Jewish Review of Books*, Frühjahr 2020. https://jewishreviewofbooks.com/articles/7210/the-war-on-history/.

60 Siehe die Website der BDS-Bewegung: https://bdsmovement.net/colonialism-and-apartheid/summary.

61 Benny Morris, *The Birth of the Palestinian Refugee Problem 1947–1949*, Cambridge University Press, 1987.

62 In mehreren *Haaretz* Artikeln geht Morris auf den Vorwurf ein, die israelische Regierung hätte einen Vertreibungsplan gehabt. Er erklärt dabei den Verlauf des Krieges 1948 und die Aktionen der Israelis auf knappe, verständliche Weise. Zwei davon sind besonders lesenswert, um die damalige Situation zu verstehen: https://www.haaretz.com/opinion/.premium-israel-conducted-no-ethnic-cleansing-in-1948-1.5447785; https://www.haaretz.com/life/books/.premium-israel-had-no-expulsion-policy-against-the-palestinians-in-1948-1.5436863.

63 Siehe Sitzungen der Arabischen Liga von 1945 bis 1993, Jewish Virtual Library, https://www.jewishvirtuallibrary.org/sessions-of-the-arab-league-1945-1994.

64 Wie ernst es den palästinensischen Arabern damit war, die Juden unter allen Umständen zu vertreiben, macht die Rede des amerikanischen UN-Repräsentanten, Waren Austin, deutlich, der am 19. März 1948 erklärte, man könne keinen jüdischen Staat gründen, da dieser angesichts der arabischen Aggressionen von der westlichen Welt auf Dauer militärisch geschützt werden müsse. Siehe: Michael J. Cohen, »Truman and the State Department: The Palestine Trusteeship Proposal, March 1948«, *Jewish Social Studies*, Vol. 43.2, Spring 1981.

65 Da Morris und andere Historiker sämtliche Dokumente über die Zeit bereits eingesehen und für ihre Werke benutzt haben, ergibt es keinerlei Sinn, dass die Regierung diese Papiere nun wieder unter Verschluss hält. Siehe den Kommentar von Morris dazu in *Haaretz* vom 1. 07. 2019. https://www.haaretz.com/opinion/.premium-israel-s-concealing-of-documents-on-the-nakba-is-totalitarian-1.7495203.

66 Am 18. Mai 2008 in der Synagoge Beth Elohim in New York City, dokumentiert von C-SPAN, https://www.c-span.org/video/?206070-1/1948-arab-israeli-war.

67 Siehe Morris, *The Birth of the Palestinian Refugee Problem*, a. a. O., der akribisch Personenzahlen für einzelne Städte und Dörfer auflistet.

68 Die Genauigkeit des Zitats und die Quelle sind nach einem Archivfund unbestritten. Tom Segev spielt es in einem *Haaretz*-Artikel dennoch herunter: Azzam habe viel dahergeredet. Die versöhnlichen Sätze allerdings, die er laut palästinensischer Quelle gesagt haben soll, gehen ebenfalls davon aus, dass die Juden besiegt, aber verschont würden, und man ihnen erlaube, in Palästina zu leben. Siehe Tom Segev, »The Makings of History / The Blind Misleading the Blind«, *Haaretz*, 21. 10. 2011, https://www.haaretz.com/1.5201895. Dort werden auch weitere Quellen genannte.

69 Die Aufzeichnungen des Gesprächs vom 28. 11. 1941 sind seit Langem zu sichten, siehe einen Bericht darüber in der *Times of Israel* vom 21. 10. 2015, mit weiteren Quellen. Daraus allerdings abzuleiten, dass nicht die Nazis, sondern Husseini die Idee für den Holocaust hatte, wie es Benjamin Netanjahu versuchte, muss man absurd nennen. https://www.timesofisrael.com/full-official-record-what-the-mufti-said-to-hitler.

70 Siehe *New York Times* und *Foreign Policy* mit Berichten über Pogrome: https://www.nytimes.com/2015/04/25/opinion/south-africa-turns-on-its-immigrants.html und https://foreignpolicy.com/2019/09/19/south-africans-are-used-to-being-the-targets-of-racist-hatred-now-theyve-become-the-haters-xenophobia-afrophobia.

71 Maud Petel-Legare, »Seeking Likud ouster and racial equality, MK highlights Ethiopian-Israeli shift«, *Times of Israel*, 24. 02. 2020. Darin geht es um die Abgeordnete Pnina Tamano-Shata sowie um Polizeigewalt und Armut.

72 Die Aktion und auch die notwendige Unterstützung der USA, da der Sudan als Mitglied der Arabischen Liga offiziell keine Juden retten helfen durfte und mit Geld dazu gebracht werden musste, beschreibt die Jewish Virtual Library: https://www.jewishvirtuallibrary.org/america-s-role-in-the-rescue-of-ethiopian-jewry.

73 Maayan Jaffe-Hoffman., »First Muslim Maj.-Gen. in Israel Police at UN: State offers equality«, *Jerusalem Post*, 12.12.2019.

74 Siehe das Bekenntnis der Reformjuden zu einem gleichberechtigten und fairen Miteinander in Israel, das trotz vieler Spannungen und Schwierigkeiten auch heute noch von der Mehrheit aller Israelis unterstützt wird. https://reformjudaism.org/jewish-arab-relations-israel.

75 Wir benutzen den Begriff »umstritten« neben »besetzt«, um dafür zu sensibilisieren, dass längst nicht alle Völkerrechtler mit der UN-Definition »besetzt« einverstanden sind. Siehe dazu einen aufschlussreichen Beitrag des früheren israelischen UN-Botschafters Dore Gold. Er argumentiert, dass selbst Gebiete, die vorher Teil eines Staates waren und im Krieg erobert wurden, selten das Attribut »besetzt« erhalten, während es hier um Gebiete geht, die nie Teil eines anderen Staates waren, sondern in die Länder (wie Jordanien im Fall des Westjordanlands) widerrechtlich und entgegen Entscheidungen des UN-Sicherheitsrats einmarschiert sind und blieben. Dore Gold, »From ›Occupied Territories‹ to ›Disputed Territories‹«, 16.01.2002, *Jerusalem Center for Public Affairs*, Letter, Viewpoints. https://www.jcpa.org/jl/vp470.htm.

76 UN Committee on the Elimination of Racial Discrimination Eightieth session 13 February–9 March 2012, https://www.ohchr.org/EN/HRBodies/HRC/Pages/NewsDetail.aspx?NewsID=27419.

77 Michael Oren beschreibt die Straßen Kairos, vollgehangen mit Postern, auf denen »arabische Soldaten bärtige, hakennasige Juden erschossen, zerquetschten, strangulierten und zerhackten«. Michael B. Oren, *Six Days of War: June 1967 and the Making of the Modern Middle East*, Random House, 2003, S. 92. Die Website der Organisation *Stand with Us*, die Vorurteile gegen Israel bekämpft, erklärt unter Verwendung von historischen Quellen die Entwicklung des Konflikts vor und nach dem Krieg 1967; https://www.standwithus.com/israel101.

78 Michael Oren, *Six Days of War*, a. a. O.

79 Die Biden-Regierung baut auf den von der Vorgänger-Regierung ausgehandelten Abraham-Abkommen auf: https://www.jta.org/quick-reads/antony-blinken-expects-other-countries-to-sign-onto-abraham-accords-this-year.

80 Siehe zur EU-Studie darüber: Michael Thaidigsmann, »Die EU-Studie liegt vor«, *Jüdische Allgemeine*, 22.6.2021, https://www.juedische-allgemeine.de/politik/die-eu-studie-liegt-vor/. Zum Hass im Unterricht siehe bspw. folgenden Bericht mit Beispielen im *Tagesspiegel*: Muhamad Abdi, Sebastian Leber, »Wie Deutschland Antisemitismus mitfinanziert«, 10.10.2020, https://www.tagesspiegel.de/themen/reportage/schulbuecher-rufen-zu-terroranschlaegen-auf-wie-deutschland-antisemitismus-mitfinanziert/26262170.html. Es ist interessant, dass selbst Saudi-Arabien mittlerweile angekündigt hat, Schülern in Zukunft nicht mehr beizubringen, dass Muslime irgendwann alle Juden töten, und dass Juden, Christen und Homosexuelle mit dem Tod bestraft werden. Siehe: Kimberly Dozier, »Saudi Arabia is scrubbing Hate Speech from School Books«, *Time Magazine*, 15.12.2020. Die Renten für inhaftierte und getötete Terroristen hat die *Washington Post* ausführlich recherchiert, siehe: Glenn Kessler, »Does the Palestinian Authority pay $ 350 million a year to ›terrorists and their families‹?«, *WP*, 14.03.2018. Der Autor ist in seiner Einschätzung, wer ein Terrorist ist, sehr generös. Doch selbst er kommt zu dem Ergebnis, dass über 100 Millionen Dollar an Terroristen und deren Familien gehen.

81 Arabischen Medien zufolge hatten palästinensische Verantwortliche schon damals die Forderung aufgestellt, man solle sich nicht mehr auf die UN-Resolution 242 beziehen, die den Abzug aus den Gebieten fordert, sondern zurückgehen zum eigentlichen Plan, der die Grenzen des ursprünglichen Teilungsplans von 1947 beinhaltet, der ihnen mehr Land geben würde. Siehe Memri-Übersetzungen von 1998 mit den Quellen: https://www.memri.org/reports/independent-palestinian-state-and-partition-resolution-1947.

82 Bill Clinton, *My Life*, Arrow Books, 2005, S. 936 ff.

83 Siehe Thomas Friedman, „Foreign Affairs; The Best of Enemies, *New York Times*, 16.02.2001, https://www.nytimes.com/2001/02/16/opinion/foreign-affairs-the-best-of-enemies.html.

84 Dennis Ross und David Makovsky, ebenfalls tief in die Materie involviert, beurteilen in ihrer Analyse die Fehler aller drei involvierten Parteien: »If Trump wants the Ultimate Deal, he must not repeat these Mistakes«, *The Washington Institute for Near East Policy*, 2.10.2018, https://foreignpolicy.com/2018/10/02/if-trump-wants-the-ultimate-deal-he-must-avoid-these-mistakes-middle-east-peace-israeli-palestinian-netanyahu-abbas-clinton-bush/.

85 Thomas Friedman, »Sharon's Political Capital«, *New York Times*, 27.09.2005, https://friedman.blogs.nytimes.com/2005/09/?_r=1.

86 David Elizrie, »Listen to Arafat in Arabic, not in English«, *Los Angeles Times*, 27.02.1996, https://www.latimes.com/archives/la-xpm-1996-02-27-me-40531-story.html. Das Blatt bezieht sich auf den *Dagen*-Bericht.

87 Siehe den derzeit geltenden Text der Charta: https://avalon.law.yale.edu/20th_century/plocov.asp; Zur Fatah-Konferenz siehe: https://www.aljazeera.com/news/2009/8/4/delegates-gather-for-fatah-congress.

88 Amir Tibon, »Obama's Detailed Plans for Mideast Peace Revealed – and How Everything Fell Apart«, *Haaretz*, 8.06.2017; https://www.haaretz.com/israel-news/.premium.MAGAZINE-exclusive-obamas-plans-for-mideast-peace-revealed-1.5481322.

89 Prinz Bandar machte diese Bemerkungen, nachdem die Palästinensische Führung den arabischen Staaten »Verrat« vorgeworfen hatten, weil einige ihre Beziehungen zu Israel normalisiert hatten. https://www.nytimes.com/2020/10/06/world/middleeast/saudi-arabia-palestinians-israel.html.

90 Siehe den zitierten Bericht »Obama's Detailed Plans« in *Haaretz*, a.a.O.

91 Siehe BDS zum Rückkehrrecht: https://bdsmovement.net/colonialism-and-apartheid/right-of-return.

92 Siehe »UNRWA in Figures«, https://www.unrwa.org/sites/default/files/content/resources/unrwa_in_figures_2020_eng_v2_final.pdf.

93 Ali Mustafa, »›Boycott works‹: An Interview with Omar Barghouti«, *The Electronic Intifada*, 31.05.2009, https://web.archive.org/web/20160103000502/https:/electronicintifada.net/content/boycotts-work-interview-omar-barghouti/8263.

94 Adi Schwartz und Einat Wilf, *The War of Return: How Western Indulgence of the Palestinian Dream Has Obstructed the Path to Peace*, All Points Books, Toronto 2020.

95 Ebd., Kapitel 4, »Wielding Terror«.

96 Cohen argumentiert, dass es den Juden insgesamt unter dem Islam besser gegangen sei als unter dem Christentum. Mark Cohen, Unter Kreuz und Halbmond. Die Juden im Mittelalter. C.H. BeckVerlag, 2005.

97 Eine leicht lesbare Darstellung mit interessanten Quellen in der Jerusalem Post, 23.03.2020: »Maimonides on Jewish humiliation under Islamic Rule«. https://www.jpost.com/opinion/maimonides-on-jewish-humiliation-under-islamic-rule-622050.

98 Siehe Mallory Brown, »Jews in grave danger in all Moslem lands« New York Times, 16.5.1948. https://www.nytimes.com/1948/05/16/archives/jews-in-grave-danger-in-all-moslem-lands-nine-hundred-thousand-in.html?searchResultPosition=4.

99 Albert Memmi, »Who is an Arab Jew?« von 1975, auf der Plattform *Jimena*, wo sich Juden aus arabischen Ländern und dem Iran organisiert haben, um auf ihre Geschichte aufmerksam zu machen. Für jeden, der wirklich ein vollständiges Bild des Nahostkonflikts erhalten will, ein Muss. https://www.jimena.org/who-is-an-arab-jew.

100 Michael R. Fischbach, *Jewish Property Claims against Arab Countries*, Columbia University Press, 2008.

101 Siehe den fraktionsübergreifenden Antrag für den Beschluss vom 15.05.2019, BT-Drucksache 19/10191, https://dserver.bundestag.de/btd/19/101/1910191.pdf.

102 Gil Murciano, »Unpacking the global Campaign to delegitimize Israel«, Stiftung Wissenschaft und Politik, Juni 2020; https://www.swp-berlin.org/en/publication/unpacking-the-global-campaign-to-delegitimize-israel/.

103 Gil Murciano, a. a. O.

104 Siehe das Plädoyer der »Initiative GG 5.3 Weltoffenheit«: https://www.hebbel-am-ufer.de/fileadmin/Hau/website_material/pdfs/201210_PlaedoyerFuerWeltoffenheit.pdf: Letztlich wurde die Ruhrtriennale wegen der Covid-Pandemie ohnehin abgesagt.

105 Achille Mbembe, *Necropolitics*, Duke University, 2003, S. 27. https://warwick.ac.uk/fac/arts/english/currentstudents/postgraduate/masters/modules/postcol_theory/mbembe_22necropolitics22.pdf.

106 In einer Entgegnung bezieht sich Mbembe einzig auf die »israelische Politik in den besetzten Gebieten«. Siehe Achille Mbembe, »Die Welt reparieren«, *Die Zeit*, 23. 04. 2020, https://www.zeit.de/2020/18/antisemitismus-achille-mbembe-vorwuerfe-holocaust-rechtsextremisus-rassismus.

107 Benny Morris, »The War on History«, a. a. O.

108 Mbembe, *Necropolitics*, a. a. O., S. 30.

109 Achille Mbembe, »The Society of Enmity« *Radical Philosophy*, Nov./Dez. 2016, https://www.radicalphilosophy.com/article/the-society-of-enmity.

110 Jon Soske und Sean Jacobs (Hg.), *Apartheid Israel – the Politics of an Analogy*, Haymarket Books 2015.

111 Siehe die Jerusalem Erklärung: https://jerusalemdeclaration.org/.

112 Siehe hier die vollständige Analyse der Erklärung von Alex Feuerhardt, dem Co-Autor eines wichtigen Buches zur BDS-Bewegung, das wir in der Rubrik »Weiterlesen« vorstellen werden: https://www.mena-watch.com/warum-die-jerusalemer-erklarung-bds-verharmlost/.

113 Siehe Monika Schwarz-Friesel, »Israelbezogener Antisemitismus und der lange Atem des Anti-Judaismus – von ›Brunnenvergiftern, Kindermördern, Landräubern‹«, in: Institut für Demokratie und Zivilgesellschaft (Hg.), *Wissen schafft Demokratie. Schwerpunkt Antisemitismus*, Band 8. Jena, 2020, S. 42–57.

114 Siehe zum Beispiel die Replik von Alan Baker auf eine Kritik an Infrastrukturprojekten im Westjordanland: https://jcpa.org/article/breaking-the-silences-report-on-roads-in-the-territories-is-misleading-and-blatantly-partisan/.

115 Ethan Bronner, »The New New Historians«, *New York Times*, 9. 11. 2003; https://www.nytimes.com/2003/11/09/books/the-new-new-historians.html.

116 Halevi, *Letters to my Palestinian Neighbor*, a. a. O., S. 19 ff.

117 Siehe Kritik von Raja Shehadeh, *New York Times*, 24. 08. 2018; https://www.nytimes.com/2018/08/24/books/review/letters-to-my-palestinian-neighbor-yossi-klein-halevi.html.

118 Benny Morris, »The War on History«, a. a. O.

119 Omri Boehm, »Gleichheit ist nicht antisemitisch«, *Die Zeit*, 17. 12. 2020, https://www.zeit.de/kultur/2020-12/israel-juedischer-staat-bds-bundestag-palaestinenser-boehm. Der Autor spricht sich für eine Föderation aus, ohne zu erklären, wie sie funktionieren soll.

120 Ron Schleifer, Jewish and Contemporary Origins of Israeli Hasbara, Jerusalem Center for Public Affairs, 11. 04. 2003; https://jcpa.org/article/jewish-and-contemporary-origins-of-israeli-hasbara/.

4 »Beschneidung ist echt barbarisch.«

1 *Verlorene Mitte – Feindselige Zustände. Rechtsextreme Einstellungen in Deutschland 2018/19*, herausgegeben für die Friedrich-Ebert-Stiftung von Franziska Schröter, S. 124. Die Studie wurde zu anderen Themenfeldern, besonders zum Komplex Asylrecht, von einigen Journalisten wegen der Befragungsmethode kritisiert, siehe hierzu: Juliane Wiedemeier in *Übermedien* vom 30. April 2019: https://uebermedien.de/37786/mitte-studie-darfs-ein-bisschen-rechtsextremer-sein/.

2 *Deutschlandfunk*, »Am Sonntagmorgen«, Sendung vom 15. März 2020, https://www.deutschland-funk.de/am-sonntagmorgen.872.de.html?drbm:date=2020-03-15.

3 Schwarz-Friesel, Reinharz, *Die Sprache der Judenfeindschaft*, a. a. O.

4 Blogeintrag, veröffentlicht am 18. 08. 2018, https://richard-c-schneider.com/schneiders-blog-da-erwarten-wir-etwas-anderes/.

5 Kommentar zum Meinungsbeitrag von Monika Schwarz-Friesel, »Ja, es gibt ein Klima der Angst und Einschüchterung«, *Die Welt*, 28. 7. 2020, https://www.welt.de/kultur/article212380853/Antisemitismus-Ja-es-gibt-ein-Klima-der-Angst-und-Einschuechterung.html#Comments.

6 Schwarz-Friesel, Reinharz, *Die Sprache der Judenfeindschaft*, a. a. O.

7 Rabbi Alan Lurie, »What does it mean that the Jews are God's Chosen People«, *Huffington Post*, 10. 11. 2011, https://www.huffpost.com/entry/jews-gods-chosen-people_b_1079821.

8 Chemi Shalev, »For Rosh Hashanah, a Picture of Israel's Muddled Jewish Soul«, *Haaretz*, 8. 09. 2018, https://www.haaretz.com/israel-news/.premium-for-rosh-hashanah-a-picture-of-israel-s-muddled-jewish-soul-1.6462847.

9 Walter Isaacson, *Einstein, His Life and Universe*, Simon and Schuster, 2007.

10 Leo Baeck, »Der soziale Charakter des Judentums«, in: *Die Lehren des Judentums*, Band III: *Die sittlichen Pflichten der Gemeinschaft*, herausgegeben vom Verband der Deutschen Juden, Schwetschke&Sohn, 1923, S. 7.

11 Leo Trepp, *Die Juden*, a. a. O., S. 336.

12 Maimonides, »Mischne Tora. Die Geschichte des Gottesglaubens«, in: *Rabbi Mosche ben Maimon. Ein Querschnitt durch sein Werk*, ausgewählt von Nahum Norbert Glatzer, Schocken Verlag, Berlin 1935.

13 Wissenschaftler nennen als Grund für die niedrige Rate auch den geringen Konsum von Alkohol unter Juden und die Tatsache, dass sich selbst arme, ungebildete Juden über die Folgen im Klaren gewesen seien, die ihr Fehlverhalten für die Gemeinschaft haben konnte, siehe Jewish Virtual Library, Crime. https://www.jewishvirtuallibrary.org/crime.

14 Jonathan Sacks, »Faith Lectures, Jewish Identity: The Concept of a Chosen People«, 8. 2. 2001, https://rabbisacks.org/faith-lectures-jewish-identity-the-concept-of-a-chosen-people/.

15 »Auge um Auge«, *Der Spiegel*, 6. 1. 1969, https://www.spiegel.de/politik/auge-um-auge-a-74fc1720-0002-0001-0000-000045861398?context=issue.

16 »Auge um Auge, Zahn um Zahn«, *Der Spiegel*, 7. 4. 2002, https://www.spiegel.de/sptv/a-190651.html.

17 »Auge um Auge«, *Der Spiegel*, 3. 5. 2004, https://www.spiegel.de/politik/auge-um-auge-a-bd35d25d-0002-0001-0000-000030748385?context=issue.

18 https://www.spiegel.de/ausland/usa-iran-konflikt-auge-um-auge-a-00000000-0002-0001-0000-000168892003; https://www.spiegel.de/politik/auge-um-auge-a-f93fe713-0002-0001-0000-000092079449.

19 Siehe dazu Reinharz, Schwarz-Friesel, *Die Sprache der Judenfeindschaft*, a. a. O., S. 109.

20 Siehe hierzu das Avalon Projekt der Yale Universität, das historische Gesetzestexte dokumen-tiert: https://avalon.law.yale.edu/ancient/hamframe.asp.

21 2002 nachgedruckt in der *Tageszeitung* vom 2. 3. 2002, https://taz.de/!1122713/.

22 Leo Trepp, *Die Juden*, a. a. O., S. 259.

23 Rabbi Shmuel Goldin, »When the Torah does not Say what it Means«, *Orthodox Union Torah*, https://outorah.org/p/442/.

24 Siehe Leo Trepp, »Die Schrift im Lichte des Talmuds«, in: *Emuna*, 1972, abgedruckt in *Lebendiges Judentum*, a.a.O, S. 164.

25 Talmud, Mishna Sanhedrin 1, https://www.sefaria.org/Mishnah_Sanhedrin.1?lang=bi.

26 Talmud, Mishna Sanhedrin 17a, https://www.sefaria.org/Sanhedrin.17a?lang=bi.

27 Talmud, Mishna Makkot, 1:10, https://www.sefaria.org/Mishnah_Makkot.1.10?lang=bi.

28 Gallup Untersuchung zu moralischen Fragen in verschiedenen Religionen, veröffentlicht am 26. 5. 2016, https://news.gallup.com/poll/191903/religious-groups-disagree-five-key-moral-issues.aspx?g_source=position2&g_medium=related&g_campaign=tiles.

29 Landgericht Köln, Urteil vom 7. 5. 2012, veröffentlich auf dem juristischen Informationsportal »Open Jur«, https://openjur.de/u/433915.html.

30 Siehe *Süddeutsche Zeitung* vom 26. 6. 2012, https://www.sueddeutsche.de/panorama/urteil-des-landgerichts-koeln-beschneidung-von-jungen-aus-religioesen-gruenden-ist-strafbar-1.1393536.

31 Infratest-Studie vom 20. 12. 2012 http://beschneidungsdebatte.info/wp-content/uploads/2013/10/2012_12_20-Mogis_Beschneidung.pdf.

32 Siehe eine Zusammenfassung seiner Gedanken über Beschneidung in der Jewish Virtual Library, https://www.jewishvirtuallibrary.org/circumcision-brit-milah.

33 Louis Jacobs, *The Jewish Religion. A Companion*, Oxford University Press, 1995.

34 Einen Überblick gibt die Schilderung auf der Website »My Jewish Learning«, ein Link weist auf das Buch der Journalistin Debra Nussbaum Cohen zu dem Thema hin. https://www.myjewishlearning.com/article/a-new-welcome-for-jewish-daughters/.

35 Elena Müller, »›Es bestand akute Gefahr‹«, *Frankfurter Rundschau*, 7. 9. 2012, https://www.fr.de/rhein-main/bestand-akute-gefahr-11315313.html.

36 Matthias Franz, »Religionsfreiheit kann kein Freibrief für Gewalt sein«, offener Brief zur Beschneidung, dokumentiert in *Frankfurter Allgemeine Zeitung*, 21. 7. 2012, https://www.faz.net/aktuell/politik/inland/offener-brief-zur-beschneidung-religionsfreiheit-kann-kein-freibrief-fuer-gewalt-sein-11827590.html.

37 Neueste Fakten finden sich auf der Seite der WHO zum Thema: https://www.who.int/news-room/fact-sheets/detail/female-genital-mutilation.

38 Siehe die Statistik von 2019: https://www.frauenrechte.de/images/downloads/fgm/FGM-C-Dunkelzifferstatistik-2019.pdf.

39 Thomas Fischer, »Verstümmelte Körper, verstümmelte Wahrheit«, *Spiegel Online*, 31. 8. 2018, https://www.spiegel.de/panorama/justiz/genitalverstuemmelungen-ueber-verstuemmelungen-von-koerpern-und-wahrheiten-a-1225357.html.

40 Jochen Schneider, *Die männliche Beschneidung (Zirkumzision) Minderjähriger als verfassungs- und sozialrechtliches Problem*, Dissertation 2008.

41 Dana Ionescu bespricht die Einordnung der Beschneidung durch Jens in dem Band *Judenbilder in der deutschen Beschneidungsdebatte*, Nomos Verlag, 2018, S. 381.

42 Schwarz-Friesel, Reinharz, *Die Sprache der Judenfeindschaft*, a. a. O., S. 128. Die Autoren nennen es eine »Reaktivierung der Blutkultlegende« aus dem Mittelalter.

43 Franz, Brief an die Bundeskanzlerin vom 19. 7. 2012, a. a. O.

44 Christian Bommarius, »Aus der Sickergrube«, *Frankfurter Rundschau*. 30. 09. 2012, https://www.fr.de/meinung/sickergrube-11323273.html.

45 Zitiert in der *Frankfurter Allgemeinen Zeitung* vom 19. 7. 2012, https://www.faz.net/aktuell/feuilleton/debatten/beschneidungsdebatte-unzeitgemaesser-grundpfeiler-11824297.html.

46 Alfred Bodenheimer, *Haut ab! Die Juden in der Beschneidungsdebatte*, Wallstein Verlag, 2012.

47 Schwarz-Friesel, *Judenhass im Internet*, a. a. O., S. 61 ff.

48 Eine gute Beschreibung des Schächtens findet sich auf der Website der Synagogengemeinde Saar: http://www.sgsaar.de/index.php?seite=schechita.

49 In einer parlamentarischen Anfrage an das Europäische Parlament vom 16. 10. 2019 werden als Beispiele die Niederlande, Schweden, Dänemark, Polen und Liechtenstein genannt, auch in der Schweiz und in einigen Ländern in Übersee wie zum Beispiel Australien ist das Schlachten von Tieren ohne vorherige Betäubung nicht gestattet. Anfrage mit Link zur Antwort: https://www.europarl.europa.eu/doceo/document/E-9-2019-003344-ASW_DE.html.

50 Große Kammer des EuGH, Urteil vom 17. 12. 2020, abgedruckt in InfoCuria, https://curia.europa.eu/jcms/upload/docs/application/pdf/2020-12/cp200163de.pdf.

51 Siehe dazu auch die Stellungnahme der Organisation der Internationalen Jüdischen Juristen, https://mailchi.mp/dec7cce64ff9/the-court-of-justice-of-the-european-union-upheld-the-belgian-kosher-slaughter-ban-reference-to-the-judgment-from-the-ijl.

52 Siehe § 4a, Abs. 1 Tierschutzgesetz.

53 § 4a, Abs. 2, Nr. 2 Tierschutzgesetz.

54 Das ist die Position der Kammer seit vielen Jahren, siehe einen Bericht dazu in der *Frankfurter Allgemeinen Zeitung* vom 9.11.2011; in ihrem Mitgliederheft vom November 2007 berichtet die Kammer über ein von ihr in Auftrag gegebenes Gutachten, das das Schächten als »Tierquälerei« qualifiziere.

55 Urteil der Großen Kammer des Gerichtshofs vom 25.2.2019, abgedruckt in InfoCuria, http:// curia.europa.eu/juris/document/document.jsf?text=&docid=211049&pageIndex=0&doc-lang=DE&mode=req&dir=&occ=first&part=1.

56 Interview mit Michael Fürst, Vorsitzender des Landesverbandes der jüdischen Gemeinden in Niedersachsen, in: »Schabbat Schalom«, NDR, 16.8.2019.

57 Siehe Bericht in *Report Mainz*, 7.7.2008, https://www.swr.de/report/ist-schaechten-tierquaelerei-neue-erkenntnisse-der-bundestieraerztekammer/-/id=233454/did=3563876/nid=233454/56xitl/index.html.

58 Volker Mariak, *Konkurrierende Staatsziele – Religionsfreiheit vs. Tierschutz*, tradition Verlag, 2018.

59 Siehe zum Beispiel die Kommentare auf *Spiegel Online* vom 17.12.2020 zum Urteil, https://www.spiegel.de/panorama/eugh-eu-staaten-duerfen-rituelle-schlachtung-ohne-betaeubung-verbieten-a-126f1a82-107c-4880-8961-94bd9d748631.

60 Dazu eine knappe und gute Einführung in die Kaschrut-Regeln von Rabbiner Gabriel Miller auf der Website Hagalil, die man als Schatz jüdischen Wissens nicht genug empfehlen kann: https://www.hagalil.com/judentum/rabbi/090323.htm.

61 2002 bestätigte das zuständige Komitee der Rabbinical Assembly, dass das Fesseln und Hochziehen der Beine der Schlachttiere grundsätzlich gestoppt werden solle, weil es gegen das jüdische Verbot verstoße, grausam gegenüber Tieren zu sein. https://www.grandin.com/ritual/conservative.jewish.law.html.

62 Zitiert von der Organisation Peta (People for the Ethical Treatment for Animals) in einer Mitteilung vom 24.7.2018, https://www.peta.org/blog/us-kosher-authority-bans-shackle-and-hoist-slaughter/.

63 Siehe die zitierte Peta-Veröffentlichung.

64 Temple Grandin, »Religious slaughter and animal welfare: a discussion for meat scientists«, März 1994, http://www.grandin.com/ritual/kosher.slaugh.html.

65 Siehe beispielsweise Talmud, Traktat Schabbat 53 und 54.

66 Moses Maimonides, *A Guide for the Perplexed*, Buch 3, Kapitel 48, E.P. Dutton, New York, 1904. Eine sehr empfehlenswerte Einleitung zu den Gedanken von Maimonides hat Rabbiner Alexander Altmann auf Deutsch geschrieben: *Des Rabbi Mosche Ben Maimon »More Newuchim«, Führer der Verirrten, im Grundriss*, Schocken Verlag, Berlin, 1935.

67 Sacks erklärt Fragen des Tierwohls in einer Predigt zum Toratext: Jonathan Sacks, »Animal Welfare, Kei Teitse 5779«, in: *Covenant and Conversation*, https://rabbisacks.org/animal-welfare-ki-teitse-5779/.

68 Grandin, »Religious slaughter and animal welfare«, a.a.O.

69 Einzelheiten auf der Website von Shamayim, Jewish Animal Advocacy: https://www.shamayim.us/#!/page/ask-shamayim.

5 »Den Davidstern versteck' ich unterm Pulli.«

1 Hier die Zahlen des Bundeskriminalamts zum Herunterladen, die relevanten Zahlen finden sich auf den Seiten 7, 8 und 17: https://www.bmi.bund.de/SharedDocs/downloads/DE/veroeffentlichungen/2021/05/pmk-2020-bundesweite-fallzahlen.

2 »Antisemitismus im Kontext der Covid-19-Pandemie«, bundesweite Einschätzungen 17. März bis 17. Juni, herausgegeben vom Bundesverband RIAS, https://report-antisemitism.de/documents/2020-09-08_Rias-bund_Antisemitismus_im_Kontext_von_covid-19.pdf.

Anmerkungen

3 Yair Rosenberg, »Why Comspiracy Theorists like Marjorie Taylor Greens always land on the Jews«, *Tablet Magazine*, 1.02.2021, https://www.tabletmag.com/sections/news/articles/taylor-greene-conspiracy-theories.

4 Siehe Fotos aus der zitierten RIAS-Studie.

5 Marc Pfitzenmaier, »Hass auf Juden ist in Deutschland Alltag«, Welt vom 24.10.2019, https://www.welt.de/politik/deutschland/article202100006/Deutschland-2019-Antisemitische-Angriffe-und-Vorfaelle-sind-Alltag.html.

6 »Die Stimmung ist schon lange da«, Interview mit Ignatz Bubis, *taz*, 26.03.1994, https://taz.de/Archiv-Suche/!1570046&s=Ignatz+Bubis&SuchRahmen/.

7 Siehe beispielsweise das Interview mit Wolfgang Benz, in dem er, zu Vorfällen während des Gazakrieges befragt, antwortet, dass der Antisemitismus nicht zugenommen und sich überhaupt lediglich ein »Bodensatz« an Antisemitismus von fünf Prozent gehalten habe: »Antisemitismus ist in Frankreich salonfähiger als bei uns«, *Die Zeit* vom 22.07.2014, https://www.zeit.de/politik/deutschland/2014-07/gaza-antisemitismus-demonstrationen.

8 *Deutschland und Israel heute. Verbindende Vergangenheit, trennende Gegenwart*, Bertelsmann Stiftung, 2015, https://www.bertelsmann-stiftung.de/fileadmin/files/BSt/Publikationen/GrauePublikationen/Studie_LW_Deutschland_und_Israel_heute_2015.pdf.

9 Max Privorozki »Sich offen als Antisemit zu zeigen, ist nicht mehr peinlich«, *Die Zeit* vom 9.11.2019, https://www.zeit.de/politik/2019-11/antisemitismus-juedische-gemeinde-halle-anschlag-synagoge?page=2#comments.

10 Experiences and Perceptions of Antisemitism. Second survey on discrimination and hate crime against Jews in the EU. European Union Agency for Fundamental Rights, Luxembourg 2018, das englischsprachige PDF kann hier heruntergeladen werden: https://fra.europa.eu/en/publication/2018/experiences-and-perceptions-antisemitism-second-survey-discrimination-and-hate.

11 Im Kommentarbereich der Qualitätsmedien haben sich Antisemitismen in den letzten zehn Jahren vervierfacht. Siehe dazu Schwarz-Friesel, *Judenhass im Internet*, a.a.O.

12 Siehe dazu die Ausführungen im zweiten Expertenbericht der Bundesregierung zum Antisemitismus, Stand 2018: »Antisemitismus in Deutschland – Aktuelle Entwicklungen«, https://www.bmi.bund.de/SharedDocs/downloads/DE/publikationen/themen/heimat-integration/expertenkreis-antisemitismus/expertenbericht-antisemitismus-in-deutschland.pdf.

13 Siehe dazu das Interview in der *Jüdischen Allgemeinen*, »›Großes Dunkelfeld‹«, 8.7.2021, https://www.juedische-allgemeine.de/politik/grosses-dunkelfeld/.

14 »Antisemitismus in Nordrhein-Westfalen. Wahrnehmungen und Erfahrungen jüdischer Menschen«, RIAS 2020, https://www.report-antisemitism.de/documents/2020-09-07_rias-bund_sabra_Problembeschreibung-Antisemitismus-in-NRW.pdf.

15 »Jüdische Perspektiven auf Antisemitismus in Deutschland«, Universität Bielefeld und Frankfurt University of Applied Sciences, April 2017.

16 Wir haben uns den Fall im ersten Kapitel ausführlich angesehen.

17 Siehe den Bericht über die Angriffe und die Reaktion aus der Politik in der *Frankfurter Rundschau* vom 13.05.2021, https://www.fr.de/politik/angriffe-synagogen-antisemitismus-deutschland-politik-kritik-bonn-gelsenkirchen-muenster-mannheim-berlin-solingen-90575526.html.

18 Bericht im *Tagesspiegel* vom 31.05.2021, https://www.tagesspiegel.de/berlin/geht-zurueck-nach-israel-ihr-kindermoerder-so-wurden-drei-freunde-auf-einer-berliner-demo-antisemitisch-attackiert/27240814.html. Insofern kann man die angeregte Weiterbildung von Polizisten zu diesen Themen nur begrüßen. Siehe den Bericht der Bundesregierung vom 11.09.2020: https://dserver.bundestag.de/btd/19/223/1922389.pdf.

19 Siehe dazu die Untersuchung des Begin-Sadat-Centers: https://besacenter.org/how-many-gaza-palestinians-were-killed-by-hamas-rockets-in-may-an-estimate/.

20 Auf die Wichtigkeit eines Meldesystems weisen Samuel Salzborn und Alexandra Kurth hin. Siehe »Antisemitismus in der Schule. Erkenntnisstand und Handlungsperspektiven«, Wissenschaftliches Gutachten, Januar 2019, https://www.researchgate.net/profile/Samuel-Salzborn/

publication/349348994_Antisemitismus_in_der_Schule_Erkenntnisstand_und_Handlungs-
perspektiven/links/602bffdca6fdcc37a82fec50/Antisemitismus-in-der-Schule-Erkenntnisstand-
und-Handlungsperspektiven.pdf.

21 Siehe Bericht »Jüdischer Junge verlässt Schule nach Antisemitismus-Vorfällen«, in: *Die Welt*,
1.04.2017, https://www.welt.de/vermischtes/article163328599/Juedischer-Junge-verlaesst-Schule-
nach-Antisemitismus-Vorfaellen.html.

22 ADL-Studie 2019 zu Deutschland, https://global100.adl.org/country/germany/2019.

23 Siehe dazu und zum Folgenden den RIAS-Bericht aus Nordrhein-Westfalen »Antisemitismus in
Nordrhein-Westfalen. Wahrnehmungen und Erfahrungen jüdischer Menschen«, a.a.O., S.73–79,
mit weiteren Nachweisen.

24 Yehuda Bauer erklärt das Phänomen in einem lesenswerten Buch: Ders., *Der islamische
Antisemitismus. Eine aktuelle Bedrohung*, LIT Verlag, 2018.

25 Zu Schulbüchern für das Schuljahr 2017/2018 in den palästinensischen Gebieten siehe hier:
https://www.memri.org/reports/palestinian-authority-schoolbooks-2017-18-increased-indoc-
trination-jihad-and-martyrdom.

26 Das fasst Memri – The Middle East Media Research Institute – in einigen Berichten gut
zusammen. Zum Beispiel hier von 2017: https://www.memri.org/reports/school-curricula-arab-
world-situation-today.

27 Siehe z.B. die ADL-Studie von 2014 für Libyen, https://global100.adl.org/country/libya/2014.

28 Arnfrid Schenk, »›Das heiße Eisen anfassen‹«, *Die Zeit*, 16.7.2015, https://www.zeit.de/2015/29/
antisemitismus-muslime-ahmad-mansour.

29 Siehe den Bericht »Zuflucht hinterm Zaun«, *Die Zeit*, 6.11.2019, https://www.zeit.de/2019/46/
juedisches-gymnasium-berlin-antisemitismus-sicherheit.

30 Julia Bernstein, »*Mach mal keine Judenaktion«. Herausforderungen und Lösungsansätze in der
professionellen Bildungs- und Sozialarbeit gegen Antisemitismus*, University of Applied Sciences,
Frankfurt, https://www.frankfurt-university.de/fileadmin/standard/Aktuelles/Pressemitteilungen/
Mach_mal_keine_Judenaktion_Herausforderungen_und_Loesungsansaetze_in_der_professio-
nellen_Bildungs-_und_Sozialarbeit_gegen_Anti.pdf. Der Bericht wurde von der Expertenkommission der Bundesregierung verwendet.

31 Von solchen Situationen berichten Juden sowohl in der eben genannten Studie wie auch in dem
Studienbericht zu jüdischen Perspektiven, auf die ich mich bereits bezogen habe.

32 Siehe dazu Monika Schwarz-Friesel, *Judenhass im Internet*, a.a.O.

33 Siehe beispielsweise Juliane Wetzel, »Kampagnen um die Deutungshoheit über Antisemitismus«,
in: *Streitfall Antisemitismus*, Metropol Verlag, 2020.

34 Juliane Wetzel arbeitet am Zentrum für Antisemitismusforschung in Berlin. Die Leiterin des
Zentrums, Stefanie Schüler-Springorum, gehört zu den Mitunterzeichnern der Erklärung, die für
die Abschaffung des Bundestagsbeschlusses gegen BDS plädiert. In einem Essay für die *Zeit*
erklärt sie ihre Haltung: https://www.zeit.de/2020/53/antisemitismus-israel-bds-resolution-kritik-
gg-5-3-weltoffenheit.

35 Günther Jikeli geht in einer Studie, die er ursprünglich für das American Jewish Committee
angefertigt hat, ausführlich auf die unterschiedlichen Einstellungen arabischer und muslimischer
Immigranten Juden gegenüber ein. Ders.: *Antisemitismus unter Geflüchteten aus Syrien und dem
Irak. Befunde einer qualitativen Erhebung*, 2017, https://www.uibk.ac.at/iup/buch_pdfs/antisemitis-
mus/10.1520399106-015-4-10.pdf.

36 David Ranan, *Muslimischer Antisemitismus*, Dietz Verlag, 2018. Wir erwähnen es überhaupt nur
deshalb, weil Ranan diese Studie erstellte, weil sich Autoren wie Per Leo auf Ranan berufen, wenn
sie den muslimischen Judenhass verharmlosen; Per Leo, *Tränen ohne Trauer*, a.a.O.

37 Katja Tichomirowa, »No-go Areas für Juden«, *Frankfurter Rundschau* vom 26.02.2015,
https://www.fr.de/politik/no-go-areas-juden-11072740.html.

38 Thorsten Schmitz, »Nahost-Deutschland«, *Süddeutsche Zeitung* vom 26.11.2015,
https://www.sueddeutsche.de/politik/antisemitismus-nahost-deutschland-1.2756035?reduced=true.

Anmerkungen

39 »Antisemitismus in Deutschland – Aktuelle Entwicklungen«, Expertenbericht der Bundesregierung von 2020, a. a. O.
40 Siehe ungezählte Berichte über Demonstrationen, an denen sich auch Muslime und Links-
extreme beteiligten.
41 Nach dem Verbot der Hisbollah wurde die Demonstration für 2020 abgesagt. Der Berliner Senat
prüft, ob er die vom Iran initiierte Veranstaltung künftig verbieten kann. Dazu ist es bis zur
Manuskriptabgabe nicht gekommen.
42 Samuel Salzborn in einem Grußwort zu einer Veranstaltung im Haus der Wannseekonferenz
anläßlich des 79. Jahrestages der Wannsee-Konferenz am 20. 01. 2021, Mitschnitt der Veranstaltung
unter https://www.ghwk.de/de/blog/antisemitismus-und-shoah-zwischen-historisierung-und-ge-
genwartsbezug.
43 Das American Jewish Committee und RIAS haben nach dem Gazakrieg 2021 eindringlich dazu
geraten. Siehe den Bericht über die politische Reaktion auf diese Forderung und weitere Verweise
im *Tagesspiegel*: https://www.tagesspiegel.de/politik/konsequenz-aus-antisemitischen-protesten-
die-straftaeter-besser-erfassen/27289674.html.
44 Siehe zum Beispiel Wetzel, »Kampagnen um die Deutungshoheit über Antisemtismus«, a. a. O.
Ihre Haltung ist erstaunlich, da sie sich zur Begründung auf die Kriminalstatistik beruft, ihr als
Mitwirkende der Expertenkommission deren Unzulänglichkeiten (die wir weiter unten diskutieren)
aber bekannt sind. Der gesamte Sammelband scheint eher die politische Haltung der Autoren zu
bezeugen, als dass er sich mit dem Judenhass in der realen Lebenswelt jüdischer Bürger auseinandersetzt. Zum gesellschaftlichen Klima, in dem muslimische Angriffe auf Juden diskutiert werden, siehe
Jikeli, *Antisemitismus unter Geflüchteten aus Syrien und dem Irak*, a. a. O. Explizit weist der früher in
Berlin und heute in Israel lebende Arye Sharuz Shalicar, der den Hass von Muslimen gegen sich in
scharfen Worten thematisierte, die Unterstützung von Rechten zurück: https://www.juedische-allge-
meine.de/politik/fur-israel-aber-gegen-muslime-bye-bye-rechte-follower/.
45 Alexandra Berlin, »Warum hasst ihr mich?«, *Die Zeit* vom 18. 01. 2018, https://www.zeit.
de/2018/04/antisemitismus-juden-deutschland-fluechtlinge/.
46 Siehe »Jüdische Perspektiven auf Antisemitismus in Deutschland«, a. a. O.
47 Siehe dazu und zu dem Vorhergehenden den RIAS-Bericht »Antisemitismus in Nordrhein-
Westfalen. Wahrnehmungen und Erfahrungen jüdischer Menschen« und den Studienbericht
»Jüdische Perspektiven auf Antisemitismus in Deutschland«, a. a. O.
48 Siehe Christine Schmitt, »›Wir stehen zusammen‹«, *Jüdische Allgemeine*, 15. 10. 2020,
https://www.juedische-allgemeine.de/unsere-woche/wir-stehen-zusammen-2/.
49 Siehe beispielsweise den Bericht des *Mitteldeutschen Rundfunks* vom 8. 09. 2018,
https://www.mdr.de/nachrichten/sachsen/chemnitz/chemnitz-stollberg/wirt-juedisches-restaurant-
chemnitz-ueberfall-100.html. Den Haupttäter verurteilte das Amtsgericht Chemnitz im September
2021 zu einem Jahr Freiheitsstrafe mit Bewährung: https://www.mdr.de/nachrichten/sachsen/
chemnitz/chemnitz-stollberg/bewaehrungsstrafe-prozess-angriff-schalom-restaurant-100.html.
50 Michael Kraske, »Spuren des Hasses«, *Jüdische Allgemeine* vom 16. 06. 2010,
https://www.juedische-allgemeine.de/politik/spuren-des-hasses/.
51 »Jüdische Perspektiven auf Antisemitismus in Deutschland«, a. a. O.
52 Siehe die Gedenkrede von Leo Trepp in *Der 27. Januar – Zerfall – Wendepunkt – Hoffnung*,
Schriftenreihe des Landtags Rheinland-Pfalz, Heft 26, https://www.edoweb-rlp.de/resource/
edoweb:5404441/data.
53 Der Bericht des Nachrichtendienstes gibt ein informatives und erschreckendes Bild. Der Report
fasst die verfassungsschutzrelevanten Ausprägungen zusammen. *Lagebild Antisemitismus*,
Bundesamt für Verfassungsschutz, Juli 2020, https://www.verfassungsschutz.de/SharedDocs/
publikationen/DE/2020/lagebild-antisemitismus.html.
54 Walter Jakobs, »›Mord von Solingen war vermeidbar‹«, *taz* vom 30. 05. 1994,
https://taz.de/!1560421/.

55 »Wie in der Judenschul'«, Spiegel vom 05.03.1995. https://www.spiegel.de/spiegel/print/d-9158411. html. Die jüdischen Gemeinden hatten damals rund 40000 Mitglieder.

56 »›Dann bin ich weg über Nacht‹«, Spiegel, 13.12.1992, https://www.spiegel.de/politik/dann-bin-ich-weg-ueber-nacht-a-5ac60792-0002-0001-0000-000013691811 und Tyler Marshall, »Fearing Persecution, Jews Once Again Leaving Germany«, Los Angeles Times vom 27.11.1992. https://www.latimes.com/archives/la-xpm-1992-11-27-mn-1001-story.html.

57 Siehe den Bericht »Weinen für Deutschland«, Spiegel, 10.4.1994, https://www.spiegel.de/politik/weinen-fuer-deutschland-a-79cd4466-0002-0001-0000-000013689262.

58 Siehe Angaben der Amadeu Antonio Stiftung. https://www.amadeu-antonio-stiftung.de/todesopfer-rechter-gewalt/.

59 Die beste Instanz, präsentiert von Enissa Amani. https://youtu.be/r45_9wvbDoA.

60 Markus Wehner, »Israels falsche Freunde«, Frankfurter Allgemeine Zeitung, 28.01.2020, https://www.faz.net/aktuell/politik/inland/die-afd-und-der-antisemitismus-israels-falsche-freunde-16605456.html.

61 Schwarz-Friesel, Reinharz, Die Sprache der Judenfeindschaft, a.a.O., S 20, 23; Monika Schwarz-Friesel im Interview mit Philipp Peyman Engel, Jüdische Allgemeine, 17.2.2014.

62 Schwarz-Friesel, Reinharz, a.a.O., S.19.

63 Bernstein, »Mach mal keine Judenaktion«, a.a.O.

64 Gil Murciano, »Unpacking the Global Campaign to Delegitimize Israel«, Stiftung Wissenschaft und Politik, Berlin 2020; siehe auch das dritte Kapitel dieses Buches.

65 Lagebild Antisemitismus, a.a.O., S. 86.

66 2017 wurde der Restaurantbetreiber Yorai Feinberg von einem Mann attackiert, ein Freund filmte den antisemitischen Ausbruch. Angefangen hatte der Psychoterror mit Stickern, die zu einem Boykott Israels aufriefen. https://www.timesofisrael.com/for-israeli-restaurateur-in-berlin-anti-semitic-attacks-are-routine/.

67 Ein Kommilitone greift die junge Israelin verbal an, um dann in Whatsapp-Gruppen einen Pizzakarton der Marke Ofenfrische zu posten, auf dem statt einer Pizza das Foto von Anne Frank zu sehen ist. https://www.welt.de/politik/deutschland/plus227303741/Antisemitismus-an-deutschen-Unis-Lage-ist-dramatischer-als-angenommen.html.

68 Siehe »Jüdische Perspektiven auf Antisemitismus in Deutschland«, a.a.O. Die Angaben sind umso erschütternder, als die überwältigende Mehrheit angibt, dass das Judentum wichtig für sie ist.

69 Siehe ebd.

70 RIAS-Bericht »Antisemitismus in Nordrhein-Westfalen. Wahrnehmungen und Erfahrungen jüdischer Menschen«, a.a.O., S. 25.

71 Bernstein, »Mach mal keine Judenaktion«, a.a.O.

72 Hannes Heine, »›Du jüdisches Arschloch‹ – Wie jüdische Schüler alltäglichem Antisemitismus begegnen«, Tagesspiegel vom 30.10.2019, https://www.tagesspiegel.de/themen/reportage/du-juedi-sches-arschloch-wie-berliner-schueler-alltaeglichem-antisemitismus-begegnen/25168026.html.

73 Richard C. Schneider, »Diese lächerlichen Mahnwachen vor Synagogen«, Die Zeit, 16.10.2019.

74 Jean Améry, »Der ehrbare Antisemitismus«, Die Zeit, 25.07.1969, https://www.zeit.de/1969/30/der-ehrbare-antisemitismus.

75 Darauf weist der Historiker Evyatar Friesel hin, der sich in einem hochinteressanten Aufsatz mit dem Phänomen des jüdischen anti-israelischen Denkens auseinandersetzt. Er sieht mehrere Faktoren, die bei dessen Entwicklung eine Rolle spielen. Obgleich der Anti-Israelismus oft das einzige sei, was diese Juden (noch) mit ihrer jüdischen Identität verbänden, lehnt Friesel es ab, sie als »selbsthassende Juden« oder »jüdische Antisemiten« zu bezeichnen. E. Friesel, Jews against Zionism/Israel: On the Ambivalences of Contemporary Jewish Identity, De Gruyter, 2019. Andere Autoren bezeichnen diese Juden als Un-Jews, die das Jüdische am Judesein infrage stellten, oft allein deshalb, um als »gute Progressive« dazustehen. Siehe Natan Sharansky und Gil Troy in Tablet Magazine vom 15.06.2021, https://www.tabletmag.com/sections/news/articles/the-un-jews-natan-sharansky.

76 So sieht sich die Mehrheit der Juden in den USA als Teil eines Volkes und steht hinter Israel, wenn sich in der letzteren Frage die Einstellungen zwischen Anhängern der Orthodoxie und der Reform auch unterscheiden. Siehe Ergebnisse der Pew-Studie: https://www.pewresearch.org/fact-tank/2021/05/21/u-s-jews-have-widely-differing-views-on-israel/.

77 Leo, *Tränen ohne Trauer*, a. a. O. In einem lesenswerten Essay für den *Tagesspiegel* fasst Christoph David Piorkowski den Stand der Debatte um die Vergleichbarkeit des Holocausts und deren Funktion zusammen, die u. a. darin liege, Israel völlig neu, nämlich als Kolonialstaat, zu positionieren: »Holocaust und Kolonialverbrechen – über Sinn und Unsinn von Vergleichen«, *Tagesspiegel*, 18. 9. 2021, https://plus.tagesspiegel.de/neuer-historikerstreit-holocaust-und-kolonial-verbrechen-ueber-sinn-und-unsinn-von-vergleichen-255358.html.

78 Peter Beinart, »Yavne: A Jewish Case for Equality in Israel-Palestine«, *Jewish Current*, 07. 07. 2020, https://jewishcurrents.org/yavne-a-jewish-case-for-equality-in-israel-palestine/.

79 Siehe den Bericht über eine Umfrage dazu in *Haaretz* vom 25. 03. 2019, https://www.haaretz.com/israel-news/israeli-palestinian-conflict-solutions/.premium-42-of-israelis-back-west-bank-anne-xation-including-two-state-supporters-1.7047313.

80 Öffentlich vertritt das zum Beispiel Susan Neiman, »Antisemitisms-Debatte: Wer darf für Juden sprechen?«, *Berliner Zeitung*, 5. 01. 2021, https://www.berliner-zeitung.de/kultur-vergnuegen/antisemitismus-einstein-arendt-li.129865?pid=true.

81 In einem Brief an den indischen Premier argumentiert er, dass die Araber 99 Prozent der Fläche bekommen hätten, die Juden ein Prozent. Benny Morris beschreibt Einsteins vergebliche Versuche, Nehru zu überzeugen, für die Anerkennung des jüdischen Staates zu stimmen: »Einstein's other Theory«, *The Guardian*, 16. 02. 2005, https://www.theguardian.com/world/2005/feb/16/israel.india.

82 Plädoyer der »Initiative GG 5.3 Weltoffenheit«, die sich gegen den BDS-Beschluss des Bundestages wendet.

83 Emily Benedek, »Litmustests Online«, *Tablet*, 01. 12. 2020, https://www.tabletmag.com/sections/community/articles/litmus-test-online-facebook-group-expels-jewish-members?utm_source=tabletmagazinelist.

84 Bari Weiss, Kündigungsschreiben an die Chefredaktion der New York Times, https://www.bariweiss.com/resignation-letter.

85 Siehe »Jüdische Perspektiven auf Antisemitismus in Deutschland«, a. a. O.

86 In San Francisco entzünden liberale und orthodoxe Juden zu Chanukka Kerzen bewusst an öffentlichen Orten. Rabbiner bestärken ihre Gemeindemitglieder darin, ihre Matze mit ins Büro und in die Schulen zu nehmen. Progressive Juden, die als Zionisten aus sozialen Bewegungen ausgeschlossen werden, haben ihre eigene progressive Bewegung gegründet – Zioness. Und einzelne Juden bekämpfen den Hass, indem sie ihre Angreifer direkt konfrontieren – »als stolzer Jude«, wie es Emanuel Yekutiel sagt, dessen neues Café, das er zu einem sozialen inklusiven Treffpunkt machte, monatelang attackiert wurde. Yekutiel, religiös und offen schwul lebend, ist bekennender Zionist.

87 Davon berichten Befragte in der Studie »Jüdische Perspektiven auf Antisemitismus in Deutschland«, a. a. O., die beklagten, dass in den meisten Reden der Nichtjuden zu Gedenktagen ausgerechnet über das Los der Flüchtlinge gesprochen werde, deren Antisemitismus viele der lebenden Juden fürchteten.

88 Im Gespräch mit Trudy Gold in einem Webinar der »Lockdown University« der Philanthropin Wendy Fisher.

89 Den Zahlen der Zentralen Wohlfahrtsstelle zufolge nimmt die Zahl der in jüdischen Gemeinden or-ganisierten Juden weiter ab. 2019 gab es noch rund 95 000 Mitglieder. Allerdings weist der Zentralrat der Juden darauf hin, dass es dennoch ein im Vergleich zu früheren Jahren aktiveres jüdisches Leben gebe. https://www.zwst.org/medialibrary/service-information/ZWST-Mitgliederstatistik-2019-Kurz-version.pdf; https://www.juedische-allgemeine.de/gemeinden/aktiv-und-engagiert/.